DIETER LANGE

SIEGER ERKENNT MAN AM START – VERLIERER AUCH

DIETER LANGE

SIEGER ERKENNT MAN AM START – VERLIERER AUCH

ECON

15. Auflage 2026

Econ ist ein Verlag
der Ullstein Buchverlage GmbH

ISBN 978-3-430-21103-1

Redaktionelle Mitarbeit: Dr. Catharina Oerke
Bei Fragen zur Produktsicherheit wenden Sie sich bitte an
produktsicherheit@ullstein.de
Gesetzt aus der Sabon und Alternate Gothic
Satz: LVD GmbH, Berlin
Druck und Bindearbeiten: GGP Media GmbH, Pößneck

INHALT

STURMFEST IN DIE ZUKUNFT

VORWORT ZUR NEUAUFLAGE

Die Neuauflage dieses Buches war überfällig. Sie drängte aber nicht aus demselben Grund, aus dem viele andere Bücher aktualisiert werden müssen. Es war an der Zeit dafür, weil seine Relevanz in jüngster Zeit nicht etwa nachgelassen hat, sondern gestiegen ist. Als Autor freue ich mich einerseits darüber. Andererseits stimmt es mich aber auch nachdenklich.

Die letzten Jahre haben die persönliche Lebensgestaltung für manche zu einer harten Prüfung gemacht; radikal verändert haben sie das Leben der meisten Menschen. Ambitionierte Menschen, die in irgendeinem Sinne des Wortes Unternehmerinnen und Unternehmer ihrer selbst sind, betrifft das noch mehr als alle anderen. Denn sie sahen und sehen sich plötzlich mit Herausforderungen konfrontiert, die wir zuvor so noch nicht kannten. Vieles deutet darauf hin, dass wir einer Zukunft entgegenblicken, die reich an weiteren Überraschungen und Veränderungen sein wird – vergleichbaren und ungeahnten. Erfolgreich sein, glücklich sein? Das sind Maßstäbe, die sich individuell enorm verändert haben.

Die erste, echte Pandemie des 21. Jahrhunderts hat Existenzen und Geschäftsmodelle zerstört – mindestens zeitweise. Kaum war sie unter Kontrolle, brach der erste Krieg des 21. Jahrhunderts mit direkten Auswirkungen auf unser Alltagsleben aus. Parallel hat sich das Brennpunktthema Klimawandel wie ein Filter über alles gelegt, was unsere Zukunft betrifft. Die künstliche Intelligenz schickt sich an, nicht nur die Wissenschaft und Arbeitswelt zu revolutionieren, sondern unsere Lebensentwürfe einem massiven Wandel zu unterwerfen. Ob zu einer besseren Welt sei dahingestellt. Und im Zentrum dieses Hürdenlaufs im neuen Zeitalter stehen Generationen, die ganz anders gestrickt sind als ihre Vorgänger. Ihr Traum vom guten Leben sieht komplett anders aus. Ihre Prioritäten sind grundlegend neu. Ihre Herangehensweise und persönlichen Ressourcen lassen sie Wege gehen, die wir Älteren nicht einmal in den Blick gefasst hätten.

Komplex und anspruchsvoll war die Orientierung auf dem Weg zu einem erfüllten und glücklichen Leben immer. Nie war sie so fordernd und zugleich so chancenreich wie heute. Eines aber hat sich ganz und gar nicht verändert: die grundlegenden Mechanismen und Kompetenzen, die ein Mensch braucht, um auf diesem Pfad zu navigieren. Deshalb ist dieses Buch in gewisser Hinsicht heute aktueller als jemals zuvor.

Viele Menschen, mit denen ich über die Jahre gearbeitet habe, tragen hohe Verantwortung. Macher mit einem klaren Kompass steuern häufig kein kleines Boot, sondern ein größeres Schiff durch raue See. Während der Covid-19-Pandemie fuhren viele dieser Schiffe geradewegs auf das gefürchtete Kap Hoorn zu – für Segler das gefährlichste Gewässer der Welt. Denn am Kap Hoorn treffen Atlantik und Pazifik aufeinander, und genau diese Strömungen machen die Umsegelung zu einer so großen Herausforderung. Dort herrschen brutale Wetterbedingungen, Windgeschwindigkeiten von bis zu 250 Kilometern pro Stunde und wenig Spielraum, das Schiff um die schroff aufragenden Felsen zu manövrieren.

Um diese höchst anspruchsvolle Passage erfolgreich zu meistern, müssen drei Bedingungen erfüllt sein. Zum Ersten muss das Schiff leicht genug sein, um nicht zu kentern. Zum Zweiten ist es wichtig, die richtigen Charaktere an Bord zu haben, die bereit sind, Risiken einzugehen und Verantwortung zu übernehmen. Nur eine starke Mannschaft kann diese herausfordernde Fahrt stemmen. Und zum Dritten ist es entscheidend, die Situation zu akzeptieren, wenn der *point of no return* überschritten ist, mit anderen Worten: Wenn es keinen Weg zurück gibt und man da einfach durchmuss – wie unbekannt oder unwirtlich auch immer die Situation sein mag, die es nun zu akzeptieren gilt. Bei den Seglern entspricht das der hohen Kunst des Abwetterns, also: dem Sturm angemessen begegnen. Denn es bringt nichts, gegen die Naturgewalten anzukämpfen.

Viele Firmenlenker, aber auch viele Kleinunternehmer und Selbstständige haben sich in den letzten Jahren in einem solchen Sturm wiedergefunden. Um das Schiff leichter zu machen, mussten sie sich von Projekten und Geschäftsanteilen trennen; viele auch von wertvollen Assets. Um die wirtschaftlichen Stürme zu überstehen, brauchten sie eine Mannschaft, die zur gefährlichen Umrundung des Kaps bereit war. Sie brauchten Menschen um sich herum, die genau das mitmachen und sich in gefährliche Gewässer, wie den Pazifik, zu wagen. Nicht wenige Teams waren danach kaum wiederzuerkennen; eine schwierige Situation für alle Beteiligten. Und dann galt es, die Segel erneut zu setzen, und zwar ohne Sicherheitsleine: Der Weg durch die Angst führt durch die Angst.

Nach jeder lebensgefährlichen Umsegelung folgen ruhigere Gewässer, mit kilometerlangen weißen Sandstränden und blühenden Landschaften. Herausforderungen wie Covid-19, genauso wie jede andere wirtschaftliche oder persönliche Krise, verändern alles. Durch sie lernt man oft mehr über sich, über das Leben und die eigenen Ressourcen als in zwanzig ruhigen Jahren. Sie schweißen Teams und Familien und Kooperationspartner enger zusammen. Sie machen in gewisser Weise Karrieren. Sie prägen Leben. Sie kitzeln Leistungsreserven aus uns heraus, die wir uns im Traum nicht zugetraut hätten. Krisen sind mehr als Chancen: Sie sind Wachstumsbeschleuniger. Allerdings nur, wenn wir unsere Bestimmung kennen und ein klares Bild davon haben, wohin der Kurs führt – durch den Sturm und darüber hinaus.

Diese individuellen Koordinaten für das eigene Lebensglück nenne ich den Nordstern. Die Art, die Lebensreise methodisch anzugehen, macht dieses Buch so aktuell wie an seinem Erscheinungstag. Welchen Sturm auch immer wir als Nächstes durchsegeln: Die Einsichten und Methoden, die auf der Reise zum erfüllten Selbst den Unterschied machen, werden auch morgen noch den Unterschied machen.

Wenn du deine wahre Bestimmung und deinen persönlichen Nordstern suchst, und dein Leben danach ausrichtest, dann erlebst du auch wieder echtes Glück, Gelassenheit und Leichtigkeit. Denn ein hoher Lebensstandard ist nicht alles: Was wirklich zählt, ist die Lebensqualität.

Dieses Buch zeigt, wie man am besten mit schwierigen Situationen umgeht, welche Erfolgsstrategien wirklich etwas bringen – und welche nicht. In meinen TETA-Seminaren verbinde ich fernöstliche Weisheiten mit westlichem Managementwissen. Für diese Synthese stehe ich seit über 30 Jahren als Trainer, Coach und Redner.

Die meisten Menschen konnte ich bisher nur über Seminare, öffentliche Vorträge sowie Kanäle wie YouTube erreichen. Auf dem YouTube-Kanal der Wissens-Plattform von Greator, ehemals GEDANKENtanken, haben meine Videos über 10 Millionen Aufrufe erzielt. Seit Jahren coache ich Fußballnationalspieler und andere Spitzensportler, genauso wie DAX-Vorstände und viele Teams führender Unternehmen. Der Wunsch, mein Wissen und meine Erfahrung einem größeren Publikum zugänglich zu machen, wurde schon öfter an mich herangetragen. Nach drei Jahren Entwicklungsarbeit, in der wir meine Erkenntnisse und Methoden auf einen ganz anderen Level übertragen haben, ohne die individuelle Qualität meiner Methoden zu opfern, haben wir nun mit Greator auch ein Coaching-Konzept entwickelt, in dem genau dieses Wissen und diese Begleitung in einem mehrmonatigen Programm angeboten wird.

Das Ergebnis ist »Die Lebensschule« – eine sechsmonatige Online-Ausbildung, zu der du am Ende dieses Buches noch weitere Infos findest. Die Arbeit an diesem kompakten Programm war ebenfalls Anstoß, dieses Buch zu aktualisieren, das erstmals 2010 erschienen ist, sich zu einem echten Best- und Longseller entwickelt hat und mir unzählige Leserbriefe bescherte.

Der sicherste Ort für ein Schiff ist der Hafen – doch dafür ist es nicht gebaut. Es lohnt sich, mutig durch herausfordernde Zeiten zu gehen, denn nur so kann man persönlich wachsen.

Das persönliche Kap Hoorn zu erkennen, ist dabei ein wesentlicher Schritt. Steht ein Sturm bevor, oder ist die raue See einfach Normalzustand? In welchem Lebensbereich schlagen die Wellen am höchsten? Ist die richtige Mannschaft an Bord? Wohin auch immer die Reise gehen mag: Dieses Buch ist ein treuer Begleiter und eine konkrete Navigationshilfe, welcher Kurs auch immer gesetzt ist.

Der nächste Sturm kommt bestimmt – und die Route zum persönlichen Nordstern führt durch ihn hindurch. In diesem Sinne: Mast- und Schotbruch!

Dieter Lange, Juni 2023

AUSZEIT

WARUM DIE REISE VOM KOPF ZUM HERZEN DIE LÄNGSTE UNSERES LEBENS IST

REIF FÜR DIE INSEL

Bereits zwei Stunden war ich am Strand entlanggelaufen, den Blick auf die Weite des Horizonts gerichtet. Einen Monat war ich jetzt schon hier, genoss das milde Klima dieses aus Vulkangestein entstandenen Eilands. Nachdem ich auf Hawaii gelandet war, hatte ich zunächst zwei Wochen mit Insel-Hopping zugebracht. Von Hawaii ging es nach Ni'ihau, der sogenannten »Verbotenen Insel«; dann über die »Garteninsel« Kaua'i auf die »Freundliche Insel« Moloka'i, anschließend nach Maui und wieder zurück zu meinem Ausgangspunkt Hawaii. Ich hatte diese Tour gebraucht, um Abstand zu meinem bisherigen Leben in Deutschland zu gewinnen.

»Kündigung« – immer noch sah ich das von mir selbst verfasste Schreiben vor meinem geistigen Auge. Die Frage, ob die Entscheidung, mich von meinem Job zu verabschieden, richtig gewesen war, hatte ich schnell beantworten können: ja, definitiv ja! Und noch etwas war mir in den letzten Wochen bald klar geworden: So wie bisher wollte ich nicht weitermachen! Mit der Antwort auf die Frage, wie es nun konkret weitergehen würde mit mir, hatte ich mir Zeit gelassen. Erst jetzt, in der vierten Woche meiner »Flucht« aus Deutschland, merkte ich, dass ich endlich abschalten konnte. Wenn ich so am Strand entlanglief, war da in meinem Kopf langsam wieder Raum für neue Ideen und Pläne. Um an diesen Punkt zu gelangen, hatte ich anfangs wieder und wieder das Szenario durchgespielt, das sich vor rund einem Monat in Deutschland zugetragen hatte …

Nachdem ich nach Abschluss meines Studiums zunächst drei Jahre bei Colgate Palmolive als Trainee, Assistent und Produktmanager gearbeitet hatte, wurde ich bei einem großen Konzern einer der jüngsten Hauptmarkenleiter Deutschlands. Dabei hatte ich dort alles, was das Jungmanager-Herz sich nur wünschen konnte: glänzende Karriere-Aussichten, ein für mein Empfinden atemberaubendes Einkommen, einen Dienstwagen. Letzteren zumindest theoretisch. Als der Autofan, der ich war, lebte ich die Devise Polo oder Porsche, damals Käfer oder Porsche. Also wählte ich den Dienstwagen kurzerhand ab und kam jeden Morgen mit meinem knallorangefarbenen Wagen auf den Hof gesaust.

Mein Käfer fiel jedoch zwischen Präsentationskarossen wie BMW, Mercedes und Jaguar zu sehr aus dem Rahmen. Darum gab man mir eines Tages den dezenten Hinweis, ich möge meinen Wagen doch bitte woanders, am besten Richtung Dienstbotenausgang, abstellen. Nichtsdestotrotz hatte ich Anspruch auf einen Leitenden-Parkplatz, weshalb der Werkschutz schließlich angewiesen wurde, meinen Käfer allmorgendlich in Empfang zu nehmen, um ihn wegzufahren. Und so war ich neben dem Vorstand der Einzige im Unternehmen, dessen Wagen auch abends wieder vorgefahren wurde, wenn ich nach Hause wollte. Ich amüsierte mich köstlich über dieses Spiel und genoss mein damaliges Leben in vollen Zügen!

Bis eines Tages ein neuer Eigentümer die Firma betrat. Mit ihm sollte eine völlig veränderte Philosophie ins Haus Einzug halten. An dem Tag, an dem ich meinen ersten Jour fixe mit dem neuen Chef haben sollte, war ich spät dran und brauste mit meinem Käfer wieder direkt vor den Haupteingang. Neben mir hielt ein alter Volvo, aus dem ein Mann mit Knitteranzug und ausgebeulter Aktentasche stieg. Um ihm

Unannehmlichkeiten zu ersparen, teilte ich dem Volvo-Fahrer mit, dass er dort nicht parken dürfe. Seine Antwort: »Glauben Sie mir, junger Mann, ich darf hier stehen.« – »Ja, ja, das habe ich auch immer geglaubt, aber Leute wie Sie und ich, wir sind hier mit solchen Autos nicht gern gesehen.«

Ein rascher Blick auf die Uhr zeigte mir, dass für weitere Erklärungen keine Zeit war. Ich rannte eilig ins Haus – um demselben Knitteranzug auf der Marketingetage wiederzubegegnen. Bass erstaunt und mit leicht jugendlicher Arroganz fragte ich ihn: »Kann ich Ihnen weiterhelfen?« – nach dem Motto: Sie gehören hier doch bestimmt nicht hin. Worauf er mit einem lässigen Ich-gehöre-sehr-wohl-hierher-Unterton konterte: »Ich suche den Raum 510.« Meine Erwiderung: »Da können Sie jetzt ganz sicher nicht rein. Wir haben dort gleich ein Meeting mit dem neuen Eigentümer der Firma.« Der aufmerksame Leser wird die Antwort des Knitteranzugs längst erraten haben: »Entschuldigung«, sagte dieser, »ich habe mich noch gar nicht vorgestellt, ich bin der neue Eigentümer.«

Volltreffer, dachte ich zu diesem Zeitpunkt noch ganz vergnügt, einen besseren Einstieg hättest du nicht hinlegen können. Doch meine Unbeschwertheit sollte mir im Meeting bald vergehen. Von dem neuen Chef wollte ich wissen: »Da Ihnen dieses Unternehmen jetzt gehört, worum wird es ab sofort in diesem Hause gehen?« Seine Antwort werde ich nie vergessen: »Machen Sie sich keine Sorgen. Ab heute sind Sie kein Unternehmer Ihrer Marke mehr. Sie führen einfach aus, was wir Ihnen sagen.« Ungläubig schaute ich ihn an und hakte noch einmal nach: »Aber wenn es nicht mehr um die Marken geht, die dieses Unternehmen produziert und vertreibt, worum geht es denn dann?« Auch seine folgenden Worte werde ich mein Leben lang in Erinnerung behalten: »Seien Sie ganz unbesorgt, junger Mann, wir produzieren hier Geld.«

Nach dieser Antwort war es ganz still im Raum. Ich zögerte keinen Moment, sondern stand auf, um mich höflich zu verabschieden. Dann ging ich in mein Büro und sagte zu meiner Sekretärin: »Petra, schreib bitte Folgendes: Kündigung …« Als nächsten und letzten Vorgang, den sie für mich erledigte, buchte sie einen Flug nach Hawaii. Ich wollte so weit weg, wie es nur irgend ging. Und am nächsten Tag stand ich um acht Uhr früh am Hamburger Flughafen.

LEISTUNG GEGEN SINN

Mein Entschluss wirkte damals auf viele sehr spontan. Die Kündigung und »die Flucht auf die Insel« waren es auch. Dennoch hatte das Ganze eine längere Vorgeschichte: Schon einige Zeit vor meiner Kündigung hatte ich jede Menge Sinnfragen im Gepäck. Fragen, von denen ich heute weiß, dass sie nicht nur mich, sondern auch jeden anderen Menschen beschäftigen.

Ich wollte zum Beispiel herausfinden, warum ich meine Geschicke einmal selbstbestimmt lenken konnte und ein andermal das Gefühl hatte, nur Opfer äußerer Umstände zu sein? Warum ich mir manchmal wie fremdgesteuert vorkam? Einen Moment lang war ich noch mittendrin im Leben, dann wieder stand ich völlig neben mir. Warum wiederholten sich bestimmte Dinge und andere nicht? Wieso schien ich in mancher Hinsicht schlichtweg dazu verdammt, immer eine Extraschleife zu drehen, egal wie schlau ich mich auch anstellte? Welche Muster bediente ich da eher unbewusst, welchen Automatismen, welchen Diktaten folgte mein Verstand? Oder: Warum passierten mir manche Fehler einfach immer und immer wieder? Was stimmte hier nicht? Aber vor allem wollte ich wissen: Warum war es in meinem Leben bisher so gelaufen, wie es gelaufen war? Und natürlich – was würde noch kommen?

Besonders die letzte Frage stellte ich mir relativ früh in meinem Berufsleben. Ich war schon in den ersten Jahren im Job, bei nahezu jährlicher Beförderung, mit Ende zwanzig zum Hauptmarkenleiter ernannt worden. Für die nächsten dreißig Jahre meines Lebens blieben mir mit dem Posten des Direktors und des Vorstands also noch genau zwei Positionen, die ich erreichen konnte. Dreißig Jahre für zwei Stufen auf der Karriereleiter – *is that all there is*? Das sollte alles gewesen sein? Mir wollte das nicht in den Kopf!

Sicher, zuerst hatte ich diesen Aufstiegstrip voll Feuereifer betrieben. Ich verspürte eine ungeheure Neugier aufs Leben, war leidenschaftlich und erfolgsorientiert. Aber schon bald begann ich mich immer öfter zu fragen: Soll das der Sinn deines Lebens sein? Keine andere Ungewissheit verbarg sich schließlich hinter all meinen oben genannten Fragen. Und sie treibt uns alle um: Wir wollen wissen, was wir auf dieser Erde zu suchen haben, warum wir hier sind und warum die Dinge so geschehen, wie sie geschehen.

Spätestens mit der plötzlichen Erkenntnis, dass die nächsten dreißig Jahre meines Lebens absolut vorhersehbar ablaufen würden, begann ich an meiner bisherigen Sichtweise auf die Dinge zu zweifeln. Ich weiß heute durch meine Arbeit als Coach, dass es vielen Menschen so geht wie mir damals. Wir alle stehen vor den gleichen Rätseln, fühlen uns zum Beispiel in einem permanenten Wiederholungszwang. Das Leben scheint dabei in ewigen Schleifen zu verlaufen. Man hat nicht mehr den Eindruck, sich weiterzuentwickeln. So wie noch als Schüler, Auszubildender, als Student oder in den ersten Berufsjahren. Darum stellt sich früher oder später

Kann das alles gewesen sein?

die Sinnfrage: Warum stehe ich jeden Morgen auf? Worum geht es eigentlich? Wieso bin ich hier? Um im Rattenrennen des Berufslebens irgendwann die Oberratte zu werden und dabei doch immer »Ratte« zu bleiben?

Mir wurde damals immer bewusster: Das allein konnte es nicht sein. Und ein ungutes Gefühl machte sich zunehmend in meiner Bauchregion breit. Was, wenn ich die ganze Zeit unter falschen Voraussetzungen mitgespielt hatte? Oder waren meine Fragen nicht die richtigen? Vielleicht waren es auch meine kaum hinterfragten Grundannahmen dem Leben gegenüber, die einfach nicht stimmten? Wenn aber das der Fall war, wie konnten dann meine Lösungsversuche und Erfolgsbestrebungen überhaupt funktionieren?

Meine Zweifel und Befürchtungen hinsichtlich des Rattenrennens trieben mich also schon vorher um. Genauso wie all die Fragen, auf die ich bisher noch keine befriedigenden Antworten gefunden hatte. Weder an der Uni noch im Job noch in Büchern. Also beschloss ich an diesem Punkt meines Lebens ganz bewusst, eine Auszeit zu nehmen, eine Zeit ohne Termine, Fristen und Dienstvorschriften. Das Ziel: den ersehnten Antworten auf die Spur zu kommen. Und ich würde mir so viel Zeit nehmen, wie nötig war.

Zunächst aber musste ich Abstand gewinnen von meiner Arbeit, die sich von einem Moment auf den anderen als absolut sinnlos erwiesen hatte. Ich bin heute der festen Überzeugung: Wer Leistung will, muss Sinn bieten. Doch der Sinn meines Tuns erschloss sich mir in jenen Tagen nicht mehr. Ich konnte nicht erkennen, wie ich in diesem Unternehmen, in dem nur noch »Geld produziert« wurde, noch einen wertvollen Beitrag hätte leisten sollen. Nicht mehr mit diesem Eigentümer. Deshalb hatte ich gekündigt.

Auf diesen fernen Inseln nun, auf denen die Uhren viel langsamer tickten, fern von meinem bisherigen Leben wuchs mit zunehmender Distanz der Drang in mir, zu den Weisen,

Schamanen und Heiligen dieser Welt zu reisen. Ich hoffte, bei ihnen die Antworten auf meine Fragen zu finden. Ich plante mein Vorgehen sorgfältig. Insgesamt sollte ich zwei Jahre unterwegs sein.

DIE LEERE FÜLLEN

Da mir einige dieser weisen Männer und Frauen bereits aus Büchern oder durch Freunde bekannt waren, fiel mir der Einstieg nicht schwer. Zum Beispiel kannte ich eine Gruppe, mit der ich zu Burjaten-Schamanen an den Baikalsee in Sibirien reiste. Genauso hatte ich Freunde, mit denen ich zusammen nach Indien, Nepal und Ceylon ging, um mit Hinduisten, Buddhisten und Zen-Mönchen in Klöstern zusammenzuleben. Die Fragen, denen ich dort nachging, waren dieselben, die ich später auch Ureinwohnern der USA von den Stämmen der Hopi und der Navajo stellte: Ich wollte mehr wissen über Glück, Erfolg und Macht; ich wollte wissen, was Zeit, Reichtum, Liebe und Vertrauen sind und wie ich Gesundheit und Zufriedenheit erlangen konnte. Es ging dabei also immer wieder um die Grundfragen des Menschseins.

Als ich auf meinem ersten Reiseabschnitt im Fernen Osten ankam, war mein Kopf vollgepackt mit westlichem Denken. Es gibt eine Geschichte über eine fernöstliche Teezeremonie, die das Verhältnis des Zen-Meisters zu seinem Schüler verdeutlicht. Diese Geschichte spiegelt wider, wie es zu Anfang meiner Reise- und Lehrjahre in mir aussah:

Ein junger dynamischer Manager reiste in den Fernen Osten, um etwas über Zen-Buddhismus zu lernen. Beim Meister angekommen, trug er ihm sein Anliegen vor: »Ich habe alle Bücher gelesen, alle Seminare besucht, habe einen

MBA gemacht und war an der Harvard Business School. Es gibt nichts, was ich nicht versucht hätte – und trotzdem habe ich das Gefühl, dass ich auf der Stelle trete. Deshalb habe ich mir überlegt, einen weisen Menschen wie dich danach zu fragen, wie ich weitermachen soll. Was es noch Neues für mich geben kann.«

Der Meister antwortete: »Gut, mein Sohn, so folge mir durch meinen Garten zum Teehaus. Wir wollen mit einer Teezeremonie beginnen.« Bedächtigen Schrittes gingen sie einen langen Pfad zum Pavillon entlang. Dort begann der Meister, einer jahrhundertealten Tradition folgend, die Zeremonie vorzubereiten. Seinem Gast sollte die Vorbereitungsphase die Möglichkeit zur inneren Einkehr bieten. Er empfahl dem jungen Mann, die von ihm sorgfältig ausgesuchten Teeschalen und Gerätschaften zu betrachten, füllte frisches Wasser in ein steinernes Bassin und legte eine Schöpfkelle bereit. Dann wusch er sich Mund und Hände und bat anschließend seinen Gast, es ihm gleichzutun. Erst nachdem alles angerichtet war, betraten sie das Teehaus, und der Meister servierte den Tee.

Denn nur die Leere kann gefüllt werden.

Er setzte seinem Gegenüber eine Tasse in den Schoß und begann einzuschenken. Dabei sah er seinen Gast die ganze Zeit über lächelnd an. Die Tasse füllte sich langsam, aber der Meister hörte nicht auf zu gießen. Der junge Mann wurde unruhig: Merkt der Alte gar nicht, dass ihm der heiße Tee gleich über die Beine laufen würde?, fragte er sich. Doch der Meister goss weiter und sah ihm dabei immer freundlich in die Augen. Schließlich schwappte der Tee über den Rand auf die Untertasse, und auch die war schnell gefüllt. Als der Meister immer noch weitergoss und der heiße Tee dem Gast tatsächlich auf die Beine zu laufen begann, konnte dieser nicht mehr an sich halten: »He, alter Mann, merkst du gar nicht, was du da tust? Die Tasse ist doch längst voll, und du gießt einfach weiter.« Da antwortete der Meister lächelnd: »Wie kann ich dir Zen zeigen, bevor du deine Tasse geleert hast?«

Und erklärend fuhr er fort: »Genau wie diese Tasse ist auch dein Kopf voll mit vorgefertigten Meinungen, Spekulationen und Interpretationen, mein Sohn. Dein Kopf ist voll, und du kommst zu mir und sagst, ich soll ihn noch weiter füllen? Du musst erst einmal leer werden, von all dem, was du bisher gelernt hast. Denn nur die Leere kann gefüllt werden.«

Dieser Suchende aus der Geschichte hätte tatsächlich ich sein können. Auch ich musste meinen Kopf erst einmal leeren, bevor ich überhaupt nur daran denken konnte, Antworten auf meine Fragen zu finden. Ich musste mich von meiner gewohnten Wahrnehmung verabschieden, die mich blind gemacht hatte für das Wesentliche. Das war keine leichte Übung. Denn die Macht der Gewohnheit ist bekanntlich der härteste Klebstoff der Welt.

MEIN NORDSTERN

Ganz allmählich fing ich an, Vorstellungen und Vorurteile, die in meinem Denken fest verankert waren, über Bord zu werfen. Eine Aufgabe, die das ganze Leben lang andauert. Genauso wie die Schulung des Bewusstseins und die Veränderung der inneren Einstellung. Und langsam begann ich, die Welt mit anderen Augen zu betrachten, und ahnte, dass die Antworten auf meine Fragen immer direkt vor mir lagen, wie der Leitstern meines Lebens. Dass sie schon immer da sind und wir nur in sie hineinwachsen müssen.

Es ist eine schwer erlernbare Fähigkeit, die Welt um sich herum genauer anzuschauen. Lange Zeit besaß ich diese Fertigkeit nicht. Doch nach dieser einschneidenden Erfahrung entschied ich mich dazu, die Dinge anders wahrzunehmen als bisher und ihnen mit einer neuen Einstellung zu begegnen. »Sieger erkennt man am Start – Verlierer auch«, lautet der Titel dieses Buches. Damit möchte ich dazu auffordern, das eigene Selbstverständnis zu hinterfragen. Denn jeder Mensch kann seine Wahrnehmung und seine Einstellung verändern – sofern er denn will. Und tatsächlich: Die Einstellung, mit der wir durchs Leben gehen, bestimmt ganz wesentlich, wie erfolgreich und glücklich wir sind. Unser Verhalten entspricht unseren positiven oder eben auch negativen Glaubenssätzen. Ob wir eine Sache erfolgreich durchziehen, wissen wir, wenn wir einmal ehrlich mit uns sind, meist schon am Startblock.

Als ich begann, mein Bewusstsein zu schulen und Dinge mit anderen Augen zu sehen, machte ich noch eine weitere interessante Erfahrung: Wenn man erst einmal in der Lage ist, seinen Verstand abzuschalten, herrscht mitunter mehr Klarheit. Wir erkennen dann, dass Klugheit nicht unbedingt vor vermeintlich dummen Entscheidungen schützt und dass man sich erst von einem Problem lösen muss, um es lösen zu können. Hinter diesen Sätzen verbirgt sich kein verwirrender Widerspruch, sondern eine tiefe, befreiende Wahrheit. Nämlich, dass es sich bei Lebenskrisen letztlich immer um Wahrnehmungskrisen handelt.

Inzwischen weiß ich, dass meine Reise zu den Antworten in mancher Hinsicht mein ganzes Leben andauern wird. Dass genau in dieser Reise der Sinn liegt und es dauert, bis wir die Antworten verstehen. Und ich kann mich darüber freuen – *there is much more to come*! Aber zu diesem neuen Blick und vom Zweifel zur Freude war es ein gutes Stück Weg. Am Beginn stand zunächst alles andere als die vermeintliche Lösung all meiner Probleme. Am Anfang musste ich einen Endpunkt setzen – und kündigen. Wie weiter, das wusste ich zu Beginn nicht. Aber eben dieser Schritt brachte mich dann dazu, nicht nur bildlich gesprochen die Koffer zu packen, sondern tatsächlich auf große Sinnsuche und Abenteuerfahrt zu gehen.

Man sagt, Reisen verändere die Wahrnehmung. Mir hat es dabei geholfen, einen anderen Blick auf die Welt und sinnstiftende Lebensinhalte zu erlangen. Mir scheint, dass ich erst heute wirklich einen Beitrag leiste zu einer Welt, in der ich leben möchte. Wenngleich ich noch lange nicht am Ende meines Weges angekommen bin. Niemand kommt je an, denn mit jedem vermeintlichen Ziel öffnet sich nur eine neue Tür.

Ahnst auch du bereits, lieber Leser, dass ein Karrieretrip für dich nicht alles ist? Hast auch du gerade das Gefühl, dich im Kreis zu drehen und dich aus manchen Schleifen allein nicht befreien zu können? Oder glaubst du, im Wartesaal des Lebens festzuhängen, bist aber durchaus gewillt, dich aus deiner kuschelig eingerichteten Komfortzone zu wagen? Dann ist dieses Buch genau richtig für dich. Denn diese Fragen waren zum einen mein Antrieb, dieses Buch zu schreiben, und zum anderen, mein Lebenswerk für jeden zugänglich zu machen. »Die Lebensschule« ist eine Online-Ausbildung, die ich gemeinsam mit Greator ins Leben gerufen habe, damit du deine wahre Bestimmung findest – und auch andere dazu befähigen kannst, ihr wahres Potenzial zu entfalten. Dieses Buch gibt dir einen Einblick und ist ein erster Schritt, um aus deinem alltäglichen Hamsterrad auszubrechen und den Weg in ein erfülltes Leben zu ebnen. Ich hole dich damit aus dem Wartesaal ab und lade

> **Es geht nicht darum, ständig neue Länder zu bereisen, sondern die Welt mit anderen Augen zu sehen.** (Marc Aurel)

dich zur spannendsten Forschungsreise überhaupt ein: auf eine Expedition zu dir selbst.

Vielleicht musst du dazu gar nicht die Koffer packen und dich wie ich damals ans Ende der Welt begeben. Schließlich muss man nicht ständig neue Länder bereisen, um die Welt mit anderen Augen zu sehen. Deine Reise zu den Antworten kannst du mit diesem Buch an jedem Ort und zu jeder Zeit antreten. Ich kann dir allerdings nicht garantieren, dass du nicht irgendwann selbst einmal den Wunsch zum Aufbruch verspüren wirst, wohin auch immer. Und warum auch nicht? Alles ist möglich.

In diesem Buch habe ich das »Reisetempo« bewusst so gewählt, dass Veränderungen erkennbar werden, die sich bereits während des Lesens einstellen. Schau einfach mal ab und zu aus dem Fenster – wie bei einem fahrenden Zug – und beobachte, ob sich die Landschaft langsam wandelt. Oder ob sich vielmehr deine Wahrnehmung der Landschaft ändert.

Ich freue mich, dein Weggefährte sein zu dürfen. Ich möchte dich bei einer Wanderung begleiten, die dein Leben verändern kann und die dich von einem übervollen Kopf zurück zu deinem Herzen, zu deinem Selbst, führt.

MEHR KLARHEIT OHNE VERSTAND

WARUM WIR ZWAR TUN, WAS WIR WOLLEN, ABER NICHT WOLLEN KÖNNEN, WAS WIR WOLLEN

DER REKORDER

Ich machte mich also auf die Reise nach innen. Zunächst in eine äußerlich völlig andere Welt: Indien. Damals noch ein echter Kulturschock. Hinter allen Fragen, die ich im Gepäck hatte, stand nach wie vor die größte aller Ungewissheiten: Wer bin ich *eigentlich*? Der Überlieferung nach prangte dieses Rätsel bereits vor mehr als zweitausend Jahren in großen Lettern hoch oben über dem Eingang des Apollon-Tempels – wenn auch in etwas anderen Worten, sie lauteten: »Erkenne dich selbst.« Die Weissagungsstätte des antiken Griechenlands beherbergte das schon seinerzeit sagenumwobene Orakel von Delphi, das von berühmten Figuren der Antike – erdachten wie historischen – aufgesucht und um Rat gefragt wurde. Unter ihren Besuchern waren keine Geringeren als Ödipus, Sokrates oder Alexander der Große.

Bisher war ich immer davon ausgegangen, dass mein Verstand die Instanz wäre, mit der ich das Rätsel der Selbsterkenntnis würde lösen können. Meine Reisen belehrten mich jedoch eines Besseren. Bei allen Weisen, Schamanen und Heiligen sollte mir immer wieder dieselbe verblüffende Einsicht begegnen: Bei der Suche nach unserem Wesenskern leistet ausgerechnet unser Intellekt die geringste Hilfe. Im Gegenteil. Er steht unserer Erkenntnis mit all dem durch ihn angesammelten Wissen und den festen Vorstellungen vielmehr im Weg. Wie es der Buchtitel des amerikanischen Verhaltensökonomen Dan Ariely humorvoll auf den Punkt bringt: *Denken hilft zwar, nützt aber nichts*. Ich weiß, das klingt erst einmal paradox. Wieso sollte gerade dieses geniale Werkzeug, das uns einzigartig macht unter den anderen Wundern der Schöpfung und uns zu denkakrobatischen Höchstleistungen befähigt, den Prozess der Selbsterkenntnis behindern? Und doch verbirgt sich hinter diesem scheinbaren Widerspruch eine bemerkenswerte Wahrheit.

Erkenne dich selbst.

Um diese Wahrheit voll und ganz begreifen zu können, ist zunächst zu klären, wie unser Verstand funktioniert und wozu er eigentlich da ist. Ich beziehe mich dabei im Folgenden der Einfachheit halber auf den Artikel *Das Geheimnis der guten Wahl* von Harald Willenbrock in der Zeitschrift GEO (Heft von August 2008). Zweifellos ist der Verstand die Instanz, mit der wir versuchen, unseren Alltag zu managen. Wir sind es gewohnt, unsere Beobachtungen und Wahrnehmungen nach rationalen Kriterien zu sortieren und zu beurteilen. *Ratio* kommt dabei aus dem Lateinischen und wird gemeinhin mit Verstand oder Vernunft übersetzt. Der Verstand hilft uns durch diese Art Filterung dabei, die Komplexität unseres Daseins zu reduzieren, und hat damit eine überaus beruhigende Funktion. Wir erleben Einordnung in einer bedrohlich unübersichtlichen Welt. Denn selbst auf jemanden, der nur dösend unter einem Baum liegt, strömen pro Minute Millionen von Sinneseindrücken ein. Der bewusst ablaufende Teil unseres Denkprozesses, der in der Großhirnrinde lokalisiert ist, kann aber *nur* 40 bis 60 Eindrücke auf einmal verarbeiten. Daher bedient sich unser Verstand verschiedener Tricks, um dieser Flut an Informationen Herr zu werden.

Wir können uns unseren Verstand wie eine halbdurchlässige Membran vorstellen, die unermüdlich filtert, ordnet und priorisiert. Als hochsensibles und lernfähiges Instrument nimmt er seine Tätigkeit an dem Tag auf, an dem wir auf die Welt kommen. Dabei stellt er seine Arbeit nicht einmal dann ein, wenn wir abends die Taue lösen, um ins Traumland zu segeln. Während wir träumen, verarbeitet unser Gehirn die Geschehnisse des Tages.

Wie sieht diese Tätigkeit genau aus? Das Gehirn zeichnet alle Erlebnisse auf, die wir mithilfe unseres Verstandes sortiert und bewertet haben – wie ein Rekorder oder Aufnahmegerät. So bildet sich unser Gedächtnis. Noch während uns Ereignisse widerfahren, werden sie gespeichert und stehen später als Erinnerungen an Geschehenes bereit. Dabei ist unser Gehirn nicht nur dazu in der Lage, Erinnerungen an Begebenheiten zu sammeln, die tatsächlich passiert sind. Es stellt auch Informationen darüber bereit, was in einer bestimmten Situation passieren könnte. Das ist einer der ganz schlauen Tricks, derer sich unser Verstand bedient: Wir müssen nicht selbst aus einem Fenster gefallen sein, um zu wissen, dass es gefährlich ist, sich im neunten Stock zu weit hinauszulehnen. Unser Verstand kann sich eine Vorstellung davon machen, was passieren würde, wenn wir es täten. Eine einzigartige Fähigkeit! Kein anderes Lebewesen auf diesem Planeten kann sich so wirksam ein Bild von möglichen Situationen machen und dieses Wissen bei Bedarf auch auf weitere Konstellationen übertragen.

DAS ARCHIV DES UNBEWUSSTEN

Da wir aber die wenigsten dieser Aufzeichnungen ständig benötigen, werden sie mehrheitlich in einer Art Archiv gespeichert. So landen beispielsweise über 90 Prozent unseres

Schulwissens in diesem Speicher, weil wir es nicht dauernd abrufen. Weißt du zum Beispiel noch, wie die Hauptstadt der Mongolei heißt oder wie alt Johann Wolfgang von Goethe geworden ist? Wir haben das alles einmal gelernt, aber wir erinnern uns nicht mehr daran. Ich sage es dir an dieser Stelle, damit du in Ruhe weiterlesen kannst: Die Stadt nennt sich Ulaanbaatar, und Goethe wurde 82 Jahre alt. Das meiste, was wir erlebt, gelesen oder wahrgenommen haben, wird gespeichert, ohne dass es uns überhaupt bewusst wäre. In der Psychologie spricht man daher vom Unbewussten, Vorbewussten oder auch Unterbewussten. Hirnforscher nehmen an, dass uns die Motive unseres Tuns darum zu fast 90 Prozent nicht klar sind.

Es ist erstaunlich, wie unfallfrei wir damit durchs Leben kommen. Und doch bestimmen unbewusst getroffene Entscheidungen sehr häufig unser Handeln. Das ist mit einer alltäglichen Geschichte einfach zu erklären. Ein junger Mann begibt sich beispielsweise in einen Blumenladen, um ein Geschenk für seine Freundin zu erwerben. Als er die Stimme der Verkäuferin hört, stellen sich ihm aus unbekannten Gründen die Nackenhaare auf. Vielleicht erinnert der schrille Ton ihn an seine gefürchtete Ex-Schwiegermutter oder an das militärische Bellen seiner Sportlehrerin, die ihn beim Schwimmunterricht in der Schule ständig angetrieben hat? Natürlich gibt es Fälle, in denen wir unsere Entscheidung offenkundig bewusst treffen. Der junge Mann jedoch wird sich – wie in 99,9 Prozent solcher alltäglicher Szenen – nicht darüber im Klaren sein, warum er seine Rosen am nächsten Valentinstag woanders kauft.

Unser Bewusstsein ist also bildlich gesprochen nur die Spitze eines riesigen Eisbergs. Darunter liegt das gespeicherte Datenmaterial des Unbewussten. Aber das verschwindet nicht einfach auf Nimmerwiedersehen in den unermesslichen Weiten unserer Hirnwindungen, sondern beeinflusst maßgeblich unser Handeln. Nur eben ohne dass es uns bewusst ist. Unter entsprechenden Bedingungen und durch bestimmte Impulse oder Schlüsselreize kann auch dieses Material aktiviert werden. Zugang haben wir in Todeserfahrung, unter Hypnose, in der Meditation, unter Drogen und im Schlaf. Eine Branche, die sich dieses Wissen aktiv zunutze macht, ist die Werbung. Sie setzt ausdrücklich auf den sogenannten Reiz-Reaktions-Mechanismus. Ein Begriff, der ebenfalls aus der Psychologie stammt, im Marketing aber speziell auf das Konsumverhalten der Menschen angewendet wird: Ein bestimmter Reiz soll beim Kunden eine ganz bestimmte Kauf-Reaktion hervorrufen.

Es wird enorm viel Zeit und Geld in die Frage investiert, welche konditionierten Lernerfahrungen, also aufgenommene und gespeicherte Reiz-Reaktions-Muster, zum Kaufimpuls führen. Es werden etwa mit großem Aufwand Psychogramme von Kernzielgruppen bestimmter Automarken eruiert. Von Mercedes-Fahrern ist bekannt, dass sie ein starkes Bedürfnis nach Sicherheit haben. Das – subtil verpackte – Dauerthema der Mercedes-Werbung lautet daher Angst. Dazu ein Beispiel: In einem Mercedes-Spot der renommierten Hamburger Werbeagentur Jung von Matt unterhalten sich zwei kleine Engel, die es sich auf einer Wolke bequem gemacht haben: »Hey, wer bist du denn eigentlich?«, fragt der eine. »Ich bin ein Schutzengel«, so die Antwort des anderen. »Und wen beschützt du?« – »Einen Autofahrer«, geht der Dialog weiter. »Was für ein Auto fährt der denn?«, will der erste Engel wissen. »Mercedes«, entgegnet der zweite Schutzengel gelassen, worauf der erste entrüstet ausruft: »Faule Sau.«

Jeder Produzent einer Marke arbeitet mit anderen Schlüsselreizen oder sogenannten Triggern, um Kunden zu ködern. In der Zigarettenindustrie ist bekannt, dass insbesondere junge Menschen Marken einer Liga bevorzugen, in der sie zwar gerne mitspielen würden, von der sie in Wirklichkeit aber Lichtjahre entfernt sind. Camel und Marlboro etwa sind Einstiegsmarken für Jugendliche, die noch keineswegs über das selbstbewusste Auftreten eines lässig im Sattel sitzenden Marlboro-Cowboys verfügen. Im Gegenteil. Und gerade das ist der Grund, warum sie zu diesen Marken greifen. Hinter Camel- und Malboro-Rauchern verstecken sich also keine echten Abenteurer, sondern nur gut getarnte Softies.

Dass sich etwa auch erotische Anziehung ganz konkret auf unser Kaufverhalten auswirkt, beschreibt der Verhaltensökonom Dan Ariely in seinem Buch über irrationale, also unbewusst getroffene Entscheidungen. Bei einem Experiment legte er männlichen Studenten Fotos von attraktiven Frauen vor: Anschließend waren dieselben jungen Männer mehrheitlich dazu bereit, deutlich höhere Summen für Geschenke auszugeben, als sie vorher angegeben hatten. Eine altbekannte Form des Reiz-Reaktions-Mechanismus wurde hier erneut bestätigt: *sex sells*!

DER AUTOPILOT

Sowohl bei der Aufnahmefunktion des Rekorders als auch beim Archiv des Unbewussten handelt es sich um Bereicherungen denk- und verhaltensökonomischer Art. Um zwei geniale Schachzüge unseres Gehirns, um der Flut an Informationen Herr zu werden und die Zukunft zu bewältigen. Doch das hochkomplexe Instrument, dessen Entwicklung Millionen Jahre gedauert hat und dessen Datenmaterial uns zum Großteil nicht bewusst ist, zeichnet sich durch ein weiteres spannendes Merkmal aus: Es funktioniert zu weiten Teilen automatisch, wie ein mächtiger Autopilot.

Es ist schwierig, die Aktivitäten unseres Verstandes bewusst zu ignorieren. Aber sollte uns das einmal gelingen, werden wir feststellen, dass er auch ganz gut ohne uns klarkommt. Während du das hier Geschriebene aufnimmst, hat dein Gehirn zum Beispiel deine linke oder rechte Hand dazu veranlasst, die Seiten umzublättern, ohne dass du bewusst dazu aufgefordert hättest. Auch über einen regelmäßigen Atemfluss, also darüber, dass du bei deinen alltäglichen Verrichtungen am Leben bleibst, musst du nicht großartig nachdenken.

Reagierte unser Hirn immer ganz bewusst auf die 40 bis 60 der Millionen von Sinneseindrücken pro Minute, würde uns das schier wahnsinnig machen. Deshalb und aus dem ganz schnöden Grund der Energieersparnis hat unser Gehirn im Laufe der Jahrtausende diesen weiteren Trick zur Entlastung entwickelt: Denn obwohl unser Denkorgan nur zwei bis drei Prozent unserer Körpermasse ausmacht, sind unsere Denkprozesse extrem energieaufwendig. Bei mehr oder weniger komplizierten Aufgaben verbrauchen wir zwischen 20 und 70 Prozent unseres Kalorienvorrats. Daher gelangen überhaupt nur wenige Vorgänge aus dem limbischen System – wo das Unbewusste gespeichert wird – ins Großhirn, um bewusst bearbeitet zu werden.

Alles, was keiner ausdrücklichen Aufmerksamkeit bedarf, tägliche Routinen wie Zähne putzen, Brötchen holen, Kaffee kochen, den Müll vor die Tür bringen oder etwa den richtigen Weg zur Arbeit finden, erledigt unser Hirn auf Sparflamme, das heißt, ohne die bewusst denkende Großhirnrinde einzuschalten. Ohne diesen Energiesparmodus würde schon die Zubereitung unseres Müslis am Morgen mehr Energie verbrauchen, als unser Verdauungssystem aus dem Körnerbrei extrahieren könnte.

Aber bedeutet das nicht auch, dass wir letzten Endes gar keine eigenen Entscheidungen treffen, sondern nur Kommandos ausführen, die – abhängig von unseren Erfahrungen und Prägungen – tief in unserem Inneren längst festgelegt sind? Ist dieser Autopilot wirklich nur von Vorteil? Nach welchen Kriterien entscheidet er, welche lässt er außen vor? Und wann schaltet unser Gehirn von Autopilot auf Fahrer? Hinter dieser unheimlich anmutenden Ungewissheit verbirgt sich nichts anderes als die heiß diskutierte These der Hirnforschung, dass der freie Wille nur eine Illusion sei. Ich möchte die Debatte über den freien Willen, die so alt ist wie die abendländische Philosophie selbst, an dieser Stelle nicht weiter vertiefen. Es sollte nur deutlich geworden sein, dass auch die Frage nach der Instanz hinter unserem Wollen nicht abschließend geklärt ist. Mir geht es jedoch vor allem um unsere Wahrnehmung von Denkprozessen und um ihre praktischen Auswirkungen. Einer Illusion werden wir später aber tatsächlich noch begegnen. Und die ist hausgemacht. Obwohl doch das meiste in unserem Kopf unbewusst abläuft, täuscht uns unser Intellekt nämlich immer wieder vor, wir würden unsere Entscheidungen bewusst oder gewollt treffen.

Der Mensch kann zwar tun, was er will, aber er kann nicht wollen, was er will. (Arthur Schopenhauer)

DER SELBSTERHALTUNGSAUTOMAT

Es ist also gar nicht so eindeutig zu entscheiden, wer bei unserem täglichen Denken, Tun und Handeln hinterm Steuer sitzt – wir selbst oder der Autopilot? Fragen wir nach dem Grund dafür, warum unser Verstand die meiste Zeit wie eine riesige vollautomatisierte Datenbank funktioniert, heißt die Antwort: Energie sparen. Evolutionswissenschaftlich begründet lautet sie vereinfacht gesprochen: damit wir überleben. Alle Erfahrungen, die ein Mensch macht und speichert, auch die Ge- und Verbote, die er im Laufe seines Lebens lernt, dienen entwicklungsgeschichtlich gesehen in erster Linie dazu, seinen Selbsterhalt zu garantieren. Darum sind auch alle Aufzeichnungen, die unser Gehirn von unserer Geburt an tätigt, alle Handlungen, die der Verstand uns – meist unbewusst – ausführen lässt, diesem einen Motiv untergeordnet: überleben.

Dass dies bei unserer Spezies bisher so gut funktioniert hat, liegt unter anderem daran, dass alle gespeicherten Ereignisse in irgendeiner Weise emotional aufgeladen sind. Wir treffen im Leben keine einzige Entscheidung, die nicht an Emotionen gekoppelt wäre. Deshalb versucht auch jeder Verkäufer, seine Kunden an eine emotionale Schwelle zu führen, die den Reiz-Reaktions-Mechanismus auslöst. Das Wort Emotion leitet sich vom Lateinischen *ex* für »heraus« und *motio* für »Bewegung« oder »Erregung« ab und bedeutet so etwas wie »aus der Bewegung heraus« oder »aus der Erregung heraus«. Im übertragenen Sinne kann es auch mit »Störung« übersetzt werden. Emotionen, positiver oder negativer Art, können als Störungen des Gewohnten verstanden werden. Sie werfen uns aus der Bahn, sie sorgen dafür, dass wir nicht mehr ganz bei uns sind, unsere Mitte verlassen – und sind im Grunde doch nichts anderes als Energie, die zu bestimmten Anlässen freigesetzt wird. Menschen sind nur dann bereit, sich zu ändern, wenn sie an eine emotionale Schwelle geführt werden. Entweder ist der Leidensdruck groß genug oder die Begeisterung für ein neues Ziel.

Es sind also unsere Emotionen, die uns in die Lage versetzen, Situationen unbewusst zu beurteilen und viele unserer Entscheidungen blitzschnell zu treffen. Das geschieht immer dann, wenn wir in der Vergangenheit schon einmal eine ähnliche Erfahrung gemacht und diese mit negativen oder positiven Emotionen verknüpft haben. Die Psychologie spricht von Wiederholungszwang. Unser Gehirn kann auf bereits Erlebtes zurückgreifen und weiß in Bruchteilen von Sekunden einzuschätzen, ob etwas wichtig oder unwichtig, gut oder gefährlich für uns ist. Wie das funktioniert? In unserem limbischen System werden Informationen mit bereits abgespeicherten Emotionen abgeglichen und auf diese Weise einschätzbar. Einfacher ausgedrückt: Unsere Emotionen sind nichts anderes als hochkonzentriertes Wissen.

Werden wir etwa bei einem Autokauf an den heiß geliebten roten Flitzer unserer Eltern erinnert, könnte das unsere Kaufentscheidung im Erwachsenenalter positiv beeinflussen. Haben wir dagegen, um ein negatives Beispiel zu nennen, vor gut 20 Jahren bei der Fahrstunde in einem roten Wagen Höllenqualen erlitten und mussten die Demütigungen unseres Fahrlehrers über uns ergehen lassen, würden wir uns wohl kaum freiwillig für diese Farbe entscheiden. Und erinnert uns die Stimme einer Blumenverkäuferin an die Angst, die eine fiese Sportlehrerin aus Grundschulzeiten bei uns ausgelöst hat, werden wir diesen Laden in Zukunft meiden.

Wenn mit einer Grunderfahrung extrem negative Emotionen verknüpft sind, spricht die Psychologie von einem Trauma. Wird ein Kind beispielsweise von seinem älteren Bruder in der Badewanne zu lange unter Wasser gedrückt, dann ist dieses Ereignis für ihn höchst negativ besetzt. Es wird später Schwierigkeiten haben, schwimmen zu lernen. Tauchen kommt erst recht nicht infrage. Wurde einem Kind bei einer Toberei mit einem Kissen zu lange die Luft abgedrückt – um es herum wurde schon alles schwarz –, kann es eine Tunneldurchfahrt später als äußerst unangenehm empfinden. Später als Erwachsener wird er oder sie reflexartig vom Gas gehen und immer langsamer werden.

Vielleicht fallen dir selbst Beispiele aus deiner Kindheit ein, vielleicht hast du auch etwas so Schlimmes erlebt, dass du es komplett verdrängt hast – um überleben zu können. Immer aber, wenn eine ähnliche Situation eintritt oder etwas dich daran erinnert, wirst du in das alte Verhaltensmuster zurückfallen. Und meistens wird dir das nicht bewusst sein. In Extremfällen wird dein Körper die gleichen Symptome zeigen wie damals. Du zitterst, hyperventilierst, hast den Eindruck, keine Luft mehr zu bekommen, erstarrst vor Panik – kämpfst einen scheinbaren Überlebenskampf.

Alles, was uns je widerfährt, wird von Emotionen begleitet, und diese Verknüpfung beeinflusst unser Handeln in extremer Weise – auch wenn wir uns in den meisten Fällen darüber nicht im Klaren sind. Ich nenne das das tiefe Tal des Unbewussten. Unser Verstand gaukelt uns oft nur vor, unser Verhalten sei vernunftgeleitet, um die Deutungshoheit und die Kontrolle zu behalten. Doch das Gegenteil ist meist der Fall, da gespeicherte Emotionen viel schwerer wiegen als irgendein rationales Argument. Das meinte ich, als ich auf den letzten Seiten vom freien Willen als hausgemachter Illusion sprach.

Dabei geht es nicht immer nur um existenzielle Belange, also darum, genug Luft zum Atmen, genug zu essen und zu trinken zu bekommen. Wir leben glücklicherweise nicht mehr in der Steinzeit, in der die Menschen gezwungen waren, für eine Mahlzeit enorme Risiken einzugehen und viel Energie aufzuwenden. Auch Extremsituationen wie Ertrinken oder Ersticken sind erfreulicherweise nicht an der Tagesordnung. Meist geht es ums Überleben im übertragenen Sinne. Und dafür brauchen wir Menschen nicht nur Fleisch auf den Rippen und Sauerstoff in den Lungen, sondern Liebe und Zuwendung.

Vor allem Liebe und Zuwendung, denn wir sind Herdentiere – unser Erbgut unterscheidet sich nur zu 1,5 Prozent von dem eines Schimpansen! So ist es für ein Kind nicht nur überlebenswichtig, dass es umsorgt und ernährt wird. Es wird immer alles dafür tun, sich der Zuwendung seiner Eltern zu versichern. Welches Verhaltensmuster es dabei an den Tag legt – Prinzesschen oder Monster –, ist egal. Mit beiden verfolgt es dasselbe Ziel. Auch ein kleines Biest, das Mami und Papi den ganzen Tag auf den Nerven herumtrampelt, ist ein einziger Hilfeschrei nach Aufmerksamkeit. Selbst die frühkindliche Erfahrung, dass Kranksein ein Höchstmaß an Zuwendung bedeutet, kann später als Manipulationsmöglichkeit genutzt werden, um Angehörige unter Druck zu setzen. Die Medizin spricht hier vom sekundären Krankheitsnutzen. Nur: Wer Liebe will, bekommt so allenfalls Mitleid. So lernen wir im Laufe unseres Lebens verschiedene Verhaltensmuster, um grundsätzliche Bedürfnisse zu stillen. Das erste und elementarste Muster betrifft die Frage, wie wir Zuwendung erlangen. Jeder Mensch braucht Liebe. Wir manipulieren andere, um sie zu bekommen – und sind durch sie selbst ebenfalls manipulierbar.

DREI KRÄNKUNGEN DER MENSCHHEIT

Überleben zu sichern, ist also das oberste Gebot menschlichen Verhaltens und somit auch die wichtigste Aufgabe, die unserem Verstand zukommt. All die Strategien, die wir zur Erlangung dieses Zieles erlernt haben – also unsere alltäglichen Lebensgewohnheiten –, haben in dieser Hinsicht ihren Zweck auch immer erfüllt. Deshalb beharren wir auch so sehr auf unseren Ansichten und Urteilen. Deshalb wollen wir recht haben. Und es wird schon etwas dran sein an unseren Lebensweisheiten und Glaubenssätzen. Schließlich sind wir bisher gut damit gefahren. Aber was steckt eigentlich dahinter, hinter diesem Recht-haben-Wollen um jeden

Preis? Ganz einfach: Auch Rechthaben dient der Selbsterhaltung, dem Überleben im übertragenen Sinne. Der menschliche Verstand ist ein Meister dieses Faches: Er ist unser Fürsprecher, unser Anwalt. Er rechtfertigt unser Handeln und Tun. Denn die Angst, nicht recht zu haben, ist gleichbedeutend mit der Angst, zu unterliegen. Es ist darum in letzter Konsequenz die Angst, nicht zu überleben.

Die gute Nachricht: Wir haben immer recht! Sonst wären wir schließlich nicht mehr da! Die schlechte Nachricht lautet: Alle anderen sind auch noch da, ergo haben sie auch recht. Worauf ich hinauswill: Was das Recht-haben-Wollen angeht, befindet sich der Mensch in einer ständigen Konkurrenz- und Wettkampfsituation. Unser Intellekt ist quasi ein Pessimist, er geht vom Worst-Case-Szenario aus, von einem Zustand des Mangels. Er plant schon mal ein, dass die für unser Überleben notwendigen Voraussetzungen – Nahrung, Jobs, Reproduktionspartner – nicht in ausreichender Menge vorhanden sind. Darum haben wir ein Problem damit, andere Meinungen neben unserer gelten zu lassen. Wird uns widersprochen, werden wir infrage gestellt, geht es uns, wenn auch nur argumentativ und verbal, an den Kragen. Weil wir unser Leben in Gefahr sehen, streben wir gleichsam als Absicherung permanent nach mehr. Völlig unerheblich, wie viel wir schon haben. Zufriedenheit ist mit Intellekt und Wissen nicht erreichbar. Nie! Sie erschließt sich, wie wir sehen werden, erst aus einer anderen Welt.

Eine Ausnahme bei unserem Ich-habe-recht-andere-unrecht-Trip: Wir befinden uns unter Freunden. Unsere Vertrauten, Busenfreundinnen und besten Kumpel, sie bedrohen uns nicht. Das liegt allerdings daran, dass wir uns Freunde aussuchen, die genauso ticken wie wir. Dafür loben wir sie auch. »Was für ein toller Typ mein Freund ist, und was für tolle Ansichten der hat!« – Es sind ja auch meine eigenen! Und wenn wir in einem Punkt doch mal anderer Meinung und dadurch verunsichert sind, suchen wir so lange nach einer anderen Übereinstimmung, bis wir uns wieder sicher fühlen. Zum Beispiel indem wir uns kollektiv darüber auslassen, dass mit all den anderen Typen, die unsere tollen Ansichten nicht teilen, definitiv etwas nicht stimmen kann. Es ist ein völlig falsches Harmonieverständnis, einer Meinung sein zu müssen. Darum geht es gar nicht. Die Frage, die sich stellt, ist eher: Können wir dieses Spiel (Ehe, Beruf, Hobby) gemeinsam spielen? Wer recht hat, das ist uninteressant.

Alles Neue und Fremde wird vom Menschen zunächst als Bedrohung empfunden. Jede Erfindung, jede neue Philosophie oder Geisteshaltung durchläuft darum immer erst einmal folgende drei Stadien: Zuerst machen wir das Unbekannte lächerlich. Wenn das nicht reicht und wir uns weiter bedroht fühlen, bekämpfen wir es, um es schließlich, wenn es den Schrecken des Ungewohnten verloren hat, zu kopieren. So erging es all unseren Vorbildern, mutigen Menschen und großen Denkern. Jesus wurde vor seiner Kreuzigung von den römischen Soldaten lächerlich gemacht, indem sie ihm eine Dornenkrone aufsetzten und ihn »König der Juden« nannten. Er wurde bekämpft und ans Kreuz geschlagen, denn seine Lehre bedrohte die herrschende Ordnung. Später versuchten Tausende von Christen, ihn zu kopieren beziehungsweise seinem Vorbild nachzueifern.

Weil nicht sein kann, was nicht sein darf. (Christian Morgenstern)

Auch der indische Politiker Mahatma Gandhi wurde Mitte des 20. Jahrhunderts für sein »Gewaltfrei befreien wir uns von den Engländern« lächerlich gemacht, bekämpft und erschossen, bevor er am Ende zum Vorbild wurde. Über den italienischen Erfinder Galileo Galilei lachte man ebenfalls zunächst. Doch weil seine Lehre vom heliozentrischen Weltbild die Ansicht und damit die Macht der Kirche weiterhin infrage stellte, wurde er zum Tod auf dem Scheiterhaufen verurteilt. Auch wenn die Strafe später in lebenslangen Hausarrest und Lehrverbot umgewandelt wurde – man hatte ihn mundtot gemacht. Danach folgte man dann seinen Erkenntnissen.

Um zu beschreiben, was in den Widersachern dieser großen Geister vor sich ging, hat der Psychoanalytiker Sigmund Freud den Begriff »Kränkungen der Menschheit« geprägt. Er bezeichnet damit drei historische Ereignisse, die nach seiner Auffassung den Stolz, die Ehre und das Selbstbewusstsein der Menschheit, mit anderen Worten ihr Ego, verletzten. Es handelt sich dabei um einschneidende Ereignisse, mit denen unserer Spezies mehr als deutlich unter die Nase gerieben wurde, dass sie sich bisher in ganz wesentlichen Dingen geirrt hatte, also nicht recht hatte.

Als erste Kränkung, die unser Überleben im übertragenen Sinne in Zweifel zog, führte Freud das kopernikanische Weltbild an. Nach diesem befand sich nicht die Erde, wie man lange geglaubt hatte, sondern die Sonne im Mittelpunkt des Universums. Die zweite Beleidigung ergab sich aus der Behauptung, der Mensch entstamme dem Tierreich. Er sei kein von Gott geschaffenes Wesen und habe nach Charles Darwin sogar den Menschenaffen zum nächsten Verwandten. Eine Demütigung sondergleichen! Die dritte und schlimmste Kränkung wurde der Menschheit von Freud selbst zugefügt, als dieser behauptete, nur ein kleiner Teil der Informationsverarbeitung im Gehirn funktioniere bewusst. Vielmehr sei das Denken von Trieben und anderen unbewussten Einflüssen bestimmt, der freie Wille eine höchst zweifelhafte Angelegenheit und nur in wenigen Situationen wirklich vorhanden. Und tatsächlich kann man schwer steuern, was man fühlen oder denken will. Nicht ohne Grund kennt der Sprachgebrauch plötzlich durch den Kopf schießende Gedanken.

Unser Verstand funktioniert also wie ein Aufzeichnungsgerät, das mit Emotionen verknüpfte Ereignisse speichert, aus ihnen lernt und damit unser Überleben sichert. Dies tut er, indem er sich aus zahlreichen Erfahrungen Verhaltensmuster und aus diesen wiederum seine ganz persönliche Überlebensstrategie bastelt. Und man muss sagen, er macht keinen schlechten Job. Im Gegenteil, er ist eine nahezu perfekt optimierte Überlebensmaschine. Deshalb stellst du dir inzwischen wahrscheinlich längst die Frage, warum ausgerechnet dieses hochqualifizierte Instrument bei der Beantwortung der Frage, wer du *eigentlich* bist, im Wege stehen sollte?

Auf das Problem weist das kleine Wörtchen »nahezu« hin. Denn da die Mechanismen des nahezu perfekten Selbsterhaltungsautomats zu weiten Teilen unbewusst ablaufen, macht es ihn mitunter zu einem unberechenbaren Selbstläufer. Und da unser Überlebenswille eine der stärksten Triebfedern überhaupt ist, wird er noch dazu zu einem überaus dominanten Selbstläufer. Und zwar immer dann, wenn sich Verhaltensmuster, die vielleicht irgendwann einmal an die Überlebenssicherung geknüpft waren, verselbstständigen und nichts mehr mit ihrer eigentlichen Aufgabe zu tun haben. Oder auch wenn schlicht und einfach falsche Muster an diese eine Aufgabe geknüpft wurden. Dann wird eine Handlung irrtümlicherweise mit der Erfüllung des ursprünglichen Ziels in Verbindung gebracht – und äußerst hartnäckig verfolgt.

Ein weiterer Grund für die kleine Unvollkommenheit unserer Denkmaschine liegt darin, dass unser Verstand nicht zwischen einer tatsächlichen Bedrohung und einer bloß scheinbaren Gefahr unterscheidet. Im Begriff, alles zu verteidigen, was mit unserer Existenz zu tun hat – unsere Gesundheit, unsere Arbeitssituation, unsere Familie, unsere Werte –, führt er oftmals Scheingefechte durch. Dabei glaubt er fest, es handele sich um überlebensnotwendige Schlachten. Jemand, der noch die Hungersnot während des Krieges erlebt hat, wird sich lieber an einem alten Kanten Brot die Zähne ausbeißen, als dieses kostbare Gut wegzuschmeißen.

Der schwerwiegendste Nachteil an unserer nur nahezu perfekten Maschine ist jedoch, dass sie uns vorgaukelt, wir *seien* unser Verstand, wir handelten im vollen Besitz unserer geistigen Kräfte – womit wir wieder bei der Illusion des freien Willens wären. Das ist auch der Grund dafür, dass besonders schlaue Menschen nicht unbedingt die klügsten Entscheidungen treffen. Im Gegenteil. Vollkommen sachlich erscheinende Beschlüsse, die den rationalsten Köpfen entstammen, sind ebenso an Emotionen gekoppelt und können damit durchaus unangemessene Handlungen nach sich ziehen.

Werde, der du bist.

So paradox das zunächst auch klingen mag: Wir *haben* zwar einen Verstand, der, richtig eingesetzt, überaus wertvoll ist, aber wir *sind* nicht unser Verstand. Zunächst nur so viel: Wenn wir uns mit unserem Verstand identifizieren und mit allem, was dieser als zu unserer Person dazugehörig empfindet, können wir tatsächlich nicht mehr unterscheiden, ob eine Situation wirklich bedrohlich ist oder nicht. Genau deshalb empfinden wir es auch als so immens wichtig, recht zu haben. Jobverlust, Trennung vom Partner oder die Zwangsversteigerung des Hauses können im schlimmsten Fall als beängstigende Existenzbedrohung begriffen werden. Dabei stellt keiner dieser Aspekte eine tatsächliche Gefährdung unseres Lebens dar. Dieses ängstliche Ego ist der Verstand, der um sein eigenes Überleben kämpft.

Den Verstand und das Ego – also unser Ich – verwende ich im Folgenden synonym, wobei mit Ego unsere Persönlichkeit oder Identität gemeint ist. Dadurch soll verständlicher werden, was ich meine, wenn ich sage, wir *haben* einen Verstand – ein Ego, eine Persönlichkeit oder Identität –, aber wir *sind* nicht unser Verstand – unser Ego, unsere Persönlichkeit oder Identität. Persönlichkeit leitet sich vom lateinischen Wort *persona* ab und heißt in dieser Sprache »Maske«. *Per* kommt vom Lateinischen »durch« und *sonare* von »klingen« oder »tönen«. *Per-sonare* heißt also wörtlich übersetzt »durchtönen«. Eine etymologische Erklärung lautet, dass die Schauspieler des antiken Theaters auf der Bühne immer eine Maske mit einer trichterförmigen Mundöffnung trugen, damit ihre Worte auch noch in der letzten Publikumsreihe Gehör fanden. Das Wort *persona* bezeichnet also ausgezeichnet, womit wir es bei unserem Verstand, unserem Ego, eigentlich zu tun haben: mit einer Maske, die gewissermaßen die Außenseite unserer Persönlichkeit darstellt und die das, was hindurchscheinen soll, unser eigentliches Selbst, durchaus verschleiern kann. Welche *persona* (Rolle) spielst du denn, wird der Theaterschauspieler heute darum oft gefragt. Sein Vorteil: Er ist sich bewusst, dass er nur eine Rolle spielt, und identifiziert sich also nur für ein paar Stunden mit seiner Maske.

Mit dieser Persönlichkeit, unserem Ego oder dem, was wir für unsere Existenz halten, identifizieren wir uns. Sie beinhaltet alles, was wir von Kindesbeinen an über uns gelernt haben. Ein Bayer zum Beispiel könnte auf die Frage: »Wer bist du eigentlich?«, auch erst einmal Folgendes antworten: »Ich bin Deutscher, Katholik, Bayer, BMW-Fahrer, Banker, CSU-Ortsvereinsmitglied, Bayern-München-Fan, Biertrinker, Bergsteiger, Kaninchenzüchter.« Wenn wir uns einer Sache gewiss sind, dann der, dass uns all diese Dinge ausmachen. Das gibt uns Sicherheit. Scheinbar sicheres Wissen darüber, wer wir sind.

Aber niemand, um das Beispiel noch einmal aufzugreifen,

ist Deutscher, Bayer oder Katholik. Menschen werden nicht als Deutsche oder Bayern geboren. Auch nicht als Katholiken, wir werden durch Taufe und Erziehung dazu gemacht. Auch wenn wir nach Amerika auswandern, sind wir deswegen noch lange keine Amerikaner, wir können höchstens einen amerikanischen Pass beantragen. Dadurch sind wir zwar keine Amerikaner, wir werden nur als solche bezeichnet. Selbst die dort lebenden Menschen, die im Besitz eines amerikanischen Passes sind, können keine Amerikaner sein. Verwirrend? Okay, dann noch mal anders: Wenn du am Bodensee stehst und Richtung Schweizer Grenze blickst, und es kommt eine Meise angeflogen, dann rufst du ja auch nicht: »Schau mal, da kommt eine Schweizer Meise!« Das Wasser eines Flusses, der von Schweden über die Grenze nach Norwegen fließt, schmeckt ja auch nicht auf einmal anders, nur weil es über eine Grenze geflossen ist. Nur Menschen kleben den Dingen solche Etiketten auf.

Unsere Nationalität, Religionszugehörigkeit, unsere kulturellen Vorlieben, das alles sind Dinge, die von außen an uns herangetragen werden. Prägung, Erziehung, Sozialisation, unendlich viele Einflüsse sind für das verantwortlich, was wir schließlich als unsere Identität bezeichnen. Deutscher, Bayer und Katholik sein, das sind reine Konstrukte, die uns selbst als Individuum gar nicht abzubilden vermögen. Und doch glauben wir daran. Denn all diese Bestandteile unserer Maske geben uns Sicherheit. Deshalb sind wir auch so hochgradig empfindlich, wenn uns jemand bezüglich unserer Identität auf die Füße tritt. Wir fühlen uns in unserer vermeintlichen Existenz bedroht.

Wenn ich als Hamburger in Bayern ein Seminar abhalte, mache ich mir hin und wieder den Spaß und frage, ob unter den Seminarteilnehmern auch *echte* Bayern seien. Natürlich meldet sich immer jemand voller Stolz, den ich dann frage: »Bist du schon immer Bayer gewesen?« Seine Antwort: »Joo schoo'!« Ich setze nach: »Willst du auch immer Bayer bleiben?« Erstaunt zieht mein Gegenüber die Augenbrauen hoch und entgegnet im Brustton der Überzeugung: »Joo freili'!« Woraufhin ich einwende: »Ja, hast du denn überhaupt keinen Ehrgeiz?« Darüber lachen dann alle im Seminar – der Bayer nicht unbedingt. Ganz klar, ich habe seine Identität infrage gestellt, seine Knöpfe gedrückt. Damit wecke ich Stimmen in seinem Kopf, die sich immer dann wütend zu Wort melden, sobald uns so etwas passiert. Ich nenne sie Ego-Fuzzis. »Frechheit«, werden die Fuzzis geschimpft haben – in diesem Fall natürlich in bayrischer Mundart –, »was bildet der sich eigentlich ein? Damischer Sau-Preuß', damischer!« Alles in ihm, was meint, seine Identität, sein Überleben verteidigen zu müssen, geht in diesem Moment auf die Barrikaden – Reiz-Reaktions-Mechanismus *reloaded*!

WER BIN ICH, WENN ICH NICHT ICH BIN?

Es gelingt anderen Menschen vor allem deshalb immer wieder, unsere Knöpfe zu drücken, weil uns nicht bewusst ist, dass unsere verschiedenen Teilidentitäten und Ego-Fuzzis – Berliner, Ingenieur, BMW-Fahrer, Katholik – gar nicht unser wahres Selbst ausmachen. Und genau deshalb sage ich im Übrigen, dass unser Verstand der denkbar schlechteste Begleiter auf unserem Weg der Selbsterkenntnis ist. Denn er verstellt uns den Blick auf das, was wir *eigentlich* sind. »Nur der Unwissende wird böse. Der Weise versteht«, habe ich auf meinen Reisen oft gehört. Unwissende flippen aus, wenn sie sich in ihrer Bayern-, Fußballer- oder auch Intellektuellenehre gekränkt fühlen. Der Weise versteht, dass diese Etiketten rein gar nichts mit ihm zu tun haben.

Wenn ich aber nicht mein Ego bin, was ist es dann, was mich ausmacht? Ich nenne es das Selbst. Es ist der Beobachter deiner Gedanken, ist sich all deiner Rollen und Masken bewusst. Es ist reine Präsenz. Dieses Selbst in Worte zu fassen, ist äußerst schwer. Am nächsten kommen wir ihm noch, wenn wir sagen: Es handelt sich um das, was übrig bleibt, wenn wir alle Masken abgelegt haben. Um das, was bleibt, wenn wir alles genannt haben, was unserer Meinung nach unsere Persönlichkeit ausmacht. Ein unsichtbarer, aber dennoch wahrnehmbarer Kern.

Ich werde in den nächsten Kapiteln immer wieder auf das Selbst zu sprechen kommen, und wir werden uns ihm stückchenweise nähern. Leichter ist es bisher noch zu sagen, was das Selbst nicht ist: Während das Ego aus Attributen besteht, die nach und nach durch Erziehung, Prägung und Sozialisation hinzugefügt wurden, sind wir als Selbst auf die Welt gekommen. Wir werden als Unikate geboren; leider sterben viele als Kopien. Während unser Intellekt uns Logik vorgaukelt und ständig versucht, Widerstände aus dem Weg zu räumen, lässt das Selbst Paradoxien zu. Während unser Verstand versucht, Ereignisse zu analysieren, fühlt und erlebt unser Selbst ohne ordnenden Filter. Während unserem mit Blindheit geschlagenen Ego oftmals das Ziel im Weg zu sein scheint, ist für das Selbst der Weg das Ziel. Und damit unser Selbst den Augenblick genießen kann, muss unser Ego immer mal wieder das Ziel aus den Augen verlieren.

Nur der Unwissende wird böse. Der Weise versteht.

Zum Verständnis dieser ziemlich abstrakt klingenden Größe kann uns wiederum eine etymologische Herleitung helfen. Nicht vom Wort »Selbst«, aber von dem Begriff »Individuum«. Dieser aus dem Lateinischen stammende Ausdruck kann mit »unteilbar« oder auch »nicht zu Teilendes«

übersetzt werden. Unser Ego splittet sich, wie wir gesehen haben, in alle möglichen Facetten auf. Wir spielen im Leben verschiedene Rollen, die des Sohnes, des Vaters, des Enkels oder Ehemanns – oder auch der Mutter, der Tochter, der Enkelin, der Ehefrau. Manchmal stehen die einzelnen Rollen im scheinbaren Widerstreit zueinander und bringen uns dann auch schon einmal in einen belastenden Zwiespalt: Wir wollen Karriere machen – und gleichzeitig den Kindern gute Eltern sein; wir wollen eigentlich schon lange abnehmen – spielen aber Abend für Abend *couch potato*; wir sind oftmals der knallharte Vorgesetzte im Job – zu Hause möchten wir jedoch als liebevolles Familienmitglied wahrgenommen werden.

Wir erleben uns als gespalten, sitzen zwischen den Stühlen, sind ver-zwei-felt und hin- und hergerissen. Versuchen wir, den diametralen Zielen gleichzeitig zu folgen, kann es sein, dass wir bald nur noch neurotisch durchs Leben taumeln. Wir sind nicht mehr Herr unserer Entschlüsse, sondern sehen uns von Widersprüchen zerrissen und fühlen uns permanent unzufrieden. Auf kurze Momente, in denen Bedürfnisse oberflächlich befriedigt werden, folgen sofort wieder Zweifel: »Das kann es noch nicht gewesen sein?« Und schon taumeln wir zur nächsten Attraktion, ohne die wir nicht leben zu können glauben. Wirkliche innere Heiterkeit, Gelassenheit und Ruhe – Gefühle, die unser eigentliches Selbst auszeichnen und die wir nur spüren, wenn wir mit uns eins sind – kann uns unser Verstand nicht zugänglich machen. Er ist viel zu sehr damit beschäftigt, seine Überlebensstrategien zu verfolgen, Lust zu gewinnen und Schmerz zu vermeiden.

Dass wir auf unser Selbst getroffen sind, erkennen wir daran, dass wir ebendiese Zerrissenheit nicht mehr spüren. In unserem Selbst, in unserem unteilbaren Individuum haben alle Paradoxa Bestand – und sind gleichzeitig aufgehoben. Es gibt zwei natürliche Ereignisse, die uns unmittelbar aus unserer Zerrissenheit heraus und in die Einheit katapultieren: wenn wir uns verlieben oder wenn wir einen Schicksalsschlag erleiden. Aber das Eintreten beider liegt nicht in unserer Hand. Selbst der nächste Gedanke ist es nicht, Gedanken kommen und gehen – meist unbewusst. Bewusst herbeiführen können wir auch den Zustand der Einheit nicht. Genausowenig, wie wir uns auf Kommando verlieben können. Was wir aber können, ist, die automatisierte Arbeit unseres Verstandes zu stoppen, die Aktivitäten unserer Überlebensmaschine kritisch zu hinterfragen. Wir können zum Zeugen unseres Egos werden, es beobachten, ohne es zu bewerten. Und so werden wir uns nach und nach unseres Selbst bewusst.

Sich seiner selbst bewusst zu sein, diese kostbare Eigenschaft ist etwas, die wir anderen Lebewesen voraus haben. Kein Tier ist dazu imstande. Sie bewegen sich auf der Reiz-Reaktions-Ebene. Verspürt der Leopard Hunger, geht er auf die Jagd. Werden Löwenjungen bedroht, verteidigt sie die Mutter wie eine sprichwörtliche Löwin. Signalisiert das Pfauenweibchen durch Hormone und Pheromone ihre Paarungsbereitschaft, stellt das Pfauenmännchen sein imponierendes Rad zur Schau. Aber all diese Tiere sind nicht dazu in der Lage, über sich hinauszuwachsen, die Ebene von Reiz und Reaktion zu verlassen und dabei sich selbst zu beobachten.

Der Mensch kann wachsen, sich weiterentwickeln und die Reiz-Reaktions-Mechanismen überprüfen, denen Verstand und Ego unterliegen. Wenn ein bayrischer Kampftrinker jemanden sieht, der ein Bier bestellt, dann werden die Ego-Fuzzis in ihm sofort schreien: »A Maß, bitt'schön!« Es sei denn, er ist reflektiert genug, diesen Stimmen in einem inneren Dialog Einhalt zu gebieten: »Heut' brauch' i' ka Bier net.« Stattdessen sieht er eine Gelegenheit, sich einmal in heiterer Gelassenheit zu üben. Natürlich muss er grundsätzlich zu diesem Dialog bereit sein. Auch Selbstgespräche setzen immer eine gewisse Qualität des Gesprächspartners voraus.

Der zentrale Begriff an dieser Stelle lautet: Selbstverantwortung. Statt im Reiz-Reaktions-Modus festzustecken und nur passiv wie auf Knopfdruck zu reagieren, geht es um die Fähigkeit, auf die Gegebenheiten des Lebens eine bewusste Antwort geben zu können. Aber das funktioniert nur aus uns selbst heraus. Nur aus dem Selbst heraus können wir dem Leben angemessen antworten. Dazu müssen wir zuallererst lernen, unser Selbst zu erkennen. Nach einem Imperativ der alten Griechen: »Werde, der du bist.« Werden, der ich bin? Das bin ich doch schon, wirst du ausrufen. Eben nicht! Wir meinen, unsere Etiketten und Rollen zu sein. Aber erst das Ablegen unserer bloß äußeren Identität führt uns unserem wahren Wesen zu. In den Worten des Orakels von Delphi: »Erkenne dich selbst.«

WENN DER PROBLEMLÖSER DAS PROBLEM IST

WARUM LEBENSKRISEN LETZTLICH IMMER WAHRNEHMUNGSKRISEN SIND

JEDER SCHAUT DURCH SEIN EIGENES FENSTER

Während meiner langjährigen Tätigkeit als Coach habe ich das Reisen beibehalten und integriere es in meine Arbeit, wo immer es mir möglich ist. Auch und vor allem als Weiterbildungsmaßnahme für meine Coachees. Denn indem ich Seminarteilnehmer in ferne Länder oder an besondere Orte einlade, entführe ich sie nicht nur aus ihrer gewohnten Alltagswelt, ich versuche auch, ihnen mit einer neuen Umgebung den bereits angesprochenen anderen Blick auf die Welt nahezubringen.

Ein Vorbild ist für mich in dieser Hinsicht die Filmfigur des Lehrers John Keating aus dem *Club der toten Dichter*, gespielt von Robin Williams. Keating ist in dem Ende der Sechzigerjahre spielenden Film in einem der strengsten und konservativsten Internate der USA tätig. Dennoch lehrt er seine Schüler, die Dinge zu hinterfragen und ihre Wahrnehmung zu schärfen. In einer der bekanntesten Filmszenen lässt er seine Jungs mitten im Unterricht auf ihre Schultische steigen, damit sie die Welt von dort oben mit anderen Augen betrachten. Ob so ein Perspektivwechsel funktioniert, hängt nicht davon ab, ob er in einem Klassenzimmer oder bei einem Seminar in der Wüste von Marokko vollzogen wird. Es hängt allein vom Wunsch des Einzelnen nach Veränderung ab. Lehrer können immer nur Impulsgeber sein, innere Potenziale freisetzen, Talente kristallisieren. Vor allem aber können sie uns zeigen, dass uns niemand im Weg steht außer wir uns selbst.

Mit Führungskräften eines großen deutschen Konzerns reiste ich einmal in das Amazonasgebiet. Bei Manaus, einer Stadt am Rio Negro, nur wenige Kilometer von der Stelle entfernt, wo der Amazonas in diesen »Schwarzen Fluss« mündet, starteten wir eine Flusstour. Wir begaben uns an Bord eines Bootes, um das gigantische Naturschauspiel des Zusammenflusses aus nächster Nähe zu betrachten. Man muss wissen, dass die beiden Flüsse kilometerweit nebeneinander herfließen, ohne dass sich ihre Wasser vermischen. Aus großer Höhe nimmt man die beiden Ströme als zwei unterschiedlich gefärbte, nebeneinanderliegende Bänder wahr, die sich durch die Landschaft winden. Eines schwarz *(der Rio Negro)* und eines milchig-braun *(der Amazonas)*. Vom Boot aus lässt sich der Übergang dagegen so gut wie gar nicht ausmachen.

Nun hatte ich von unserem Tour-Guide gehört, dass in den dortigen Gewässern Piranhas lebten. Als wir mit dem Boot auf den Fluss hinausfuhren, bat ich ihn, uns dies zu demonstrieren. Während wir uns auf der Seite des Amazonas bewegten, erzählte uns der Guide zunächst einiges über die Lebensweise und Jagdmethoden der legendären Raubfische. Dass sie zum Beispiel als eine Art Gesundheitspolizei fungieren, weil sie im Fluss treibende Tierkadaver vertilgen, womit sie gefährliche Epidemien verhindern. Im Übrigen würden sie sich an ihre Beute ab einer bestimmten Größe nur noch heranwagen, wenn sie bewegungslos im Wasser treibe, also schon tot oder so gut wie tot sei.

Nach seinem Vortrag machte sich der Guide daran, an einer bestimmten Stelle ein totes Huhn ins Flusswasser zu halten. Sofort brodelte es wie in einem Dampfkochtopf, und innerhalb von wenigen Sekunden war der Vogel nackt bis auf die Knochen – schließlich hielt unser Führer nur noch ein paar Hühnerknochen in der Hand. Ich schaute mich um und sah erschrockene Gesichter. Nach der beeindruckenden Vorführung fuhren wir nun auf die andere, die Rio-Negro-Seite des Flusslaufs, in einen kleineren Seitenarm. Dort angekommen, sagte ich zu der Gruppe: »So, wir machen jetzt eine kleine Übung. Wir schwimmen alle einmal ums Boot. Ihr habt ja gehört, die Piranhas beißen ab einer bestimmten Größe nur in unbewegliche, so gut wie tote Beute. Deshalb kann uns hier gar nichts passieren. Seht einfach zu, dass ihr in Bewegung bleibt. Ich mache es mal vor.« Und mit diesen Worten stieg ich, erst unter den ungläubigen Blicken der Teilnehmer, dann unter zunehmendem Gejohle und Kommentaren darüber, welche Körperteile ich als Erstes verlieren würde, ins Wasser und schwamm einmal zügig um das Boot herum.

Nachdem alle gesehen hatten, dass das Wasser ruhig blieb und mir nichts passiert war, trauten sie sich tatsächlich alle bis auf zwei, nacheinander das Boot zu umrunden. Nie in ihrem Leben werden sie schneller geschwommen sein als an diesem Tag. Und selten werden sie sich lebendiger gefühlt haben als nach jener Erfrischung im Rio Negro ... Was meine Seminarteilnehmer nicht wussten, ich aber im Vorgespräch mit dem Guide erfahren hatte, war, dass sich die Piranhas nur in der anderen Hälfte des Stromes aufhielten. Aufgrund der Beschaffenheit des Wassers findet man die Raubfische nicht im Rio Negro, sondern nur im nährstoffreicheren Amazonas, wo ganz verschiedene Piranha-Arten an der Spitze tierischer Nahrungsketten stehen.

Erst abends am Lagerfeuer klärte ich die Teilnehmer darüber auf. Wieder gab es großes Gejohle. Einige brauchten einen Moment, um zu begreifen, dass sie keinen Grund hatten, sauer auf mich zu sein. Gewiss, ich hatte ihnen ein paar entscheidende Informationen vorenthalten, aber sie konnten sicher sein, dass ich sie niemals hätte ins Wasser steigen lassen, wenn ihnen irgendetwas hätte zustoßen können. Abgesehen davon war es ausgemachter Bestandteil des Seminars, den Führungskräften nahezubringen, einmal auf andere zu vertrauen und die Kontrolle abzugeben. Auch bei unserem Trip durch den brasilianischen Regenwald in den folgenden Tagen gehörte es zwangsläufig dazu, sich völlig in die Hände unseres Dschungelführers zu begeben. Er allein wusste, auf welche Tiere wir zu achten hatten, kannte den Weg und die Gesetze des Dschungels.

Der entscheidende Erkenntnisgewinn jenes Tages lag jedoch darin, gelernt zu haben, wie unterschiedlich die Wahrnehmung unserer Umwelt, aber auch unserer eigenen Person, also unsere Selbstwahrnehmung, sein kann. Jeder schaut durch sein eigenes Fenster auf die Welt. Die Empfindungen jedes einzelnen Teilnehmers waren bei ihrem Parcours um das Boot herum grundverschieden gewesen. Jedem Schwimmer war währenddessen etwas anderes durch den Kopf gegangen. Jeder hatte den Stress, die Furcht, aber auch die Euphorie über den eigenen Mut anders wahrgenommen. Jeder erinnerte sich danach an andere Details, Bilder und Geräusche. An die Farbe der Wasseroberfläche im Sonnenlicht, an das Schreien der Papageien, den Wasserwiderstand auf der Haut.

Mit anderen Worten: Das Ereignis war dasselbe, die Erlebnisse höchst unterschiedlich. Vor allem aber ändert sich unsere Wahrnehmung einer Begebenheit unter andersgearteten Voraussetzungen, in diesem Fall durch das unterschiedliche Hintergrundwissen. Es ist eine Sache, eine Runde um ein Boot zu paddeln in dem Glauben, man tummele sich gerade zwischen mehr als unangenehmen Zeitgenossen mit rasiermesserscharfen Zähnen, die einen nur deshalb verschonen, weil man sich schnell genug fortbewegt und versucht, so wenig tot wie möglich zu wirken. Etwas völlig anderes ist es dagegen, in dem Wissen schwimmen zu gehen, man halte sich in einem definitiv Piranha-freien Seitenarm des Rio Negro auf. Das eine ist eine lebensgefährliche Mutprobe, das andere, nun ja, eine willkommene Abkühlung.

WIR KÖNNEN NICHT ZWEIMAL IN DENSELBEN FLUSS STEIGEN

Im letzten Kapitel habe ich erklärt, dass die meisten unserer Entscheidungen auf Verhaltensmustern basieren, die uns zu weiten Teilen nicht nur nicht bewusst sind, sondern die uns auch Dinge sagen oder tun lassen, die wir gar nicht unbedingt so meinen oder wollen. Zumindest können wir dieses Wollen nicht beliebig steuern.

Auch die Identifikation mit unserem Verstand, unseren Ego-Fuzzis, ist Teil dieses komplexen Phänomens. Was daran zunächst besonders paradox wirkt: Ausgerechnet unser genialer Problemlöser wird dadurch oft genug selbst zum Problem. Denn unser Verstand leistet uns eben nicht nur gute Dienste, er hindert uns auch daran, bestimmte Sachverhalte zu verstehen. Ja, er selbst ist die Ursache dafür, dass wir manchmal wie der berühmte Ochs vorm Berge stehen oder, um ein anderes Sprichwort zu bemühen, den Wald vor lauter Bäumen nicht sehen. Das, was der Erkenntnis, besonders der Selbsterkenntnis, im Weg steht, ist also der Verstand. Zumindest solange wir uns nicht von ihm zu distanzieren vermögen. Albert Einstein hat es einmal so ausgedrückt: »*No problem can be solved from the same level of consciousness that created it.*« – Kein Problem kann auf derselben Bewusstseinsebene gelöst werden, auf der es geschaffen wurde. Mit anderen Worten: Willst du einer Lösung näherkommen, tust du gut daran, die Perspektive zu wechseln. Dabei ist ein erster Schritt, sich dieser ganzen Wahrnehmungs- und Verstehensprozesse bewusst zu werden.

> **Kein Problem kann auf derselben Bewusstseinsebene gelöst werden, auf der es geschaffen wurde.**
> (ALBERT EINSTEIN)

Die Erfahrung meiner Seminarteilnehmer entspricht einem Ausspruch des griechischen Philosophen Heraklit: »Man kann nicht zweimal in denselben Fluss steigen.« Heraklit verglich das menschliche Dasein mit einem Fluss, weshalb sein Aphorismus hier bildlich perfekt passt. Für das Verständnis des Bildes ist dabei nicht entscheidend, ob ein Mensch das gleiche Ereignis in zwei verschiedenen Zeiträumen erlebt oder ob zwei Menschen ein und dieselbe Sache völlig unterschiedlich sehen. Entscheidend ist: Aufgrund unserer sich ständig verändernden Wahrnehmung werden wir ein Ereignis nie zweimal auf dieselbe Art wahrnehmen.

Aber wie genau kann man seine Wahrnehmung von all den erwähnten Voreinstellungen befreien? Stell dir einmal dein Selbst vor – das, was nicht Ego, Persönlichkeit oder Maske ist. Stell es dir als neutralen Zeugen deiner Welt vor. Es hat keine andere Aufgabe, als die Umgebung zu beobachten und deine Gedanken, Empfindungen und Verhaltensmuster ohne Wertung zu spiegeln. Und jetzt stell dir vor, es sitzt an einem Fluss. Dieser Fluss ist der Fluss des Lebens, deines Lebens. Und alles, was er mit sich führt, sind Ereignisse, die dir während deines Daseins auf dieser Erde widerfahren. Dein Selbst ist als stiller Beobachter einem ganzen Strom von Ereignissen ausgesetzt, die während deines gesamten Lebens an dir vorüberziehen. Ob sie gut sind oder schlecht, es sind Bewertungen des Egos. Der Fluss trägt sie lediglich heran, sie passieren unser Selbst und fließen weiter. Alles, was geschehen soll, geschieht einfach. Was passiert oder wer dich passiert, liegt nicht in deiner Hand. Nicht einmal den nächsten Gedanken vermagst du zu kontrollieren, er kommt einfach heran und verfliegt wieder. Dein Selbst beobachtet all dies, es nimmt nur wahr, und zwar ohne zu bewerten und sich ein Urteil darüber zu erlauben.

Unumstößliche Tatsachen einfach hinzunehmen und zu

akzeptieren, was ist, das ist für uns Kontrollfreaks eine der schwersten Aufgaben im Leben. Klar, wir können, dürfen und sollen vieles kontrollieren, aber eben nicht alles. Und unser Verstand hat Schwierigkeiten, zu unterscheiden, was Kontrolle nötig hat und was nicht. Er filtert, sortiert und ordnet die Ereignisse nach seiner eigenen Prioritätenliste, die dem unumstößlichen Diktum des Überlebens untersteht. Um uns das Phänomen des Filterns besser vorstellen zu können, hilft uns ein weiteres kleines Gedankenexperiment.

Welche Farbe hat eine Zitrone, wenn du sie durch eine blaue Brille betrachtest? Grün? So habe ich beim ersten Mal auch geantwortet. Und die meisten meiner Seminarteilnehmer haben das ebenso behauptet. Mit etwas Abstand wirst du mir jedoch zustimmen, dass blaue Brillengläser an der Farbe einer Zitrone gar nichts ändern. Eine gelbe Zitrone bleibt eine gelbe Zitrone, selbst wenn du sie durch blaues Glas als grün wahrnimmst. Auch durch eine rote Brille betrachtet, wird sie ihre Farbe nicht verändern.

Sinnbildlich und auf unseren Lebensfluss übertragen bedeutet das: Ein Ereignis, das dir im Leben widerfährt, ist, wie es ist. Es verändert sich nicht durch deine Bewertungsmaßstäbe. Das heißt, ob du es als positiv oder negativ empfindest, hängt mit deinen Empfindungen zusammen, nicht mit dem Ereignis selbst. Dennoch sehen wir die Welt immer wie durch eine farbige Brille, ein Prisma, einen Filter. Wir sehen sie durch die Augen unseres Egos, das ein Ereignis immer an bestimmte Emotionen und Vorerfahrungen knüpft. Unser Verstand wägt alle Ereignisse ab, färbt und beurteilt sie. Deshalb können unsere Entscheidungen und Lösungsansätze noch so schlau und ausgeklügelt sein, sie bleiben dennoch subjektiv. Objektivität ist das, worauf viele Subjekte sich geeinigt haben, weil sie dieselbe Brille tragen, das heißt dieselben kulturellen Prägungen besitzen. Selbst Menschen, die viel wissen und gerne auf ihren reichen Erfahrungsschatz vertrauen, sind deshalb nicht vor dummen Entscheidungen gefeit.

War zum Beispiel ein Urlaub auf einer Insel wie Mallorca völlig verregnet, kommt man nach Hause und behauptet in der Regel, das Wetter hätte einem den Urlaub versaut. Nach dem bisher Gesagten müsste jedoch deutlich geworden sein, dass man das Wetter gar nicht beeinflussen kann, ob man einen schönen Urlaub hat oder nicht. Das Wetter ist das Wetter, ob Sonne, Regen oder Schnee. Was hier nicht stimmt: Man hatte die Hoffnung, den Wunsch oder die Erwartung, dass während des Urlaubs auf Mallorca die Sonne scheinen würde. Doch diese Erwartung ist enttäuscht worden. Enttäuschung setzt Erwartung voraus und ist stets das Ende einer Täuschung. Bei einem Urlaub im schottischen Hochland wäre man von vorneherein auf Regen eingestellt und bereit gewesen, es spontan und flexibel mit jedem Wetter aufzunehmen. Unser Verstand ist nicht nur ein Filter, er ist auch ein großer Täuscher – er verschleiert unsere Wahrnehmung.

NICHTS UND NIEMAND KANN UNS STRESS MACHEN

Das Sprichwort, Verliebte betrachten alles durch eine rosarote Brille, ist dir sicherlich bekannt. Es macht deutlich, dass es nicht die Welt ist, die sich für den Verliebten verändert. Es sind seine Gefühle, die seine Wahrnehmung verwandeln. Empfinden wir in einem umgekehrten Fall unsere Umwelt als feindlich, wird das nicht immer durch unser Umfeld, sondern oft durch einen ängstlichen oder misstrauischen Blick auf die Welt verursacht. Aus diesem Grund sind Lebenskrisen immer auch Wahrnehmungskrisen – eine enorm bedeutsame Einsicht, die auch sehr befreiend wirken kann. Der

Fluss des Lebens fließt ja einfach nur vorbei, immer weiter und weiter. Nehme ich die Ereignisse, die er heranträgt, allerdings als bedrohlich wahr, werden aus ihnen ganz schnell Probleme, Gefahren, Krisen.

Dazu will ich eine Geschichte von einem weisen Mann erzählen. Dieser verbrachte seine Tage vor den Toren einer großen Stadt, während Menschen zu ihm kamen, um ihn bei verschiedenen Angelegenheiten um Rat zu fragen. In der Nähe des Alten hielt sich oft ein kleiner Junge auf, der begierig alles aufschnappte, was der Weise sagte. Eines Tages kam ein Fremder vor die Tore des Ortes und fragte den Alten: »Guter Mann, sag mir, wie sind die Menschen in deiner Stadt?« Der Alte entgegnete mit einer Gegenfrage: »Wie sind die Menschen in der Stadt, aus der du kommst?« – »Oh, die Menschen in meiner Stadt sind unfreundlich, missraten und dumm«, erwiderte der Fremde mit finsterer Miene. Da stimmte der Weise ihm zu: »So sind auch die Menschen in dieser Stadt.«

Anderntags kam wiederum ein Fremder vor die Stadttore, wandte sich an den alten Mann und fragte: »Alter Mann, wenn du aus dieser Stadt kommst, kannst du mir gewiss sagen, wie die Menschen sind, die dort leben?« Und wieder fragte der Weise zurück: »Wie sind die Menschen in der Stadt, aus der du kommst?« – »Oh«, sagte der Fremde, und sein Gesicht hellte sich auf: »Die Menschen in meiner sind überaus freundlich, hilfsbereit und klug.« – »So sind auch die Menschen in dieser Stadt«, antwortete ihm der Weise.

Nachdem sich der Fremde entfernt hatte, sagte der Junge zu dem Weisen: »Ich habe gehört, was du gestern und heute zu den beiden Männern gesagt hast. Du hast auf die gleiche Frage zwei völlig verschiedene Antworten gegeben. Du musst darum in einem Fall die Unwahrheit gesagt haben. Das aber ist alles andere als weise.« Der Alte schmunzelte und entgegnete: »Ich habe in beiden Fällen die Wahrheit gesagt. Denn je nachdem, wie die beiden Fremden die Menschen in ihrem Leben kennengelernt haben, werden sie auch die Menschen in unserer Stadt sehen. Und daran können meine Worte nichts ändern.«

Diese Geschichte lehrt uns, dass nicht das Ereignis, sondern unsere Wahrnehmung, also unsere Reaktion auf das Geschehene, die Dinge auf eine bestimmte Weise erscheinen lässt. Dieser Umstand zeigt sich auch in unserer Sprache. Wenn wir etwa sagen: »Ich ärgere mich über dich!«, ist es nicht der andere, der uns ärgert, er ist einfach nur der andere. Wir sind es, die zulassen, geärgert zu werden. Auch wenn wir sagen: »Ich mache mir Sorgen darüber, dass es in meinem Urlaub nur regnen könnte«, sind wir es, die eine mögliche Begebenheit negativ bewerten. Es gibt zahlreiche solcher Sprachbeispiele, die genau diesen Sachverhalt illustrieren: Ich mache mir Stress; ich mache mir Gedanken; ich mache ein Problem daraus.

Solange wir uns diesen Zusammenhang nicht bewusst machen und nur passiv auf bestimmte Reize reagieren, werden wir diesen Kreislauf unnötiger Sorgen nie durchbrechen. Ein erster Schritt ist, darauf zu achten, welche Ereignisse in unserem Leben Stress auslösen. Anschließend sollten wir sondieren, inwiefern dieser Vorfall wirklich einen Grund für Stress darstellt, das heißt, inwiefern er unsere Existenz unmittelbar bedroht. In fast allen Fällen, so werden wir feststellen, sind es unsere Erwartungen, Hoffnungen und Wünsche, die für eine gefärbte Wahrnehmung sorgen und ein Ereignis damit stressig machen. Das heißt in letzter Konsequenz: Nichts und niemand kann uns Stress machen – wir re-agieren bloß mit Stress. Wir allein sind dafür verantwortlich, wie wir Ereignisse Tag für Tag erleben. Ereignis ist nie Erlebnis. Unser gesamtes Denken, Fühlen und anschließende Handeln bestimmten wir letztlich selbst.

PAPA IST DER BESTE

Den meisten Menschen ist gar nicht bewusst, dass sie die Dinge nicht als das wahrnehmen, was sie sind, als Gegebenheiten, deren Eintreffen nicht in ihrer Hand liegt. Sie wissen nicht, dass sie nur durch die Augen ihres Egos auf die Welt schauen und aus besagten Ereignissen subjektiv gefärbte Erlebnisse machen. Sie meinen, es gäbe nur diesen einen Blick, und der entspräche den Tatsachen. Und solange sie dies nicht reflektieren, kann ihr Verstand auch nicht anders arbeiten. Er ist so konditioniert. Machen wir uns diese Prozesse jedoch bewusst, erkennen wir gleich mehrere Filter, bestehend aus familiären, gesellschaftlichen und kulturellen Prägungen.

Das Beispiel einer kulturellen Prägung erlebte ich im Trainingslager eines Bundesliga-Vereins. Ich unterstützte den Trainer in seiner Funktion als Coach und Mentor und war unter anderem dort, um seine Beziehung zu einzelnen Spielern zu analysieren und, so nötig und möglich, zu verbessern. Mit einigen Spielern, die etwas demotiviert wirkten und bei denen der Trainer das Gefühl hatte, nicht wirklich an sie heranzukommen, führte ich Einzelgespräche. So unterhielt ich mich auch eine Weile mit einem sehr jungen afrikanischen Spieler, der nur gebrochen Deutsch sprach, in seiner französischen Muttersprache. Was wir schließlich gemeinsam herausfanden, war Folgendes:

Er war tatsächlich nicht sonderlich motiviert. Seine Unlust rührte daher, dass er den Trainer bei den Gesprächen und Verhandlungen um seine Verpflichtung als eine Art Vaterfigur wahrgenommen hatte. Das hatte seine Entscheidung für diesen Verein maßgeblich beeinflusst. Dass ein Trainer diese Rolle übernahm, war ihm aus seiner Heimat bekannt und vertraut. Nachdem er sich hatte verpflichten lassen, erlebte er denselben Trainer jedoch kaum noch in dieser Rolle.

Das, so gab er zu, enttäuschte ihn sehr und schlug sich auch negativ auf seine Leistungen nieder.

Ich wies den Spieler darauf hin, dass der Trainer als Vaterfigur vor allem eine Projektion von ihm selbst war. Deutschen Spielern war diese Empfindung durchaus nicht unbekannt, aber sicher erlebten sie ihren Trainer nicht so intensiv und bewusst in dieser Rolle. In den Augen des Afrikaners verhielt sich der Coach jedoch grundlegend falsch, weil er die von ihm als selbstverständlich vorausgesetzte Vaterrolle nicht erfüllte. Dieses auf einer unterschiedlichen Wahrnehmung basierende Missverständnis konnte ich auflösen. Ich erklärte dem Spieler, dass er seinen Trainer im Einzelgespräch zwar durchaus als Vaterfigur wahrgenommen haben mochte, dass diese Art der Zuwendung im Mannschaftstraining aber gerecht und auf viele Spieler verteilt werden müsse. Der junge Mann verstand meine Argumentation. Er machte mir aber auch klar, dass er vonseiten des Trainers irgendeinen väterlichen Rückhalt bräuchte, um innerlich wieder völlig befreit auftreten und Höchstleistung bringen zu können.

Selbstverständlich erkannte auch der Trainer die Zusammenhänge, nachdem er sich in den jungen Mann hineinversetzt hatte. Und selbstverständlich war er sofort bereit, die Vaterrolle in gewisser Weise zu übernehmen. Mit dem Ergebnis, dass wir in den Folgewochen und -monaten herausragende Leistungen vom jungen Afrikaner erleben konnten. Diesen Durchbruch hatte es letztlich deshalb gegeben, weil ein Thema ausführlich erörtert wurde, das von beiden Seiten völlig unterschiedlich wahrgenommen worden war. Auch die Sprachbarriere mag ihren Teil dazu beigetragen haben. Das Beispiel zeigt jedoch deutlich, dass wir uns zuerst der kulturellen oder auch per-

Es gibt keine Sachprobleme, nur Kommunikationsprobleme.

sönlichen Unterschiede bewusst werden müssen, wenn wir Probleme lösen wollen, die wir mit anderen Menschen haben. Meine feste Überzeugung heute ist: Es gibt keine Sachprobleme, nur Kommunikationsprobleme.

Abhängig von einer kulturellen Konditionierung bedeutet dies konkret: Ereignisse, die den Fluss des Lebens entlanggeschwommen kommen, werden je nach spezifischen Erwartungen, Hoffnungen, Wünschen oder Befürchtungen von jedem Menschen unterschiedlich beurteilt. Grundsätzlich steht unser Ego also mit all seinen Filtern aus Prägungen und Konditionierungen vor unserem Selbst. Es erschwert uns die klare Sicht auf die Dinge in unserem Leben und urteilt auch zeitlich vor unserem Selbst. Mit anderen Worten: Es produziert Vorstellungen und Vorurteile. Daher leben wir unser Leben oft aufgrund völlig falscher Voraussetzungen. Und weil uns unsere Wahrnehmungsmuster nicht bewusst sind, stehen wir auch immer wieder vor denselben Problemen.

Eine Erklärung für diese Filterfunktion ist wiederum der Kampf ums Überleben. Seit Jahrhunderten sind wir darauf angewiesen, Situationen und Menschen in kürzester Zeit einschätzen zu können. Geht von diesem oder jenem Gefahr aus? Handelt es sich um einen Freund oder Feind? Darum können wir auch bei jedem Menschen, der uns begegnet, sofort sagen, ob er uns sympathisch ist oder nicht. Irgendetwas in uns kennt den anderen bereits, auch wenn wir ihn noch nie zuvor gesehen haben. In Bruchteilen von Sekunden haben wir uns eine Meinung über ihn gebildet, ein Urteil über ihn gefällt. Dass dies mit dem betreffenden Menschen gar nichts zu tun haben muss, ist uns in dem Moment nicht unbedingt bewusst.

SONNENUNTERGANG IN ÄGYPTEN

Zum Thema Wahrnehmung und der Frage nach Freund oder Feind möchte ich eine weitere Geschichte erzählen, die ich wohl nie vergessen werde, obwohl sie schon ein paar Jahre zurückliegt. Zur Zeit der Nahostkrise in den Neunzigern war ich in Begleitung meiner Frau für ein Führungskräfteseminar nach Ägypten gereist. Unsere Gruppe gastierte in einem Hotel in Sharm El Sheikh, das für seine halbmondförmige, zum Meer hin geöffnete Architektur und für seine atemberaubende Aussicht berühmt ist.

Schon beim Transfer vom Flughafen zu besagtem Hotel waren wir irritiert, dass alle hundert Meter Doppel-Patrouillen von Soldaten die Straßen kontrollierten. Wir erkundigten uns beim Taxifahrer, doch der konnte uns auch nicht sagen, was da vor sich ging. Unsere Ankunft in dem wunderschönen Hotel ließ uns diese ersten Eindrücke auch schnell wieder vergessen. Wir verbrachten einen schönen ersten Abend auf der Anlage, um am nächsten Morgen die Seminarteilnehmer in Empfang zu nehmen. An besagtem Morgen wurden wir jedoch ziemlich früh und auf sehr unsanfte Weise geweckt. Wir wurden aufgefordert, unser Zimmer sofort zu verlassen. Eine Erklärung dafür gab man uns nicht.

Erst später sollten wir erfahren, dass sich im Hotel, und zwar in den Suiten, die sich genau im Scheitelpunkt der Mondsichel befanden, Ägyptens Staatspräsident Muhammad Husni Mubarak, der Präsident von Syrien, Hafiz al-Assad, und der König von Saudi-Arabien Fahd ibn Abd al-Aziz zu einem geheimen Krisengespräch aufhielten. Alle Gäste aus Zimmern mit Meerblick wurden deshalb umquartiert, denn man hatte von unseren Balkons freies Schussfeld hinauf zu den Präsidentensuiten. Ohne diese Ursache zu kennen, wechselten wir noch drei Mal das Zimmer, denn die mir angebotenen Alternativen gefielen mir nicht so gut wie das erste Zimmer mit Meerblick, das wir gebucht hatten.

Am Abend dieses ereignisreichen, wenn auch nicht unbedingt erfreulichen Tages trat ich auf unseren Balkon, um die in den Hügeln untergehende Sonne zu fotografieren. Im selben Moment fuhr unter mir eine Autokolonne vorbei mit zwei S-Klasse-Limousinen an der Spitze. In einem Mercedes saß der ägyptische Präsident Mubarak höchstpersönlich. Zwei Wagen fuhren deswegen mit, weil er aus Sicherheitsgründen ständig die Autos wechselte. All dies wusste ich zu diesem Zeitpunkt jedoch nicht.

Stattdessen weckte etwas anderes meine Aufmerksamkeit. Beim Fotografieren entdeckte ich zufällig, dass unter unserem Balkon ein abgegrenztes Areal lag, das einen Fuhrpark mit äußerst ungewöhnlichen Autos beherbergte: Edellimousinen, komplett umgebaute Jeeps mit auf der Ladefläche installierten Maschinengewehren, Krankenwagen und sogar Leichenwagen gab es da zu sehen. Und alle mit der für damalige Verhältnisse aufwendigsten Hightech-Ausrüstung. Da meine Frau sich für das Abendessen noch umziehen wollte, beschloss ich, mir diese Wagen mal aus der Nähe anzusehen. Wie gesagt, ich hatte bis zu diesem Zeitpunkt keine Ahnung, was in jenen Tagen in dem Hotel vor sich ging. Und noch viel weniger wusste ich, dass es sich bei diesen Wagen um den Fuhrpark des ägyptischen Staatspräsidenten und seines Gefolges handelte.

Auf dem Weg hinunter stand ich immer wieder vor versperrten Türen, und bald hatte ich mich im Hotel verlaufen. Irgendwann war ich völlig orientierungslos in einem Vorratsraum gelandet, aus dem allerdings, wie ich bald herausfinden sollte, eine Tür ins Freie führte. Ich ging hindurch und befand mich plötzlich in diesem kuriosen *parc fermé*. Es war inzwischen fast dunkel, sodass ich nah an die Wagen herantreten musste, um überhaupt etwas zu sehen. Sobald ich in ein Auto hineinschaute, schalteten die in den Wagen sitzenden Männer, alles Secret-Service-Leute oder Soldaten, sofort jegliche Elektronik aus und schlugen mir die Türen vor der Nase zu. Ich empfand das als etwas unhöflich, scherte mich aber nicht weiter darum. Als ich beim dritten Auto angelangt war, standen plötzlich zwei dieser Secret-Service-Männer hinter mir, die Waffen im Anschlag. Das schien mir nun doch übertrieben. Allerdings kam ich nicht mehr dazu, meinen Standpunkt zu artikulieren, da ich festgenommen und zum Verhör abgeführt wurde.

Bei gleicher Umgebung lebt doch jeder in einer eigenen Welt.
(ARTHUR SCHOPENHAUER)

Diese Verhöre dauerten die ganze Nacht. Meine Frau erzählte mir später, dass zur gleichen Zeit unser Zimmer gestürmt und komplett auseinandergenommen wurde. Mein Pass und mein Fotoapparat wurden beschlagnahmt. Der Vorwurf lautete: Ich hätte einen Anschlag auf Präsident Mubarak geplant. Deswegen hätte ich noch drei Mal das Zimmer gewechselt, um ein besseres Schussfeld zu bekommen. Deshalb hätte ich auch versucht, vom Balkon aus den Fuhrpark auszuspähen, und die Limousinen fotografiert, die unter meinem Hotelfenster entlanggefahren waren.

DER ATTENTÄTER

Während meine Frau aus Unwissenheit über meinen Verbleib immer besorgter wurde, versuchte man mich, den vermeintlichen Attentäter, zum Reden zu bringen. Es sollte die längste Nacht meines Lebens werden. Obwohl ich mehrfach meine Unschuld beteuerte, gingen die Verhöre ohne Unterbrechung weiter. Die mich ausfragenden Personen wechselten sich ab. Mir gönnte man keine Pause. Zwischen zwei Secret-Service-Leuten hinten in einer Limousine eingekeilt, wurde ich schließlich aus dem Hotel gebracht und kam auf eine kleine Polizeistation, wo ich abermals vernommen wurde. Als der Morgen graute, kamen dann zwei nicht uniformierte, heruntergekommene Typen mit einem Pick-up. Sie luden mich auf dessen Ladefläche und fuhren mit mir hinaus in die ägyptische Wüste. Spätestens da war mir klar: Jetzt wird es ernst, sehr ernst. Und so war es auch. Die Männer hielten *in the middle of nowhere*, holten mich vom Pick-up und gaben mir zu verstehen, dass jetzt die letzte Gelegenheit für ein Geständnis gekommen sei.

Um irgendwie Zeit zu schinden und um einen letzten Versuch zu unternehmen, mich aus dieser Wahnsinnssituation zu befreien, sagte ich zu ihnen: »Bei uns ist es üblich, dass man noch einmal mit seiner Frau telefonieren darf.« Sie willigten ein, gaben aber vor, ich dürfe nur einen einzigen Satz sagen, und der müsse auf Englisch sein. Mit einem Feldtelefon stellten sie die Verbindung zum Hotel her, und tatsächlich hörte ich nach einer Weile am anderen Ende der Leitung die Stimme meiner Frau. Ich rief nur einen einzigen Satz in das Telefon: »*Call Volker Rühe, get me out of here!*«

Das war von mir nicht nur so dahergesagt, ich nannte den Namen unseres damaligen Verteidigungsministers aus einem ganz konkreten Grund: Volker Rühe wohnte damals nur wenige Meter vom Haus meiner Schwiegermutter entfernt. Sie kannte ihn persönlich gut. Aber das Beste war: Als mich meine zwei Bewacher diesen Namen rufen hörten, wurden sie hellhörig und fragten mich, wer dieser Volker Rühe sei. Ich sagte: »*Germany's minister of defence.*« – »*We are not at war with Germany*«, lautete ihr Antwort etwas irritiert, worauf ich in meiner Verzweiflung erwiderte: »*Now you are!*« Irgendwie reichte das aus, um die zwei zu verunsichern.

Sie telefonierten. Dann wurde ich zurückgefahren in die kleine Polizeistation, um noch einmal verhört zu werden. Egal, dachte ich, wenigstens bist du raus aus der Wüste und weg von diesen zwei unheimlichen Kerlen.

Es war früher Morgen, als ein sehr gut gekleideter Mann vom ägyptischen Geheimdienst durch die Tür trat und mir erklärte, dass ich frei sei. Er entschuldigte sich bei mir, indem er seine Sicht auf die Geschehnisse wiedergab: »Wir hatten Grund zur Vermutung, dass Sie einen Anschlag auf Präsident Mubarak planen.« Er sprach ganz nüchtern über das sogenannte Missverständnis, so als hätten wir nur am Bahnhof unsere Koffer vertauscht. »Wir wissen inzwischen aus sicheren Quellen, wer Sie sind.« – »Wir haben über Nacht Ihre Fotos entwickeln lassen«, fuhr der Mann fort, »und festgestellt, dass Sie von Ihrem Balkon aus wirklich nur den Sonnenuntergang fotografiert haben. Wir bitten Sie vielmals um Entschuldigung. Aber Sie müssen wissen, man hat schon sieben Mal versucht, ein Attentat auf Mubarak zu verüben. Und wir nehmen unseren Job bitterernst.«

Was meine Frau und mich anging, so wurden wir von Stund an selbst wie der höchste Staatsbesuch behandelt. Meine Frau wurde mit einer der Präsidentenlimousinen zu jedem Strand gefahren, zu dem sie wollte. Ich konnte mein Seminar durchführen. Die Teilnehmer hatten in jener Nacht auf ihre Art versucht zu helfen. Sie hatten jedem erklärt, wer ich war und dass meine Anwesenheit keine Gefahr darstellte. Nach dem Seminar wurden wir in ein wunderschönes Hotel nach Kairo eingeladen, man führte uns durch die Pyramiden und an historische Orte, die sonst kein Tourist zu Gesicht bekommt. Plötzlich hatten wir ein Leben wie im Schlaraffenland, der ganze Film lief rückwärts – in positiver Hinsicht. Doch die Hauptsache für mich und meine Frau bei alledem war: Ich war frei, gesund, am Leben.

Während unserem Verstand die meisten Situationen bedrohlich erscheinen, obwohl sie es gar nicht sind, lag hier der umgekehrte Fall vor: In einer, auch kulturell gesehen, völlig fremden Umgebung und aufgrund einer besonderen politischen Lage wurden meine Handlungen – das Fotografieren, mein Aufstand beim Wechseln des Zimmers –, die mir selbst völlig harmlos vorkamen, zu einer Bedrohung für mein eigenes Leben.

DER BEOBACHTER BESTIMMT DAS BEOBACHTETE

Diese Geschichte hat mir überdeutlich vor Augen geführt, dass ein und dasselbe Ereignis völlig unterschiedlich wahrgenommen werden kann. Meine Intention war eine rundweg andere als die vom ägyptischen Geheimdienst vermutete. Ich kam als Freund, Tourist und Seminaranbieter in das Land. Sie sahen mich als Fremden, Verdächtigen, ja vermeintlichen Attentäter.

»Na klar lässt sich hieran deutlich erkennen, dass man ein und dasselbe Ereignis unterschiedlich wahrnehmen kann!«, wird jetzt der eine oder andere Leser sagen. »Aber das ist ja wohl auch die absolute Ausnahme-Geschichte!« Ja, das ist sie. Und genau deshalb habe ich sie auch erzählt. Die Story verdeutlicht nämlich sehr eindrücklich, was uns allen Tag für Tag, bei der Arbeit oder zu Hause begegnen kann: Missverständnisse aufgrund unterschiedlicher Wahrnehmung. Durch unsere individuelle Konditionierung sind wir alle höchst beeinflussbar, selbst wenn wir uns in einer Sache für noch so objektiv und unsere Menschenkenntnis für noch so ausgezeichnet halten. Es wird uns nicht gelingen, keine Vorurteile zu haben. Das Einzige, was wir dagegen tun können, ist unsere Wahrnehmung immer wieder kritisch zu überprüfen.

Unsere Interpretation ist nur das Etikett, das wir dem Leben aufdrücken. Darum sagt der Volksmund auch: »Schönheit liegt im Auge des Betrachters.« So gesehen ist es absurd, sich für ein Kompliment zu bedanken, denn der Betreffende hat ja im Prinzip gar nicht über dich geredet. Im Ernst, das Phänomen, um das es mir die ganze Zeit geht, haben schon viele Philosophen, als Erster der deutsche Philosoph Immanuel Kant, beschrieben: Die von uns wahrgenommenen Ereignisse, sagt dieser, ja selbst Gegenstände seien nicht real, also wahr, sondern nur in Abhängigkeit von unserer Erkenntnisform, also unserer eigenen Wahrnehmung erfahrbar. Das »Ansichseiende« der Dinge kennen wir nach Kant gar nicht. Daher kann über Dinge und Ereignisse auch nichts Wesenhaftes ausgesagt werden. Kant wörtlich: »Was die Dinge an sich sein mögen, weiß ich nicht und brauche es nicht zu wissen, weil mir doch niemals ein Ding anders als in der Erscheinung [i. e. in meiner Wahrnehmung] vorkommen kann.«

Die Schönheit liegt immer im Auge des Betrachters.

Auch der Physiker und Nobelpreisträger Werner Heisenberg hat im Bereich der Quantenmechanik eine ähnliche Erfahrung gemacht, nämlich, dass jeder Akt der Beobachtung eine prinzipiell unvermeidbare Störung des zu beobachtenden Objekts bewirkt. Er warnt deshalb ausdrücklich: »Natürlich darf man die Einführung des Beobachters nicht dahin missverstehen, dass etwa subjektivistische Züge in die Naturbeschreibung gebracht werden sollten. Der Beobachter hat vielmehr nur die Funktion, Entscheidungen, das heißt Vorgänge in Raum und Zeit zu registrieren, wobei es nicht darauf ankommt, ob der Beobachter ein Apparat oder ein Lebewesen ist.« Doch, so gibt Heisenberg weiter zu bedenken, auch wenn sich der Beobachter noch so sehr bemühe, keine »subjektivistischen Züge« einzubringen: »Die ›Bahn‹

des Elektrons entsteht erst dadurch, dass wir sie beobachten.« Mit anderen Worten: Der Beobachter bestimmt das Beobachtbare – indem er es überhaupt wahrnimmt.

ALMA MATER

Erst unser Verstand macht also aus bloß Vorhandenem unsere Wirklichkeit. Er bestimmt und beurteilt das Beobachtete. Und solange wir das nicht reflektieren, funktionieren auch unsere Problemlösungsstrategien nicht. Können sie nicht funktionieren.

Meine Wirklichkeit ist also nicht die Wirklichkeit der anderen. Sie entsteht in unseren jeweiligen Köpfen. Lass uns fiktiv davon ausgehen, dass du dich bei Musik von Julio Iglesias unter spanischen Palmen schrecklich verliebt hast. Iglesias wird für dich deshalb positiv besetzt sein. Für mich gilt das Gegenteil, wenn meine Frau auf Iglesias steht und mit ihm ununterbrochen das heimische Wohnzimmer beschallt. Lass uns nun gemeinsam im Auto fahren. Im Radio läuft ein Song von Iglesias. Du reagierst erwartungsgemäß positiv, ich dagegen negativ. Nur – was hat das mit Iglesias zu tun? Natürlich gar nichts. Aber, seien wir ehrlich, so bewusst leben wir unser Leben nicht. Wir reflektieren nicht ständig, warum uns eine Sache glücklich macht und die andere nicht. Wir glauben steif und fest daran, dass unser Glück irgendwo da draußen auf uns wartet. In Form des Traummannes oder der richtigen Lottozahlen. Aber weit gefehlt. Nichts und niemand kann uns glücklich machen, allenfalls unsere Erwartungen erfüllen. Demzufolge kann uns aber auch nichts und niemand unglücklich machen!

Du fragst dich nun, warum wir uns so quälen und uns die

Dinge immer besser erhoffen, als sie faktisch sind? Warum wir sie uns schöner wünschen, wenn wir doch wissen, dass wir nichts daran ändern können, wie etwas geschieht? Dieser unerschütterliche Irrglaube, diese Illusion hängt mit einer ganz frühen Lebenserfahrung zusammen. Es gab tatsächlich einmal eine Zeit, nämlich während der Baby- und Kleinkindphase, in der die äußere Welt für unser Glück, ja für unser Überleben zuständig war.

Waren wir als Kind hungrig, durstig oder müde, war uns zu warm oder haben wir gefroren, wollten wir, des Laufens noch nicht richtig mächtig, von A nach B gelangen, haben wir geschrien. Und wer kam? Mama! Mama war schon immer die Beste! Denn unsere Mutter, lateinisch *mater*, sorgte für uns. Sie kümmerte sich um alles, was wir zum Leben brauchten. *Alma Mater* ist in unserem Sprachgebrauch die »Universität«, wortwörtlich übersetzt und im übertragenen Sinne bedeutet der Begriff jedoch eigentlich »nährende Mutter«. Von *mater* lassen sich zudem Bezeichnungen wie »Material« oder »die materielle Welt« ableiten. Was das bedeutet? In unserer ersten Lebensphase wurden die materiellen Dinge, die für unser Überleben notwendig waren, tatsächlich von außen, von unseren Bezugspersonen an uns herangetragen.

Deshalb erliegen wir Menschen selbst im Erwachsenenalter noch allzu oft dem Irrglauben, die materielle, die äußere Welt könne uns das Glück unserer Kindheit zurückbringen. Als sei Glück in irgendeiner Weise beeinflussbar, als könnten wir es nur irgendwie schaffen, die Umstände zu unseren Gunsten zu wenden. Finden wir unser ganz persönliches Glück nicht, sind wir frustriert. Doch jede Frustration ist immer nur das Ergebnis unserer falsch angesetzten Erwartung. Tatsache ist: Wer keine Probleme hat, der macht sich welche. Aber was ist das, ein Problem? Ein Problem ist letztlich immer eine nicht erfüllte Erwartung.

Es ist außerdem offensichtlich, dass der Mensch sich immer wieder neue Probleme schafft, so gut es ihm auch geht. »Nichts ist schwerer zu ertragen als eine Reihe von guten Tagen«, heißt es im Volksmund. Und tatsächlich, auch der Lottogewinner, der Superreiche kommt auf die Dauer nicht ohne Probleme aus. Aber warum ist das so?

Der Mensch wird ständig mit der Frage nach dem Sinn seiner Existenz konfrontiert. Und diese Frage kann er sich ohne das richtige Selbstverständnis nur beantworten, indem er sich Probleme (mit anderen Worten Herausforderungen) schafft. Keine Probleme, keine Wachstumsmöglichkeiten. Ob nun bewusst oder unbewusst – wir werden uns immer neue Probleme kreieren, völlig unabhängig von den Umständen im Leben. Wer allerdings nicht glücklich ist in Köln, ist auch nicht glücklich in Hamburg. Wer unglücklich ist mit diesem Partner, wird sich mit einem anderen oft nicht besser fühlen. Wer bei BMW oder bei Siemens unglücklich ist, wird es auch bei Mercedes und AEG sein. Wir nehmen doch unser Ego – unser Bewertungssystem – überallhin mit. Die Mehrheit der Menschen glaubt, die Umstände ändern zu müssen, um glücklich zu werden. Und genau deshalb stehen sie immer wieder vor denselben Problemen. Genau deshalb treffe ich in Unternehmen oft auf dieselben Fragestellungen, mit denen sich schon Jahre vorher andere Trainerkollegen beschäftigen mussten. Neue Strategien, Methoden, Organisationsstrukturen? Nein, das wird nichts ändern. Worauf es ankommt, ist, die richtigen Fragen zu stellen und sich seiner Wahrnehmung bewusst zu werden.

Life is what happens while you are making other plans. (John Lennon)

Probleme lösen sich erst, wenn man die Perspektive wechselt. In diesem Fall heißt das: Erkenne, dass deine Probleme selbstgeschaffen sind. Die großen Schlachten unseres Lebens tragen wir in uns selbst aus. Wie oft bist du in innere Krisenmeetings verstrickt? Kannst du nicht abschalten? Vorzugsweise, wenn du einschlafen möchtest. Und dann? Betäuben? Alkohol? *No way*, Probleme können schwimmen, die sind morgen wieder da. Lösen wir uns vom Problem. Transformieren wir es auf eine andere Ebene. Sehen wir es mit anderen Augen. Dann erkennen wir, wie wir es lösen können.

GESTERN? VORBEI! MORGEN? KOMMT NIE! – LEBEN IM HIER UND JETZT

WARUM ZEIT EINE ILLUSION UND AKZEPTANZ DER SCHLÜSSEL ZUM GLÜCK IST

DES GLÜCKES TOD IST DER VERGLEICH

Die Menschen beunruhigt nicht das, was passiert, sondern das, was sie von dem Geschehenen denken oder besser befürchten. Was hinter diesem Satz steckt? Dass wir uns nicht über die Ereignisse selbst den Kopf zerbrechen, sondern über die Deutungen, die wir ihnen geben. Wer sich das nicht bewusst macht, wer nicht reflektiert, dass sein Ego immer zwischen den Geschehnissen des Lebens und seinem Selbst steht, ja stehen muss, um unser Überleben zu sichern, bleibt auf ewig Gefangener seiner Konditionierungen. Der lässt per Reiz-Reaktions-Mechanismus seine Knöpfe drücken und kann darum nur reagieren statt agieren. Die Geschicke seines Lebens wird er derart niemals selbstbestimmt in die Hand nehmen können. Deshalb noch einmal: Halte Ereignis und Erlebnis auseinander. Du bist nicht dafür verantwortlich, was sich ereignet. Sehr wohl aber dafür, wie du mit den Ereignissen in deinem Leben umgehst. Das heißt, du bist verantwortlich für deine Erwartungen, Hoffnungen, Wünsche und Befürchtungen, die du an die Dinge heranträgst, dafür, ob du dich »beunruhigen« lässt oder nicht. Bedenke: Nichts und niemand kann dich glücklich – oder unglücklich – machen, außer du selbst.

Wenn du beispielsweise behauptest, dein Mann oder deine Frau mache dich überglücklich, möchte ich dich dazu auffordern, noch einmal hinzuschauen: Du wirst zugeben müssen, es ist nicht die Person, die dich glücklich macht, sondern einfach nur der Umstand, dass dieser von dir geliebte Mensch gerade deine Erwartungen erfüllt. Er selbst tut rein gar nichts zu deinem Glück. Und wenn du vielleicht in einigen Jahren sagst: Das ist nicht mehr der geliebte Partner, den ich mal kennengelernt habe, er macht mich unglücklich, möchte ich dich wiederum bitten: Sieh genauer hin. Dieser Mensch kann dich genauso wenig unglücklich machen, er entspricht nur schlichtweg nicht mehr deinen Erwartungen. Ähnlich geht es uns übrigens mit Geld und materiellen Werten. Auch sie können nichts daran ändern, ob wir glücklich oder unglücklich sind. Deshalb ist der Begriff der sogenannten käuflichen Liebe auch ein Widerspruch in sich: Liebe ist nicht käuflich, genauso wenig wie Glück oder wahre Zufriedenheit.

Nicht die Dinge selbst beunruhigen die Menschen, sondern die Meinungen und die Beurteilungen über die Dinge. (Epiktet)

Den Interpretationsmechanismus, der diesen Umstand verschleiert, kennen wir inzwischen. Er sitzt zwischen unseren Ohren. Es ist unser vom Verstand getragenes Ego, das gewohnt ist, zu sondieren, zu sortieren, zu filtern und zu bewerten. Jedes Ereignis misst er an unseren Erwartungen, Hoffnungen, Wünschen und Befürchtungen. Über die Jahrtausende ist er darin *nahezu* perfekt geworden. Doch kann uns sein Abwägen und Vergleichen von Ereignis und Erwartung auf Dauer nur unglücklich machen, wenn wir uns nicht verdeutlichen, dass beides nur in den seltensten Fällen übereinstimmt. Meist haben wir einen sehr hohen Anspruch an unseren Beruf, unseren Partner, unsere Freunde, unser Leben, an uns selbst. Vergleichen wir diesen Anspruch mit der Realität, muss er zwangsläufig hier und da enttäuscht werden. Selbst die kleinste Abweichung wirkt frustrierend. Auf diese Weise machen wir uns unsere Probleme selbst.

Sich und sein Leben mit etwas anderem zu vergleichen – seien es andere Menschen oder die eigenen hohen Erwartungen –, ist das Ende des Glücks und der Anfang der Unzufriedenheit.

Auch wenn du dir nicht anders zu helfen weißt, als dich mit jenen zu vergleichen, denen es deiner Meinung nach schlechter geht als dir, kannst du auf Dauer nur verlieren. Vielleicht geht es dir einen Moment lang besser, wenn du erfährst, dass es anderen auch mies geht. Aber: Diese – zugegebenermaßen armselige – Schadenfreude wird dich auf Dauer nicht wirklich befriedigen. Und: Du machst dich damit abhängig von äußeren Umständen. Von etwas, das du nicht beeinflussen kannst. Du weißt inzwischen, es liegt nicht in unserer Hand, was der Fluss des Lebens mit sich führt. Indem du davon ausgehst, dass äußere Umstände deine Erwartungen erfüllen, gibst du auch die Entscheidung darüber aus der Hand, was dich glücklich oder unglücklich machen könnte. Möchtest du das wirklich? Ich denke nicht.

Die größten Schlachten des Lebens tragen wir wie gesagt letztlich in uns selbst aus. Dabei stehen sich unser Ego und unser Selbst in einem unerbittlichen, ewigen Kampf um die Deutungshoheit gegenüber. Ich habe dir erklärt, warum unser Verstand so arbeitet, wie er arbeitet. Er ist unser mentaler Bodyguard, unser ganz eigener Personenschützer. Diese Tatsache wird sich nie ändern, und es geht auch gar nicht darum, sie abzustellen. Aber anstatt dich nach Dingen zu sehnen, die du nicht beeinflussen kannst, fange an, dein Glück zu finden. Suche es nicht in den Ereignissen, die den Fluss des Lebens entlanggeschwommen kommen, und nicht im Vergleich mit unseren Erwartungen, sondern finde es in dir selbst.

Das Vergleichen ist das Ende des Glücks und der Anfang der Unzufriedenheit. (SØREN KIERKEGAARD)

Hierzu will ich dir folgende Geschichte erzählen: Vor langer Zeit schon war den Göttern klar geworden, dass es nicht gut sei, wenn die Menschen ihr Glück fänden, bevor sie tatsächlich reif genug dafür waren. Also entschieden sie, es so lange zu verbergen, bis die Menschen die richtige Einstellung hatten, um das Glück zu fassen. Einer der Götter schlug vor, das Glück auf dem höchsten Berg der Erde zu verstecken. Aber schnell erkannten die übrigen Götter, dass es dort nicht sicher sei, da der Mensch schon bald alle Berge erklommen haben würde. Ein anderer schlug vor, das Glück an der tiefsten Stelle des Meeres zu vergraben. Aber auch dort, so befürchteten die Götter, würden die Menschen es bald gefunden haben. Da machte der weiseste aller Götter einen Vorschlag: »Ich weiß, was zu tun ist. Lasst uns das Glück dort verstecken, wo der Mensch zuletzt nachschaut: in ihm selbst! Er wird dort erst dann danach suchen, wenn er reif genug ist, zu verstehen, denn er muss dazu den Weg in sein Inneres gehen.« Die anderen Götter waren von dieser Idee sehr angetan, und so versteckten sie das Glück des Menschen tief in ihm selbst.

WUNSCHLOS GLÜCKLICH

Das Glück ist immer schon in uns. Die Entscheidung, ob wir es dort finden wollen, liegt bei jedem Einzelnen. Auf diese Wahlfreiheit komme ich im nächsten Kapitel noch ausführlicher zu sprechen. Im Folgenden möchte ich über den Weg sprechen, auf dem wir zu unserem Glück gelangen. Denn nur weil wir nun wissen, dass es in uns selbst verborgen liegt, heißt das nicht, dass wir auch wissen, wie wir es erreichen können. Dazu gibt es zahlreiche sogenannte Glücksformeln und unzählige Ratgeber, deren Quicktipps zum oberflächlichen Verhaltenstuning mehr oder minder einleuchtend sind. Die immer gleiche Antwort auf meine Frage nach der Formel des Glücks, die mir auf meinen Reisen selbst gegeben wurde und die ich an dich weitergeben will, hat mit der Illusion des ewigen Glücks aus Ratgebern nichts zu tun. Es ist ein einfacher, geradliniger Weg, der nichtsdestotrotz schwer zu gehen ist. Es handelt sich um eine schlichtweg lebenslang andauernde Aufgabe. Sie lautet: Akzeptiere, was ist. Sag zu allem Ja. Zu allem! Glück ist allein eine Frage der Akzeptanz dessen, was ist.

»Das ist alles?«, wird nun der eine oder andere Leser fragen. Oh ja, das ist alles. Ganz einfach und unheimlich schwierig zugleich. »Aber was bedeutet das, akzeptiere, was ist?« Nun, zunächst einmal können wir eine Sache besser verstehen, wenn wir uns das Wort erklären: Das Substantiv Akzeptanz erhält seine Bedeutung vom lateinischen Verb *accipere* – »annehmen«, und wird somit als grundsätzliche Bereitschaft definiert, etwas anzunehmen. Wenn ich dich auffordere zu akzeptieren, was ist, ist mir in diesem Zusammenhang besonders wichtig zu betonen, dass hiermit ein freiwilliger Vorgang gemeint ist, einer, der dich herausfordert, bewusst und aktiv zu etwas zu stehen. Resignation und Fatalismus sind hier fehl am Platze.

Das Gegenteil davon, eine rein passive Duldung, beschreibt das Wort Toleranz. Aber genau so eine Haltung meine ich nicht. Denn sie beschreibt oft nichts anderes als das zähneknirschende Geltenlassen fremder Meinungen oder Verhaltensformen. Ich fordere dich nicht dazu auf, alles passiv hinzunehmen, was ist. Denn damit wärst du nichts anderes als ein Spielball des Schicksals, ein Opfer äußerer Umstände. Sicher, auch das ist ein Verhalten, das wir Menschen oft genug an den Tag legen und als Ausrede dafür benutzen, bestimmten Ereignissen aus dem Weg zu gehen. Aber es stellt ganz und gar nicht das dar, was ich als Schlüssel zum Glück bezeichne.

In der Tat ist es nicht leicht, zu unterscheiden zwischen dem, was wir akzeptieren sollten, und dem, was wir nicht einfach so hinnehmen müssen. Oftmals handelt es sich um eine Gratwanderung. Und nur wer genau hinschaut, versetzt sich überhaupt in die Lage, angemessen zu handeln. Man muss sich klarmachen: Es gibt Dinge, die können wir nicht ändern, und wir sollten sie darum mit Gelassenheit hinnehmen. Auf vieles andere haben wir jedoch durchaus Einfluss. Mit Mut und Zuversicht sollten wir darum darangehen, es zum Positiven zu verändern.

Auch wenn es im Hinblick auf die Ereignisse, die uns im Leben *passieren*, erst einmal schwer zu verstehen ist: Akzeptanz meint immer eine Art Zustimmung, egal, ob es sich um ein positives Ereignis oder um einen Schicksalsschlag handelt. Diese Haltung scheint uns aus zweierlei Gründen paradox. Erstens sind wir in unserer westlichen Gesellschaft darauf gepolt, nichts vermeintlich Negatives zuzulassen, sondern es möglichst auszublenden. Unangenehme Ereignisse fallen dann durch unseren Filter, werden verdrängt und tabuisiert. Deswegen tun wir zum Beispiel mithilfe der Kosmetikindustrie alles, um nicht zu altern, oder vermeiden den Gedanken an Krankheit und Tod. Eine bewusste Auseinandersetzung ist gerade wegen unserer Erwartungen an ein erfolgreiches, reiches und glückliches Leben schmerzhaft. Auf der anderen Seite sind wir mit der Aufforderung erzogen worden, unser Leben und all seine Umstände ständig zu kontrollieren. Viele von uns haben darum einen ausgeprägten Kontrollzwang – und leiden darunter.

Du kannst jedoch nicht alles im Leben im Griff haben. Ehrlich gesagt, hast du sogar nur das Allerwenigste im Griff. Vielleicht ist es dir schon aufgefallen: Alle entscheidenden, ja lebensverändernden Dinge, die dir widerfahren, liegen überhaupt nicht in deiner Hand, sondern geschehen immer rein zufällig. Die Liebe auf den ersten Blick, das Jobangebot oder die Tatsache, dass der hinter dir fahrende LKW gerade noch rechtzeitig abgebremst hat. Und genauso: die Kündigung, die Trennung vom geliebten Partner, der Tod der besten Freundin durch schwere Krankheit. Alles, was dich wirklich berührt, wirst du nie beeinflussen können. Geburt und Tod, leben, wachsen und sterben. Und genau deshalb raten uns die wirklich weisen Menschen: Akzeptiere, was ist. Lass es zu, löse dich von deinem Machbarkeitswahn, damit du nicht erpressbar bist, befreie dich von der Verschleierung der Realität durch dein Ego, das meint, alles bestimmen zu können.

Wir scheitern nicht an dem, was ist, sondern an unseren Ansprüchen.

Die Weisen und Glücklichen unter uns schaffen es immer mal wieder für eine gewisse Zeit, ihr Ego abzuschalten. Denn die wahren Glücksmomente im Leben finden ohne Ego statt. Sie bestehen auch nicht in der Erfüllung von Wünschen. Wirklich zufrieden sind wir nur, wenn wir uns von all den Wünschen lösen, die uns vor sich hertreiben. Deshalb definiere ich Glück als die Fähigkeit, das Leben so zu akzeptieren, wie es sich uns präsentiert. Und etwas anderes, so zeigt uns das Bild vom Fluss des Lebens, bleibt uns auch gar nicht übrig. Es kommt, wie es kommen soll.

DIE ANGST UMARMEN

Was hier so gelassen, ja befreiend klingt, mag auf dich erst einmal nicht wie eine Heilsbotschaft wirken, sondern gehörigen Widerstand in dir hervorrufen. Alle Ego-Fuzzis sind in ihren Startpositionen: »Auch das noch! Jetzt *muss* ich auch noch akzeptieren, was ist! Wieso *darf* ich nicht einfach kontrollieren, was geschieht? Das habe ich doch voll drauf!« Ich verstehe das. Diese Vorstellung kann einem tatsächlich erst einmal das Gefühl vermitteln, als würde einem der Boden unter den Füßen weggezogen. Es ist immer irritierend für uns Vernunftwesen, vor vollendete Tatsachen gestellt zu werden – im positiven wie im negativen Sinne. Etwa wenn wir verliebt sind, aber noch mehr, wenn wir an negative Ereignisse denken. (Aufgepasst! Ich meine natürlich an Ereignisse, die wir negativ erleben.)

Die Vorstellung, dass bestimmte Ereignisse einfach so eintreten, macht uns erst einmal Angst. Und diese Angst ist selbst ein sehr gutes Beispiel dafür, wie schwer es uns fällt, Geschehnisse oder auch Gefühle schlicht zuzulassen. Um auch hier noch mal mit einem großen Irrtum aufzuräumen: Das Ereignis selbst macht uns natürlich keine Angst, denn ein Ereignis ist einfach nur ein Ereignis. Auch hier ist es wieder eine bestimmte Erwartung, die wir mit einer Begebenheit verbinden und die uns deshalb mit Angst auf das Ereignis reagieren lässt. Auch diese Art von Reiz-Reaktions-Mechanismus findet sich in unserer Sprache wieder: Etwas macht mir Angst, da habe ich mich fast zu Tode gefürchtet, da habe ich reagiert wie ein Angsthase.

Was wir meist tun, ist, die Angst wegzudrücken, sobald wir sie spüren. Genauso wie Trauer, Wut und andere Emotionen, die uns seit frühester Kindheit als negativ eingeimpft wurden. Nach dem Motto: »Ein Indianer kennt keinen Schmerz.« – »Ein großer Junge heult nicht.« – »Nur Hasenfüße haben Angst.« So ein Bullshit! Angst hat eine wichtige Funktion, ebenso wie Wut oder Traurigkeit. Sie alle tragen zu unserem Wohlergehen und auch zu unserem Überleben bei. Denn apropos Angsthase oder Hasenfuß: Hätte ein Hase im Feld keine Angst, würde er nicht Haken schlagend davonlaufen, wenn sich der Schatten eines Greifvogels vor ihm über den Boden senkt, er würde nicht lange überleben. Jedes Lebewesen hat Angst. Aber im Gegensatz zu uns Menschen, die wir der Angst mit dem Verstand, unserem Ego und all unseren Konditionierungen begegnen, nimmt ein Tier Angst als eine bloße Form von Energie wahr.

Sicher, im Moment der Flucht ist dies selbst für einen Hasen nicht das angenehmste Gefühl, sondern ein sehr starker durch Adrenalin ausgelöster Energiefluss. Wäre dem nicht so, würde er aber auch nicht anfangen davonzulaufen. Nachdem er es in den sicheren Bau geschafft hat, fällt er auch nicht tot um vor Schreck. Er reagiert, wie alle seine Artgenossen reagieren: Er zittert am ganzen Körper, er atmet schnell, sein Herz rast, seine Seh- und Hörnerven sind noch sensibilisiert – alles ganz normale physiologische Reaktionen, Nachwirkungen des Energieflusses, der im Extremfall sein Überleben sichert. Und der Hase tut nichts anderes, als diesen Energiefluss zuzulassen, bis sich sein Körper wieder beruhigt hat.

Wir Menschen tun im Gegensatz dazu alles, um unsere Angst, die auch nur eine Form von Energie in unserem Körper ist, nicht zulassen zu müssen. Statt sie einfach zu beobachten und uns zu fragen, warum wir auf ein bestimmtes Ereignis mit Angst reagieren, statt sie zu akzeptieren, damit sie sich auflösen kann, packen wir die Angst so weit weg wie möglich und bringen uns damit um die Chance, sie als wichtiges Warnsignal wahrzunehmen. Auf Dauer bekommen wir damit natürlich ein Riesenproblem, denn alles, was wir nicht zulassen, wiederholt sich. Nicht gelebte Angst ist ein Grund dafür, warum bestimmte Dinge immer wieder unseren Weg kreuzen.

Außerdem wird Angst, die wir lange genug irgendwo parken, größer und greift schließlich von einer mentalen Baustelle auf andere über: Aus der Angst vorm Bewerbungs- oder Personalgespräch wird die Angst vor der Gehaltsverhandlung oder dem Jobwechsel. Die Angst, dass du und dein Ehepartner sich nichts mehr zu sagen haben, weitet sich aus auf die Angst davor, dass sich auch deine Kinder zunehmend von dir entfernen. Irgendwann hast du dann Angst davor, dass du in allem, was du tust, unzulänglich bist.

Angst birgt viel Potenzial und kann, als Energieform richtig erkannt, sehr motivierend wirken. Nach dem Motto: »Ich habe Angst vor diesem Bewerbungsgespräch? Nun, dann scheint mir der Job doch wichtig zu sein, also strenge ich mich mal an! Dass ich Angst davor habe, ist normal. Schließlich habe ich auch etwas zu verlieren.« Es ist nicht anders als bei dem Feldhasen: Angst als Alarmsystem ist unser Freund, nicht unser Feind. Sie erhöht unsere Aufmerksamkeit und schult unsere Wahrnehmung. Allein dieses Wissen kann uns um einiges gelassener durchs Leben gehen lassen. Du hast das Schreckgespenst Angst enttarnt und begegnest ihm nun am besten, indem du es beherzt in den Arm nimmst.

Angst als Alarmsystem ist unser Freund, nicht unser Feind.

IM STRUDEL

Den Umgang mit Angst möchte ich dir noch einmal anders verdeutlichen, und zwar an einer Geschichte, die ich selbst erlebt habe und die ein eindrückliches Bild darstellt: Wieder einmal leitete ich ein Seminar in Brasilien. Nach beendetem Tagesprogramm war ich mit einem Seminarteilnehmer aufgebrochen, um den Strand entlangzulaufen und schwimmen zu gehen. Nach einer Weile kamen wir an eine Stelle, an der ein Fluss ins Meer mündete. Es handelte sich um einen breiten Zufluss, das Wasser strömte sehr schnell in den Ozean. Doch alles, was ich sah, war, dass der Strand auf der anderen Seite des Flusses einfach paradiesisch aussah. Okay, da willst du hin, dachte ich und machte mich daran, einen Einheimischen zu fragen, wie wir ans andere Ufer gelangen konnten. Der freundliche Zeitgenosse wies ins Landesinnere und erklärte, in etwa zwei Meilen käme eine Brücke, die über den Fluss führe. Nee, Dieter, sagte ich mir, darauf hast du ja nun gar keine Lust: zwei Meilen zur Brücke, zwei Meilen von der Brücke zu dem leeren Strand und dann das gleiche Programm noch mal rückwärts? Nach Adam Riese also insgesamt acht Meilen zu laufen? Nicht mit mir.

Schon war ich drauf und dran, ins Wasser zu steigen. Doch der Mann hielt uns zurück. Er wies auf die Mitte des Flusses, und als ich seiner Hand folgte, sah ich sie: Im Wasser bildeten sich gewaltige Strudel. »Es ist zu gefährlich!«, sagte er. »Selbst die besten Schwimmer aus unserer Gegend meiden diese Stelle.« Doch ich, einmal vom Paradiesstrand angelockt, hatte nichts Besseres zu tun, als abzuwinken: »Nee, nee, lass mal, ich bin ein guter Schwimmer, ich gehe da jetzt rein.« Welche Hybris!

Ich watete vom flachen ins tiefere Flusswasser und begann zu schwimmen. Mein Begleiter wollte mir folgen, wurde aber, glücklicherweise muss man sagen, von dem Einheimischen zurückgehalten. Natürlich war mir nicht im Geringsten danach zu sterben, ich hatte mir einen tollen Plan zurechtgelegt: Ich wollte mich vom Strudel erfassen und um die Hälfte herumtragen lassen, um dann auf der anderen Seite aus ihm heraus ans gegenüberliegende Ufer zu schwimmen. Gesagt, getan. Doch als es losging und ich von der Strömung erfasst wurde, begriff ich sehr schnell, wie sehr ich mich überschätzt hatte. Ich bin ein wirklich guter Schwimmer und war auch sehr zügig unterwegs, aber gegen diese Kräfte war kein Ankommen. Ich schwamm nur noch im Kreis, an ein

Aussteigen nach der Hälfte war nicht mehr zu denken. Der Strudel zog mich unweigerlich mit sich, erst immer weiter in die Mitte, dann erbarmungslos in die Tiefe.

Was mich rettete, war eine Lektion meines Vaters, die mir plötzlich wieder in den Sinn kam. »Wenn du von einem Strudel mitgerissen wirst«, hatte er mir als Kind einmal erklärt, »kannst du dich nur retten, indem du erstens Ruhe bewahrst und zweitens zulässt, was geschieht. Und zwar so lange, bis der Strudel dich ganz nach unten auf den Grund gezogen hat. Ganz, ganz unten lässt der Sog nach, dort kannst du herausschwimmen. Gegen den Strudel anzukämpfen, macht überhaupt keinen Sinn. Du verlierst nur wertvolle Kraft und kannst ihm doch nicht entkommen. Er wirbelt dich erst herum und zieht dich dann nach unten. Verwende deine Energie lieber darauf durchzuhalten, bis du unten ankommst, um dann herauszuschwimmen, wenn es so weit ist. Vertraue darauf, dass dieser Moment kommen wird.«

Woher mein Vater das wusste? Er hatte diese Erfahrung selbst gemacht – in der Kriegsgefangenschaft. Als Gefangener musste er in der Save bei Belgrad Brücken bauen. Bei dieser Arbeit schwamm er auch zwangsläufig viel im Fluss, und immer, wenn die Save sehr viel Wasser trug, kam es an der einen oder anderen Stelle zu gefährlichen Strömungen und zur Strudelbildung. Einheimische hatten meinem Vater verraten, wie man sich zu verhalten hat, wenn man in einen Strudel gerät, und er hatte dieses Wissen an mich weitergegeben.

An jenem Tag folgte auch ich diesem Rat, so gut ich konnte, und schaffte es tatsächlich, mich aus dem Strudel zu befreien und ans andere Ufer zu gelangen. Muss ich dir noch sagen, lieber Leser, was ich danach tat? Mit Freuden ging ich erst die zwei Meilen zur Brücke und dann noch mal zwei Meilen zurück zu meinem Ausgangspunkt. Es war der herrlichste Spaziergang meines Lebens. Dieses Experiment würde ich ganz sicher nie wiederholen!

Bis heute ist mir diese Geschichte in Erinnerung geblieben und dient mir als Bild, sowohl in Bezug auf Angst als auch in einem übergeordneten Sinne zum Thema Akzeptanz. Mit der Angst ist es wie bei einem Strudel: Der Weg aus der Angst führt nicht an ihr vorbei, sondern nur durch sie hindurch. Ob das funktioniert? Schau dir mal Hollywood-Schauspieler bei der Oscar-Verleihung an – Kate Winslet, Leonardo Di-Caprio, Brad Pitt, Angelina Jolie, Tom Cruise, Nicole Kidman. Man meint, wer sich in diesen Sphären bewegt, müsse doch frei sein von Angst. Und dann sieht man die Schönsten der Schönen nervös auf ihren Sitzen herumrutschen und in der Stunde der Wahrheit völlig aufgelöst auf die Bühne stolpern. Zitternd, stotternd und den Tränen nahe – Feldhase lässt grüßen. Doch bevor sie damit beginnen, Regisseur, Produzent, Ehemann und den lieben Kleinen zu danken, machen sie zunächst etwas höchst Intelligentes. Sie tun aller Welt kund, wie aufgeregt sie sind. »*Oh my good, I am so nervous!*« Und Wunder über Wunder, nach einer Weile löst sich ihre Angst auf, und sie können befreit sprechen.

Viele haben Angst, vor einer großen Menge Menschen zu sprechen. Da sind die Hollywood-Stars nicht allein. Ob ein Student in einem Seminar referiert oder ein Manager bei einer Konferenz vorträgt, die Angst davor zu vergessen, was man sagen will, oder die Zuhörer nicht überzeugen zu können, ist ein zuverlässiger Begleiter. Will man ein guter Redner werden, muss man sich diese Angst darum eingestehen, man muss bewusst daran arbeiten, um sie abstellen zu können oder in positive Energie umzuwandeln. Und das geht nur, indem man redet, indem man sich in die Situation begibt, vor der man sich fürchtet.

Eine gute Vorbereitung vorausgesetzt, wird man das freie Sprechen meistern, nach und nach sogar immer sicherer werden. Grundlage ist dabei auch, dass man die Angst als etwas erkennt, das sich aus den eigenen Erwartungen ergibt, und dass die Lösung des Problems folglich also in einem selbst liegt.

Angst zu akzeptieren, fällt schwer. Dabei kann die Erkenntnis, dass kein Ereignis dazu bestimmt ist, einem Angst zu machen, sondern wir nur mit Angst auf ein Ereignis reagieren, sehr befreiend sein. Fast so befreiend wie die Einsicht, dass das Glück immer schon in uns ist und uns durch eine gelassenere Haltung zuteilwird. Die Spitzennachricht lautet ja wie folgt: In dem Moment, in dem wir unsere Angst akzeptieren, löst sie sich bereits auf.

Probiere es einmal selbst aus. Wenn du spürst, dass die Angst vor dem nächsten Meeting oder Personalgespräch im Anmarsch ist, mach dir Folgendes klar: Sie kommt nicht vom Ereignis, sondern von deiner Erwartung (oder Befürchtung), nicht so erfolgreich zu sein, wie du es gern möchtest. Was hilft? Atme einfach nur tief ein und aus und mach in deinem Brustkorb Platz für die Angst. Lade sie ein. Mehr als da sein kann sie nicht. Aber du wirst sehen, in dem Moment, in dem du sie dir bewusst machst, wird dieses ungute Gefühl, dieses diffuse Unwohlsein auch verschwinden. Vielleicht klappt es nicht gleich. Es kommt sehr darauf an, wie lange du dich schon mit deiner Angst herumschlägst. Aber wenn du deine Wahrnehmung lang genug trainierst, wird sich der Erfolg einstellen.

So kann es mit jedem Gefühl gehen, dem wir ohne Wertung gegenüberstehen. In dem Augenblick, in dem du Widerstand leistest oder die Angst verdrängst, wird sie größer werden. Wenn du sie aber zulässt und dir klarmachst, dass es sich hierbei lediglich um eine Form von Energie handelt, löst sie sich auf – und der Strudel gibt dich frei.

IM HIER UND JETZT

Um akzeptieren zu können, was ist, müssen wir durchschauen, mit welchen inneren Prägungen und äußeren Bedingungen wir täglich zu kämpfen haben. Genau das ist das zentrale Thema jedes guten Coachings. Auch in meiner Online-Ausbildung »Die Lebensschule« bildet sie einen zentralen Bestandteil. Diese alten Prägungen, Muster und äußeren Einflüsse zu identifizieren, hilft ungemein dabei, sich selbst und andere besser zu verstehen.

Eine immens einflussreiche Größe in unserer westlichen Welt ist Zeit. Dem Regiment der Zeit untersteht alles: Arbeit, Reisen, ja sogar Urlaub und Freizeit. Alles ist rigide durchgeplant und getimt, das suggeriert uns Sicherheit. Nimmt das Planen überhand, fühlen wir uns allerdings nicht mehr als die Herren unserer Zeit, sondern als Sklaven der Uhr. Was fatal ist, denn auch bei dem Faktor Zeit handelt es sich schlichtweg um eine Illusion unseres Verstandes. Das glaubst du nicht? Was zeichnet die Vergangenheit aus? Richtig, sie ist vorbei. Und die Zukunft? Die kommt noch? Das ist leider falsch, denn immer wenn du am nächsten Morgen, also in der Zukunft aufwachst, befindest du dich schon wieder in der Gegenwart.

Das zu verstehen fällt uns enorm schwer, und darum leben wir so selten im Hier und Jetzt. In Echtzeit sozusagen. Doch es gibt einige wenige Völker, die genau dazu in der Lage sind. In der Hopi-Sprache gibt es beispielsweise kein Wort für »morgen« oder »Zukunft«. Und in Tansania darf ein Massai nicht ins Gefängnis gesteckt werden, weil er sich sonst umbringt. Denn für einen Massai gibt es das Konzept Zukunft nicht.

Die Herrschaft über den Augenblick ist die Herrschaft über das Leben.
(Marie von Ebner-Eschenbach)

Du kannst ihm nicht erklären, dass er in drei Wochen wieder auf freiem Fuße sei. Ein Massai lebt in der Gegenwart, »in drei Wochen« kommt für ihn nie, er hat kein Konzept für Zukunft im Kopf. Für ihn zählt nur der aktuelle Tag im Gefängnis. Und da er so nicht leben möchte, verschluckt er lieber seine eigene Zunge und nimmt sich damit das Leben.

In unserer westlichen Welt schaffen es die wenigsten Menschen, das Hier und Jetzt zu genießen. Sie richten ihre ganze Hoffnung auf die Zukunft, im festen Glauben daran, dass in drei Wochen oder schon morgen alles viel besser werde. Eine verführerische Vorstellung! So verführerisch, dass wir ihr immer wieder erliegen. Im Quartier Latin in Paris habe ich einmal ein kleines Restaurant gesehen, an dem außen ein Schild hing mit der Aufschrift: *Demain on mange ici gratis* – »Morgen kann man hier umsonst essen«. Und tatsächlich spazierten jeden Mittag Gäste in das Lokal, die dem Wirt erwartungsfroh ins Gesicht sagten: »Ich habe gestern Ihr Schild gelesen, dann füllen Sie mal auf!« Und immer antwortet der Wirt diesen Leute mit einem entspannten Lächeln: »Gehen Sie bitte noch mal vor die Tür und lesen Sie das Schild genau. Da steht: *Morgen* kann man hier umsonst essen!«

Die Hoffnung stirbt bekanntlich zuletzt. Vielleicht weil unser Verstand im Gegensatz zu dem unserer nächsten Verwandten, den Affen, zwischen Vergangenheit, Gegenwart und Zukunft zu unterscheiden vermag. Eine einzigartige Fähigkeit, die uns auszeichnet – und gleichzeitig eine sichere Falle für unser Ego. Denn mit dem Bewusstsein für Zeit wächst auch unser Empfinden für die Endlichkeit unseres Daseins auf diesem Planeten. Weißt du noch, wie lang dir der Sommer vorkam, als du ein Kind warst? Inzwischen gehörst du sicher auch zu denen, die sich darüber wundern, wie schnell die Zeit verfliegt, oder? Wie gut es da tut, im Urlaub drei Wochen lang wieder Kind spielen und die Zeit aus dem Auge verlieren zu dürfen.

Ich will dir zu dem Prinzip Hoffnung eine kleine Geschichte erzählen: Im tiefsten indischen Hinterland wurde ein Kino eröffnet. Ein alter Mann ging von Anfang an jeden Abend in den Eröffnungsfilm. Nach Wochen sprach ihn der Kassierer an: »Mit Verlaub, alter Mann, du kennst den Film doch längst, wieso kommst du jeden Abend wieder her?« – »Naja«, antwortete der Alte, »ich kenne den Film. Aber es gibt da diese eine Szene, in der sich die junge, wunderschöne Hauptdarstellerin am Bahndamm nackt auszieht, und immer kurz bevor sie ganz nackt ist, kommt ein Zug vorbeigerauscht, und man sieht nichts mehr.« – »Ja«, sagte der Kassierer, »auch ich kenne den Film, so geht die Szene eben. Aber warum meinst du, du musst dir das Abend für Abend ansehen?« – »Weißt du«, entgegnete der alte Mann daraufhin augenzwinkernd, »ich kenne die Züge in Indien. Irgendwann haben die alle mal Verspätung.«

Auch diese Geschichte zeigt: Jeden Morgen erleben wir nichts anderes als ein neues Heute. Anstatt sich zu sehr nach einer besseren Zukunft zu sehnen, sollten wir uns unsere kostbare Gegenwart vor Augen führen. Auf diese Weise stoppen wir auch das unaufhörliche Wenn-dann-Karussell unseres Verstandes. Wir schaffen eine Lücke, ein Jetzt, ein Fenster für die Zeit, in der wir nicht denken, sondern einfach nur höchst aufmerksam und wachsam sind. Manchmal reicht schon eine simple Frage aus, um sich in die Gegenwart zurückzubeamen. Wenn du merkst, dass du dich in Tagträumen ständig in der Zukunft bewegst, weil du die Gegenwart als unbefriedigend empfindest, dann frage dich: »Wenn nicht jetzt, wann dann?« Auch wenn du zu denen gehörst, die versucht sind, der Vergangenheit hinterherzutrauern, wenn du meinst, immer die besten Dinge im Leben verpasst zu haben, mache dir deine Gegenwart bewusst und sei präsent, wenn die wirklich wichtigen Ereignisse dich passieren.

Das Leben besteht nun mal aus verpassten und wahrgenommenen Gelegenheiten. Du hast die Wahl: entweder jeden neuen Augenblick genau so zu sehen, wie er ist, oder auf das zu hoffen, was noch kommt. Bedenke dabei jedoch: Immer auf die Zukunft zu schauen, bedeutet zu verpassen, was um dich herum passiert, um auf etwas zu warten, das vielleicht niemals eintritt.

Dazu höre eine weitere Zen-Geschichte: Zwei Mönche, ein Meister und sein Schüler, sind auf Pilgerfahrt zu einem neuen Kloster. Als sie auf ihrer Wanderung an eine Furt kommen, an der das Wasser sehr hoch steht, sehen sie am Ufer ein junges, hübsches Mädchen, das sich nicht traut, den Strom allein zu überqueren. Gegen sein Gelübde, eine Frau zu berühren, fasst sich der Meister schließlich ein Herz und trägt die junge Frau auf seinen Armen ans andere Ufer. Dort setzt er sie ab und geht weiter. Sein Schüler folgt ihm schweigend. Es ist schon Abend, als der Schüler, der lange vor sich hin gegrübelt hatte, seinen Meister endlich fragt: »Meister, wie konntest du das tun? Es ist uns doch verboten, eine Frau zu berühren!« Darauf antwortet ihm der Meister: »Ich habe die Frau am Ufer zurückgelassen. Trägst du sie etwa immer noch?«

Wir sind oft im Nachhinein noch lange Zeit mit Ereignissen beschäftigt, die längst hinter uns liegen – in der Vergangenheit. Mit der Prüfung, die wir versaut haben. Mit dem Date, das nicht so lief wie erwartet. Mit dem Auftrag, der geplatzt ist. Mit dem schlimmen Unfall oder dem Betrug, den wir an anderen und an uns selbst begangen haben. Aber wie lange wollen wir diesen Rucksack mit Ballast noch mitschleppen? Wir sollten gute Erinnerungen schätzen, aus schlechten lernen, aber unsere Vergangenheit nicht zum Stein auf unserem Herzen werden lassen. Ein weiterer Schritt zum Glück ist es darum, all das zu vergessen, was uns schwer zu schaffen macht, aber einfach nicht mehr zu ändern ist, und zu akzeptieren, dass es geschehen ist. Das hilft uns auch, im Hier und Jetzt zu leben und weniger in der Vergangenheit zu wühlen.

Die Zeit ist eine Art Fata Morgana. Auch das solltest du versuchen zu verinnerlichen. Sie existiert vor allem in unserer Vorstellung. Die Menschen halten sie irrtümlicherweise für ein kostbares Gut und verstehen nicht, dass das Kostbare einzig und allein der Augenblick ist, das Hier und Jetzt. Statt jeden Moment die Dinge zu verfolgen, die uns wirklich Freude bereiten, versuchen wir, unsere Tage und Wochen durch eine generalstabsmäßige Planung zu kontrollieren – in der Hoffnung, es bliebe am Ende ein wenig Zeit für die schönen Dinge des Lebens. Allerdings mutet allein der Begriff Zeitmanagement komisch an. Können wir die Zeit wirklich planen? Diese Idee einer geplanten und linear ablaufenden Zeit nannten die Griechen übrigens *chronos*, wovon sich auch das Chronometer, unsere Uhr, ableitet, die heute unseren Alltag bestimmt. Im Gegensatz zu dieser chronologischen Zeit bezeichneten die Hellenen mit *kairos* den rechten Augenblick, den Moment, der für eine Entscheidung günstig ist. Ausschlaggebend ist hier also nicht so sehr ein quantitativer Zeitbegriff, sondern ein qualitativer Augenblick. Und genau auf diesen sollte es uns beim Vollzug unseres Lebens ankommen.

Glücklich ist, wer vergisst, was nicht mehr zu ändern ist.
(Johann Strauss)

Freude kommt vor allem aus dem Unerwarteten. Deshalb fragen Kinder die zum Besuch vorbeischauende Patentante beispielsweise auch so gern nach einer Überraschung. Sich überraschen zu lassen, das bedeutet mehr zu bekommen als erwartet. Das ist auch ein Grund, warum sich Paare vor allem in der Anfangszeit ihrer Liebe noch häufig unerwartete Geschenke machen. Wenn etwas Geplantes eintritt, spürt man dagegen allenfalls Erleichterung. Sicher, wir müssen gewisse Dinge in unserem Leben vorausschauend organisieren: wann wir morgens aufstehen, um zur Arbeit zu gehen, wann wir die regelmäßigen Kontrollen beim Arzt wahrnehmen oder was man kocht, wenn die Schwiegereltern zu Weihnachten kommen. Planung gibt Sicherheit. Lebensfreude kommt jedoch von woandersher. Die wirklich großen Ereignisse des Lebens sind selten geplant.

Außerdem treten viele Lebenssituationen völlig unerwartet ein. Sie sind darum nur schwer steuerbar und verlangen von uns, dass wir uns ständig an neue Gegebenheiten anpassen. Angefangen beim Wetter auf Mallorca bis hin zu bedeutenden Phänomenen wie Liebe, Geburt oder Tod. Wir erleben immer aufs Neue, wie unsere Zeitpläne über den Haufen geworfen werden und unsere Vorstellungen von den auf uns zukommenden Ereignissen enttäuscht werden. Wir sollten also auch hinnehmen, dass es Dinge gibt, die wir nicht kontrollieren, dass diese ganz ohne unser Zutun eintreten können. Diese gelassene Einstellung gewährleistet, schlussendlich all das zu bewältigen, was uns im Laufe des Lebens passiert.

Auch ich bin dieser Illusion lange Zeit auf den Leim gegangen. Zum ersten Mal wurde mir dies so richtig bewusst, als ich damals durch Indien reiste, ein Land, in dem die Uhren tatsächlich anders gehen. Ich war 32 Jahre alt und lange Zeit im tiefsten indischen Hinterland unterwegs. Bahnhöfe gibt es dort oft keine, die Züge halten in Indien einfach mitten auf freier Strecke, gerade da, wo mehrere Dörfer in der Nähe liegen.

Aus einem dieser Dörfer kommend, lief ich dorthin, wo nach der Beschreibung der Dorfbewohner der Zug haltmachen sollte. Man hatte mir gesagt, er würde um 17 Uhr ankommen. Als Deutscher war ich überpünktlich an angegebener Stelle. Bloß kein Risiko eingehen. Nachher ist der Zug etwas früher da, dachte ich noch in meinem jugendlichen Leichtsinn. Ich hatte ja keine Ahnung ... Um 17 Uhr war noch kein Zug in Sicht. Um 17.10 Uhr fragte ich einen

Inder, der ebenfalls auf den Zug wartete: »*Please, Sir, the train is late, isn't it?*« – »*Oh, yes, Sir*«, war seine Antwort, »*but don't worry, it's coming.*« Das war, zumindest gegen 17.30 Uhr, noch nicht der Fall. Erneut fragte ich den Inder, der inzwischen mit einigen anderen Reisenden Karten spielte: »*Sir, you told me the train is gonna come, it's half an hour late now!*« – »*Oh, Sir, don't you worry. It's coming!*«

Um 18.00 Uhr war immer noch kein Zug da. Die ersten Reisenden gingen schon wieder zurück in ihre Dörfer. Wiederum sprach ich den Inder an, inzwischen ziemlich ungehalten. Er konnte zwar nichts für die Situation, aber er stand nun mal gerade zur Verfügung. »*Sir, you promised the train is gonna come, it's one hour late now. Is that normal?*« Seine immer gleiche Antwort: »*Oh, Sir, please, don't you worry, it's coming.*«

Noch eine Stunde später und völlig verzweifelt wandte ich mich erneut an den Mann: »*You told me the train comes, but there is no train at all.*« Diesmal antwortete er schließlich: »*Oh Sir, you not worry, if not come today, coming tomorrow!*«

Als ich kurz darauf in Frankfurt von Air India auf den Lufthansa-Zubringer nach Hamburg umstieg, meldete sich der Kapitän kurz nach dem Start und versprach, »alles« zu tun, um die zehnminütige Verspätung wieder aufzuholen. Zehn Minuten? Das kam mir plötzlich vollkommen absurd vor. Zurück in Deutschland, trug ich für mehrere Jahre dann keine Uhr mehr.

Heute versuche ich, mein Leben im Hier und Jetzt zu leben, und sehe Zeit allenfalls als eine pragmatische Hilfskonstruktion an, mit der wir unseren Alltag im Einklang mit anderen Menschen leben können.

Schließlich kommt es darauf an, nicht zum Sklaven einer Illusion zu werden, einer Sache also, die bloß in unserer Vorstellung existiert.

AKZEPTIEREN, WAS IST

Die Dinge zu akzeptieren, wie sie sind, dafür gibt es in allen Dialekten und Sprachen der Welt zahlreiche Ausdrücke. Wir können uns etwa die drei Kölner Grundgesetze vergegenwärtigen:

§1 Et es wie et es.
§2 Et kütt wie et kütt.
§3 Et hätt noch immer jot jejange.

Auf Swahili heißt das dann: *Hakuna matata* – »Es gibt keine Probleme«. Der Franzose sagt: *C'est la vie*, der Engländer: *That's life* – »So ist das Leben«, der Amerikaner eher: *Take it easy, but take it* und der Italiener: *È così* – »So ist es nun mal«.

Die meisten dieser Sprüche sind uns bekannt und kommen uns am Abend in der Kneipe leicht über die Lippen: »Da habe ich doch neulich wieder einen Strafzettel bekommen, total ungerecht. Na ja, kannste nix machen, *c'est la vie*!« Auf diese Weise begegnen wir Kleinigkeiten mit Humor, haben dabei aber nicht wirklich verinnerlicht, was dieses *C'est la vie*, dieses *That's life* eigentlich bedeutet: dass es sich hierbei um eine Aufgabe handelt, die uns unser Leben lang herausfordert, auch und vor allem bei den ganz großen Ereignissen und Schicksalsschlägen.

Dennoch ist gerade Humor – so wie Gelassenheit – eine Methode, unsere Ego-Fuzzis auszutricksen. Dass dies wunderbar funktioniert, möchte ich anhand einer selbst erlebten Geschichte verdeutlichen: Bei einer Fahrt zu einem Seminar für Unilever war ich morgens um neun Uhr zwischen Hamburg und Lübeck auf der A1 unterwegs. Das ist die Gelegenheit, dachte ich, deinen neuen Porsche auszufahren. Gut gelaunt machte ich mich auf den Weg. Eine halbe Stunde später: In einer kurzen Hundertzwanziger-Zone überholte ich ein bildhübsches Mädchen in einem roten Mini Cooper. Leider konnte ich beim Überholvorgang nur die ersten Buchstaben von ihrem Kennzeichen lesen.

Was nun, dachte ich bei mir. Die kannst du ja jetzt schlecht links an dir vorbeiziehen lassen. Das sieht ja albern aus, wenn du mit dem Porsche nach rechts rüber und ganz langsam fährst. Das machst du mal lieber viel geschickter, du fährst raus auf den nächsten Parkplatz, lässt sie vorbeifahren, und dann rauschst du hinter ihr her. Gesagt, getan. Leider war es an diesem Tag leicht regnerisch, was sich für meinen Turbo, der ab einer bestimmten Drehzahl greift, als fatal herausstellen sollte. Beim Beschleunigen und wieder Einfädeln von der Parkplatzausfahrt auf die Mittelspur machte es *crash*! Meine fünffache Pirouette endete halb unter einem Tieflader und danach im Graben. Die Scheiben des Wagens waren herausgeflogen, der Porsche selbst war total verbeult, Totalschaden! Ich selbst war in die Airbags gedrückt worden, und wie durch ein Wunder war mir nichts Ernsthaftes passiert.

Schon kurze Zeit später waren andere Autofahrer bei mir und fragten mich: »Geht es Ihnen gut?« – »Ist Ihnen irgendwas passiert?« – »Was können wir für Sie tun?« Doch ich entgegnete nur – und das ist eine Methode, die ich immer in solchen Momenten anwende: »Lassen Sie mich bitte einen kleinen Moment in Ruhe.« Denn ich musste erst einmal mit meinen Ego-Fuzzis konferieren, die in einer solchen Situation natürlich sofort Alarm schlagen. Der Wirtschaftsfuzzi unter ihnen quengelt: »Das Seminar kannst du abhaken. Und ob dich der Kunde je wieder buchen wird?« Der Finanzfuzzi schloss sich an: »Das Auto ist hin, und du bist mit 12 000 Euro Selbstbeteiligung dabei!« Der Autofreak in mir war geradezu panisch: »Mensch, Dieter, du Idiot! Dieser Wagen wird gar nicht mehr gebaut!« Und der Macho-Fuzzi maulte: »Die Frau siehst du nie wieder!«

Nachdem ich mir diese Stimmen angehört hatte, sagte ich innerlich: Stopp! Klappe halten! Das hilft mir nicht weiter. Jetzt ist ein Realitätscheck angesagt: Tatsache ist, der Wagen ist kaputt! Und jetzt möchte ich nur noch meine positiven Stimmen hören, die mir bitte folgende Frage beantworten: Was muss ich als Nächstes tun? Und erst jetzt kamen die anderen Stimmen durch, die schlicht sagten: »Frag einen der Umstehenden, ob er dich mitnehmen kann.« – »Ruf Porsche an, die sollen das Auto abschleppen und dir, wenn sie haben, einen neuen hinstellen.« – »Und wer diesen roten Mini gefahren hat, wirst du schon noch rauskriegen.«

Akzeptiere, was ist.

Lieber Leser, nur damit du dich auf den folgenden Seiten aufs Wesentliche konzentrieren kannst: Ich habe es nicht rausgekriegt. Na und? *C'est la vie!* Heute sage ich mir, dieser Umstand ist, wie der Unfall auch, nichts als eine weitere Möglichkeit, sich in heiterer Gelassenheit zu üben.

Meinen Trick, mit den Ego-Fuzzis umzugehen, kennt sogar meine kleine Tochter. Das gab sie einmal lautstark kund, als ich mit der ganzen Familie im Skiurlaub war und mir bei einer Abfahrt die Hand brach. Ich wollte zusammen mit meinem Sohn über eine kleine Schanze springen, ging dabei zu sehr in Rücklage und schlug mit dem Kreuz zuerst auf. Ich hatte die Hände mit den Stöcken dabei reflexartig hinter dem Rücken verschränkt. So brach ich mir die Mittelhand.

Die Familie kam sofort zusammen, umstehende Skifahrer wollten die Bergwacht rufen, doch auch in diesem Moment sagte ich: »Moment, gebt mir mal bitte eine kurze Auszeit.« Woraufhin meine kleine Tochter den Umstehenden kundtat: »Mein Papi muss erst einmal mit seinen Fuzzis konferieren.« Was auch absolut korrekt war, denn schon riefen diese Stimmen in mir lauthals: »Der Skiurlaub ist ja wohl gelaufen.« – »Mann, jetzt sind die Kinder enttäuscht!« – »Du wirst wochenlang nicht mehr schreiben können und vielleicht auch Seminare absagen müssen.« Und wieder sagte ich nur: Klappe! Ich will nicht wissen, was hier nicht geht, ich will nur wissen, was ich jetzt tun soll! Und da kamen die positiven Stimmen und sagten: »Fahr den Berg runter zum Doktor.« – »Lass den Mittelhandknochen mit einem kleinen Gips arretieren, damit du erst einmal weiter Skifahren kannst.« – »Und erst nach dem Urlaub lässt du dir die Hand operieren, damit du so schnell wie möglich wieder arbeiten kannst.« Und so geschah es auch.

Natürlich sind ein Autocrash oder ein Handbruch wie dieser in letzter Konsequenz Fälle, die – mit einiger Übung – einigermaßen leicht zu akzeptieren und noch keine wirklichen Schicksalsschläge sind. Ein wirklich dramatisches Ereignis habe ich bei der Weihnachtsfeier meiner Tochter erleben müssen, als diese noch in die Grundschule ging. Die Achtjährigen führten für die anderen Schulkinder und Eltern das Weihnachtsspiel »Josef und seine Schäfchen« auf. Die Handlung ist schnell erzählt: Josef hat als armer Hirte für jedes seiner Schäfchen nur ein Teelicht als Weihnachtsgabe. Doch entscheidend ist natürlich nicht, was, sondern dass man gibt. Alle Kinder, bis auf Josef natürlich, trugen bei der Aufführung putzige Ganzkörper-Schäfchenkostüme. Ein entzückendes Bild stellte sich den Betrachtern auf der Bühne dar.

Unter den Kindern war auch ein bildhübsches türkisches Mädchen, das von ihrer Oma ein Schäfchenkostüm geschneidert bekommen hatte, über und über mit kleinsten, weißen Wollflusen beklebt. Fatalerweise diffundierte in der Wärme des Scheinwerferlichts der Klebstoff, und das Mädchen hatte ihr Teelicht noch nicht in Händen, da stand sie schon in Bruchteilen von Sekunden in Flammen. Das Feuer schlug bis zur Decke, das Kind war nicht mehr zu sehen.

Innerhalb von wenigen Augenblicken waren Helfer mit Jacken und Decken über ihr, um den Brand zu löschen. Das Kind wurde sofort in eine Spezialklinik eingeliefert.

Das Mädchen überlebte, musste aber monatelang mit Morphium behandelt werden, denn die Verbrennungen schlimmsten Grades verursachten ihr unheimliche Schmerzen. Doch das hielt die Kleine tapfer aus. Zunehmend verzweifelt war sie jedoch darüber, dass ihre Mutter so niedergeschmettert war. Das erzählte mir eines Tages die Lehrerin des Kindes, die die ganze Entwicklung verfolgt hatte. Und sie bat mich darum, deswegen einmal mit den Eltern des Mädchens zu sprechen. Doch was hatte ich ihnen zu sagen? Was sollte sie in so einer Situation trösten?

Das, was ich ihnen mitteilte, war folgender Satz: »Der Tempel ist beschädigt, aber ihre Seele nicht.« Und: Akzeptiert, was ist. Dieser Rat war den Eltern nicht so fremd, da für Mohammedaner *Inschallah* – »so Gott will« – ein tragendes Prinzip ihres Glaubens ist. So Gott will, wird dieser Tempel wieder geheilt und der Körper einer hübschen Frau. So Gott will. Es liegt nicht in unserer Hand. Das waren keine illusorischen Versprechungen, und doch hat es die Eltern irgendwie beruhigt. Natürlich waren sie nach wie vor in angemessenem Maße besorgt um das Wohlergehen ihres Kindes, aber nicht mehr kopflos und panisch. Sie begannen zu akzeptieren, was geschehen war.

Schicksalsschläge zu akzeptieren, ist sicher eine der schwierigsten Aufgaben im Leben. Schmerz, Krankheit, Tod sind nur schwer zu ertragen, und doch geschehen sie unausweichlich. Aber wenn dem so ist, sollten wir uns dann nicht auch hier in heiterer Gelassenheit üben? Nein, das ist nicht geschmacklos, keineswegs. Jedenfalls nicht, schenkt man einem Mann Glauben, der den Tod zu seinem ständigen Thema gemacht hat. Religionswissenschaftler und Lachyogatrainer Alexander Korp hält in Krankenhäusern und

Sterbehospizen Vorträge wie »Humorvoll sterben« und hilft damit Angehörigen und Pflegepersonal. »Wir sterben, wie wir leben«, sagt Korp, »daher sollte man sich bereits im Leben einen gesunden Vorrat an Humor anlegen.« Leider ist in unserer Kultur viel zu wenig verbreitet, dass Humor schmerzlindernd wirkt und Lachen unsere Angst aufzulösen vermag. Sie helfen, noch so einschneidende Tatsachen zu akzeptieren wie die, dass wir alle einmal sterben werden.

ES GIBT KEINE RICHTIGEN ENTSCHEIDUNGEN

WARUM WIR KEINE FEHLER MACHEN KÖNNEN UND ALLES SEINEN PREIS HAT

WENN MAL WAS DANEBENGEHT

Ganz selbstverständlich gehen wir davon aus, dass wir Menschen ständig Fehler machen. Wir versuchen, dagegen anzukämpfen, wo wir nur können. Unser Leben lang verfolgen wir Ideale wie Perfektion, Vollkommenheit, Makellosigkeit. Was für eine Herausforderung! Dabei hat sich bestimmt jeder schon einmal gefragt, ob wir als selbstverantwortlicher Mensch überhaupt die Möglichkeit haben, alles richtig zu machen im Leben, und ob sich falsche Entscheidungen generell vermeiden lassen. Wer glaubt, immer nur richtige Entscheidungen treffen zu können, sitzt einer gewaltigen Täuschung auf. Er ist entweder größenwahnsinnig oder Weltmeister im Verdrängen. So oder so haben wir es hier erneut mit einem Wahrnehmungsproblem zu tun. Aber nicht so wie du denkst, denn es geht nicht um Fehler *machen* oder *nicht machen*, um *richtig* oder *falsch*. Wieder einmal sind es unsere Grundannahmen, die von vorneherein nicht stimmen.

Das zu erkennen fällt nicht leicht. Denn wir alle haben ihn, diesen berüchtigten Satz, von klein auf in den verschiedensten Variationen immer wieder gehört: »Da hast du jetzt aber einen Fehler gemacht!« Wir sind mit dem Vorwurf der Unvollkommenheit aufgewachsen. Selbst wenn es unsere Eltern als vorbildliche Pädagogen vermieden haben, uns unser Versagen permanent vorzuhalten. Spätestens in der Schule konnten wir uns schwarz auf weiß von unserer

Unzulänglichkeit überzeugen. Diktat: 26 Fehler, Note: 5. In Worten: mangelhaft. Mathe-Arbeit: 18 Fehler, Note: 6. In Worten: ungenügend. Irgendwann haben wir dann unsere Fehlerhaftigkeit geglaubt und diese Kategorien als Erwachsene einfach beibehalten. Wie ein heiliges Mantra sprechen die Ego-Fuzzis in unserem Kopf immer bei jeder Gelegenheit bestimmte Sätze vor sich hin: »Mist, da hast du wieder einen Fehler gemacht.« – »Konntest du nicht besser aufpassen?« Oder: »Immer machst du den gleichen Fehler, langsam müsstest du es doch mal kapiert haben!« Oder auch: »Alle haben es mitgekriegt, du Hornochse, diesen Fehler hättest du dir besser sparen sollen!«

Allerdings gab es auch eine Zeit, in der wir unserer Umwelt diesen Satz nicht so einfach abkauften – als wir noch kleiner waren nämlich. Wenn da beim Essen im Eifer des Gefechts unser Glas zu Bruch ging und sich Organgensaft über die halbe Tischdecke ergoss, wussten wir genau: Natürlich haben wir keinen Fehler gemacht – jedenfalls nicht mit Absicht. Wir waren zwar klein, aber nicht blöd. Und weil wir uns ganz, ganz sicher waren, haben wir auch die Schimpfe, die meist auf dem Fuße folgte – »Was hast du denn jetzt schon wieder gemacht?« –, als ungerecht empfunden. Denn der Vorwurf, man hätte etwas falsch und damit einen Fehler *gemacht*, bedingt ja einen Vorsatz, eine bewusste, absichtsvolle Handlung. Und Papa musste doch wissen, dass wir das nicht mit Absicht getan hatten. Unsere empörte Antwort damals lautete: »Hab ich nicht!«

Noch einmal die – inzwischen zugegebenermaßen rhetorische – Frage: Kann man überhaupt Fehler *machen*? Erinnerst du dich daran, vor diesem Hintergrund überhaupt schon je einmal einen Fehler *gemacht* zu haben – das heißt in diesem Fall bewusst, absichtsvoll, vorsätzlich? Natürlich nicht! Tatsache ist, und die Sprache macht es wieder deutlich: Fehler *passieren* uns. Sie *unterlaufen* uns. Im Fall des

Saftglases ließe sich auch in doppelter Hinsicht sagen: Da ging mal etwas daneben. Zum einen der Saft. Aber zum anderen ging auch an unserem Bewusstsein etwas vorbei, wenn man so will. Immer dann, wenn wir jemandem oder einer Sache keine Aufmerksamkeit schenken, kann uns ein Fehler passieren, der uns bewusst, absichtsvoll oder vorsätzlich nicht passiert oder unterlaufen wäre. Das heißt also, und hier kommt endlich die Antwort auf die rhetorische Frage: Es gibt sicherlich Fehler. Machen können wir sie aber nicht. Du kannst keine Fehler machen, kein Mensch macht bewusst Fehler. Sie passieren uns. Sie passieren unserer Achtsamkeit, unserem Bewusstsein.

Und wenn wir eine Handlung absichtsvoll vollziehen, können wir ebenso wenig von Fehlern sprechen. Ein Sprung vom Fünfmeterbrett ist, wenn kein Wasser im Pool ist, kein Fehler, sondern Selbstmord. Wenn du mit dem Auto absichtlich gegen einen Baum fährst, so ist das kein Fehler, sondern ein Versicherungsbetrug. Und wenn dein Mitarbeiter einen Zahlendreher in die Kalkulation einbaut, dann mag das unter bestimmten Umständen auch kein Fehler sein, sondern Sabotage. Natürlich kann auch ein Kind absichtlich seinen Saft verschütten, etwa weil es ihn nicht mag oder weil es einfach seine Grenzen austesten will. Aber dann ist auch das kein Fehler, sondern eine vorsätzliche Handlung, genannt Trotzphase.

Wer Fehler finden will, findet sie auch im Paradies. (Henry Thoreau)

Über die Jahre des Erwachsenwerdens haben wir die Bedeutung der zwei kleinen Worte »machen« und »passieren« durcheinandergebracht. Eine Situation ist immer danach zu bewerten, ob sie rein zufällig, durch ein Versehen, oder vorsätzlich entstanden ist. Das eine Mal wäre sie uns unterlaufen, also passiert, das andere Mal hätten wir sie bewusst herbeigeführt, also gemacht. Die unangenehme Konsequenz dieser Verwechslungstragödie: Wir martern uns für Dinge, die wir gar nicht absichtlich getan haben, deren Eintreten oft nicht in unserer Hand lag. Trotzdem macht uns das ganz schön zu schaffen, und wir hören nicht auf, uns für unser angebliches Fehlverhalten Vorwürfe zu machen. Lernen wir, die Dinge wieder besser auseinanderzuhalten und unsere Wahrnehmung zu schärfen, dann können wir uns viel Leid ersparen.

Auf unsere Mitmenschen gemünzt steckt hinter der Aussage »Da hast du einen Fehler gemacht« noch mal eine ganz andere Botschaft. Eigentlich sagen wir damit: »Sieh zu, wie du das wiedergutmachen kannst.« – »Weißt du jetzt, warum ich der Chef bin und nicht du?« – »Noch so ein Ding, und du fliegst!« Es ist offensichtlich, auch hier wird der Sachverhalt ignoriert, dass Fehler nicht gemacht werden, sondern passieren. Ob bewusst oder unbewusst bleibt meist ungeklärt. Im Ergebnis aber ist die eigentliche Botschaft hinter der Botschaft folgende: »Nach dem, was du getan hast, stehst du in meiner Schuld.« Kurzfassung: »Ich habe jetzt Macht über dich.« Fatalerweise hängen an dieser Aussage gleich drei Irrtümer. Erstens: Du kannst keine Fehler machen. Ergo kannst du zweitens auch in niemandes Schuld stehen. Und drittens: Niemand hat eine derartige Macht über dich, wenn du es nicht zulässt.

Wir können keine Fehler machen, und das Kind tief in uns drin weiß das auch. Gib diesem Kind Raum, höre auf seine Stimme, denn es ist deinem Selbst näher als dein Ego. Bring die »Jetzt nur keine Fehler«-Fuzzis in dir zum Schweigen und mach dich frei von falschen Selbstvorwürfen und Schuldzuweisungen. Wenn uns aber Fehler passieren, sollten wir daraus lernen und spätestens beim zweiten Mal Verantwortung übernehmen. Denn nun wissen wir ja, was zu tun ist! Eine Führungskraft sollte sich daher die Frage stellen, ob seine Mitarbeiter Misserfolgsvermeider oder Erfolgssucher werden sollen. Bei seiner Kritik gilt es darum, nicht nur zu bedenken, *was* er kritisiert, sondern vor allem, *wie* er es tut.

NIEMAND WEISS, WAS FALSCH UND RICHTIG IST

Genauso, wie wir uns täuschen, wenn wir meinen, wir machen Fehler, irren wir uns, wenn wir meinen, wir könnten eine falsche Entscheidung verhindern. Auch das ist unmöglich beziehungsweise eine Illusion. Denn wieder stimmen die Grundannahmen nicht, die dieser Vorstellung vorgelagert sind. Eine falsche Entscheidung oder Handlung zu unterbinden, geht nämlich nur, wenn man weiß, was ihre langfristigen Folgen sind. Genau diese kannst du zum Zeitpunkt der Entscheidung aber nicht kennen, du wirst im Vorhinein darum niemals wissen, ob eine getroffene Entscheidung sich im Nachhinein als richtig oder falsch erweisen wird. Eine wunderschöne Zen-Geschichte illustriert diese Weisheit:

Es war einmal vor langer Zeit ein armer Bauer, der nichts hatte als eine prachtvolle Stute. Die anderen Bauern im Dorf bedrängten ihn deswegen stets und sagten: »Warum verkaufst du deine Stute nicht? Dann hast du wenigstens Geld zum Leben.« Der Bauer aber antwortete nur: »Niemand weiß, was falsch und richtig ist.« Einige Zeit später in einer hellen Mondnacht lief die Stute auf und davon und ward viele Tage nicht mehr gesehen. Die Leute im Dorf bedauerten den Bauern und sagten: »Was für ein Unglück. Nun hast du weder Geld noch Pferd.« Doch der Bauer antwortete wieder nur: »Niemand weiß, was falsch und richtig ist.« Ein paar Tage darauf kam die Stute zurück, gefolgt von drei Hengsten. »Was für ein Glück du hast. Jetzt gehören dir vier Pferde.«

Und wieder gab der Bauer nur zur Antwort: »Seht, niemand weiß, was falsch und richtig ist.«

Die Zeit verging. Der einzige Sohn des Bauern ritt gern auf den Tieren, und die anderen rieten dem Bauern: »Lass ihn nicht so weit reiten, er könnte sich im Gelände verletzen.« Da der Sohn abends noch nicht zurück war, suchte man den Jungen und fand ihn schließlich im Wald. Er hatte sich bei einem Sturz beide Beine gebrochen. Die Leute im Dorf sagten: »Was für ein Unglück du hast.« Doch der Bauer antwortete nichts als: »Niemand weiß, was falsch und richtig ist.« Die Armee zog durchs Land und rekrutierte alle jungen Männer. Nur den Jungen mit den gebrochenen Beinen konnten sie für den Kriegsdienst nicht gebrauchen. Da sagten die anderen Bauern neidvoll: »Was für ein Glück du hast. Dein Sohn wird nicht im Feld sterben.« Und wieder antwortete der Bauer nichts als: »Seht, niemand weiß, was falsch und richtig ist.«

Das Leben kann nur in der Schau nach rückwärts verstanden, aber nur in der Schau nach vorwärts gelebt werden. (Søren Kierkegaard)

Welche Wahrheit hinter der Geschichte steckt? Die Entscheidungen des Bauern haben durch die sich ständig ändernden äußeren Umstände eine andere Bewertung erfahren, als vorherzusehen war. Deshalb haben sich die scheinbar vernünftigen Ratschläge und Einschätzungen der Dorfbewohner – die Stute zu verkaufen sei sinnvoll und bringe Geld, die gebrochenen Beine des Jungen seien ein großes Unglück – im Nachhinein als nicht richtig erwiesen.

Du selbst könntest deine eigene Geschichte erzählen, und sie würde endlos so weitergehen. Dieses Gleichnis macht es deutlich: Da das Leben nur rückblickend verstanden werden kann, aber nach vorne blickend gelebt werden muss, können wir keine *richtigen* oder *falschen* Entscheidungen treffen – immer nur Entscheidungen. Alles andere ist eine Frage der

Perspektive. Erst die Zeit wird es zeigen. Mach in der nächsten Entscheidungssituation, in der du dich befindest, einmal den Test: Befürchtest du, du könntest eine falsche statt eine richtige Entscheidung treffen, dann steig für einen Moment aus, setz deine Fuzzi-Brille ab, und schnell wirst du ein Einsehen haben.

WAHLTAG – ZAHLTAG

Eigentlich ist es ganz einfach: Es gibt keine *richtigen* oder *falschen* Entscheidungen. Der Partner, mit dem du zusammen bist, ist nicht der richtige – und es ist auch nicht der falsche Partner. Es ist der Mensch, mit dem du jetzt lebst. Also, steh dazu! Der Urlaub auf Mallorca war nicht der richtige Urlaub für dich – aber auch nicht der falsche. Es war einfach der Urlaub, den du vor einem halben Jahr gebucht hast. Also, steh dazu! Das Auto, das du besitzt, ist nicht das richtige Auto für dich, und es ist auch nicht das falsche. Es ist das Auto, das derzeit in deiner Garage steht. Also, steh auch dazu! Und steh zu der Firma, in der du arbeitest. Denn auch sie ist weder die richtige Firma für dich noch die falsche. Es ist einfach das Unternehmen, in dem du gerade tätig bist.

Oder etwa nicht? Doch, doch, steh dazu oder, wenn du mit einem Umstand wirklich unzufrieden bist, verändere etwas – oder geh fort. Aber nur, wenn du absolut das Gefühl hast, mit einer Person oder Sache nicht mehr klarzukommen. Wenn du dir total sicher bist, etwas sei nicht das Richtige für dich, hast du immer die Möglichkeit, etwas zu verändern. In dem Fall hast du es in der Hand, denn wir Menschen haben immer die freie Wahl, uns zu einer Sache zu bekennen, etwas zu verändern oder woandershin zu gehen. Nach dem

Dreischritt: *love it, change it or leave it*. Liebe deinen Partner, verändere etwas an der Beziehung oder verlasse diesen Menschen. Alles andere wäre unehrlich gegenüber ihm und dir selbst. Liebe deinen Beruf, ändere die Spielregeln, wenn sie dir nicht passen, oder wechsele den Job. Alles andere wäre halbherzig. Liebe dein Haus, dein Auto, dein Leben, ändere etwas daran oder such dir ein neues. Ansonsten hast du keinen Grund, dich zu beschweren!

Ich lebe nach dem Motto, wenn ich etwas wirklich will, dann bekomme ich es auch. Ich will meine Träume leben, und dafür lege ich mich ins Zeug: Zusammen mit meiner Traumfrau und meinen Traumkindern in einem traumhaften Zuhause leben. Traumreisen machen und einem Traumjob nachgehen. All das kann ich haben. Denn ich habe die Wahl. An jedem Tag, in jeder Minute meines Lebens. Es gibt kein Falsch, kein Richtig. Es geht einfach nur darum, eine Sache zu lieben, sie zu verändern oder eben auch – zu gehen. Das Einzige, was mir immer klar sein muss: Es ist meine Entscheidung. Niemand kann sie mir abnehmen. Und: Ich muss eben auch bereit sein, die Konsequenzen zu tragen.

Du merkst schon, worauf ich hinauswill: Alles andere sind nur faule Ausreden. Jeder ist für sein Glück selbst verantwortlich. Wenn ich behaupte, mit einer Situation meines Lebens nicht zufrieden zu sein, und sie aber dennoch nicht ändere, dann nur deswegen, weil ich es nicht will, und nicht, weil ich es nicht kann. Alle Sätze, die mit »ich kann nicht …« beginnen, heißen übersetzt nichts anderes als: Der Preis ist mir zu hoch! Die Kosten-Nutzen-Rechnung geht für mich nicht auf. Es geht im Leben nie um etwas anderes als darum, ob wir bereit sind, in eine Sache zu investieren – und wenn ja, wie viel?

Wenn du beispielsweise zu jemandem sagst: »Ich kann heute Abend leider nicht kommen, mir ist etwas dazwischengekommen«, dann stimmt das nicht. Du willst nicht kommen. Etwas anderes, vielleicht ein anderes Rendezvous, vielleicht ein ruhiger Abend vor dem Fernseher, ist dir wichtiger. Oder wenn du etwa bei einem Kunden anrufst und sagst: »Ich *kann* nicht pünktlich da sein, ich stehe im Stau«, ist das schlicht gelogen. Du musst nicht im Stau stehen. Keiner zwingt dich dazu. Du kannst jederzeit aussteigen, über den Acker laufen bis zum nächsten Bauernhof, dir dort ein Taxi rufen und dann in die Gegenrichtung davonfahren. Aber die innere Hochrechnung sagt etwas anderes: »Das wird aber ein teures Taxi, mein Freund! Und dann die drei Punkte in Flensburg für das auf der Autobahn stehen gelassene Auto. Und erst die auf dem Acker eingesauten Schuhe! Lass gut sein, der Preis ist zu hoch!«

Also stehst du im Stau. Aber wohlgemerkt, nicht weil irgendwelche Sachzwänge dir das vorschreiben. Es handelt sich auch hier schlichtweg um eine Ausrede, weil es unhöflich wäre, dem Kunden zu sagen, dass dir der Preis zu hoch ist für ihn. Dass etwas anderes dir wichtiger ist. Ergo hast du gewählt, im Stau zu stehen. Und es gibt in diesem Moment nichts, was du gerade lieber tätest. Ansonsten würdest du es ja tun.

Nicht wollen ist der Grund, nicht können nur der Vorwand. (Seneca)

Wir sind dazu in der Lage, die allermeisten Situationen im Leben aufzulösen, die uns nicht behagen. Tun wir das nicht, müssen wir uns eingestehen, dass es nichts gibt, was wir lieber wollen, als das, was wir gerade tun. Erfinde keinen Vorwand, nur weil du nicht bereit bist, den Preis zu bezahlen. Akzeptiere, was ist. So kann beispielsweise aus der halben Stunde Staustress auch eine halbe Stunde Entspannung und Zeit für dich werden. Es liegt bei dir. Du hast die Wahl.

In diesem Zusammenhang möchte ich dich zu folgendem Experiment einladen, lieber Leser: Tu dir einmal den Gefallen und schreib in die linke Hälfte einer Tabelle Ist-Zustände und Tätigkeiten, die du in deinem Leben als unangenehme Pflichtaufgaben empfindest. Und rechts daneben notierst du, was du stattdessen lieber möchtest. Und überschreibe beide Spalten auch so. Linke Spalte: Ich muss ... Rechte Spalte: Ich möchte lieber ... Nun fülle die eine Spalte mit Tätigkeiten auf, die du deiner Meinung nach absolvieren musst. Anschließend stellst du diesen gegenüber, was du lieber tun würdest. Mit welcher Seite du beginnst, spielt keine Rolle. Hier einige frei erfundene Beispiele: Ich muss 220 Tage im Jahr arbeiten, aber ich möchte lieber nur noch 100 Tage im Jahr beruflich tätig sein. Ich muss Opel fahren, aber ich möchte lieber einen Porsche besitzen. Ich muss zur Miete wohnen, aber ich möchte lieber ein eigenes Haus haben. Ich muss 20 Kilometer zur Arbeit fahren, aber ich möchte lieber zu Hause arbeiten. Ich muss mich mit 40 Kilo Übergewicht herumschlagen, aber ich möchte lieber schlank sein.

Alles, was links in der Gegenüberstellung – beziehungsweise im ersten Teil des Satzes – steht, entspricht zu 100 Prozent dem, was du *lieber möchtest*. Für alles, was rechts – beziehungsweise im zweiten Teil des Satzes – steht, ist dir ganz einfach der Preis zu hoch. Du kannst also die linke Tabellen-Überschrift streichen und durch die rechte ersetzen. Danach möchte der Jemand in diesem Beispiel also lieber 220 Tage im Jahr arbeiten und einen Opel fahren. Er möchte auch lieber täglich 20 Kilometer zur Arbeit fahren, und abnehmen möchte er auch nicht. Sag jetzt nicht, das sei hart! Du weißt, wenn du mal ehrlich auf deine Tabelle schaust, da ist etwas dran. Ich will dich mit diesem Beispiel weder niedermachen noch deine Haltungen bewerten. Alles, was ich will, ist, dir die Augen zu öffnen und dich dazu zu bringen, die Verantwortung für dein Handeln und dein Leben zu übernehmen, statt für alles und jedes Ausreden zu erfinden.

Alles, was du tust, hast du völlig frei gewählt. Niemand wird gezwungen, 220 Tage im Jahr zu arbeiten. Wer an seinen Arbeitszeiten etwas ändern will, kann das auch. Wer diesen Aufwand scheut, sollte zu seiner Arbeitsweise stehen. Genauso zu seinem Auto. Welche Marke du auch fährst, steh dazu! Und auch zu dem geringeren finanziellen Risiko einer Mietwohnung. Genauso kann man dazu stehen, dass man lieber dick ist und keine Lust hat auf den ganzen Fitnesswahn. Nur sollte man seine Entscheidungen eben bewusst treffen.

Ob wir uns für eine Sache entscheiden oder nicht, hängt von vielen Faktoren ab. Ein Hauptkriterium ist und bleibt: Welchen Preis bin ich bereit zu zahlen? Jede Entscheidung, jede Tat hat Konsequenzen und damit ihren Preis. Mach dir bewusst, dass du bei allem, was du im Leben tust, immer Pro und Contra abwägst und erst dann deine Entscheidung triffst. Und mach dir bewusst, dass das, was wir meinen tun zu müssen, eigentlich das ist, was wir auch lieber möchten. Wir präferieren das, weil wir nur dafür bereit sind, den notwendigen Preis zu zahlen, weil alles andere zu viel kosten würde. Viele Wünsche erfüllen wir uns deswegen nicht, weil ihre Realisierung mit einer unverhältnismäßig hohen Anstrengung verbunden wäre. Das ist vollkommen in Ordnung – nur sollten wir uns das auch eingestehen und nicht ein Leben lang Zielen hinterherjammern, die uns ganz offensichtlich gar nicht so wichtig sind.

RECHTFERTIGUNGEN, SCHULDZUWEISUNGEN UND ANDERE OPFER-NUMMERN

Aus welchem Grund wir uns darüber hinaus schwertun, einen Entschluss zu fassen? Neben unserer inneren Kalkulation hält uns oft auch die gute alte Gewohnheit davon ab, uns für oder gegen etwas zu entscheiden. Wie gesagt: Die

Macht der Gewohnheit ist der härteste Klebstoff der Welt! Wie gerne würden wir mal etwas Neues ausprobieren, etwas ganz Verrücktes wagen, einmal in eine andere Haut oder wenigstens in ein anderes Outfit schlüpfen. Gleichzeitig sind wir leider verdammt bequem. Menschen verändern ihre Situation genau unter zwei Bedingungen: entweder weil der Leidensdruck zu groß wird oder weil sie die Leidenschaft für ein neues Ziel gepackt hat. Ansonsten gilt für viele, besser bekanntes Unglück als unbekanntes Glück.

Der Ego-Fuzzi, der uns auch unter dem Namen »innerer Schweinehund« bekannt ist, stellt sich vor Entscheidungen genau zwei Fragen: Was muss ich tun? Macht es Spaß oder verursacht es Schmerz? Wir handeln nach dem Lust-Schmerz-Prinzip, das da lautet: Lust gewinnen, Schmerz vermeiden. Natürlich verbirgt sich auch dahinter immer eine Kosten-Nutzen-Rechnung. Fallen die Kosten zu hoch aus, bleiben wir lieber auf dem Sofa sitzen, anstatt uns zu bewegen. Ob arbeiten, Sport treiben oder neue Leute kennenlernen Lust oder Schmerz verursachen, hängt im Übrigen ganz von unserer Wahrnehmung ab. Je nachdem, wie wir geprägt wurden, empfinden wir diese Aktivitäten als Bereicherung oder Bedrohung.

Spannend wird es aber erst, wenn wir wirklich euphorisiert sind – oder kreuzunglücklich. Solange zähe Gewohnheit uns lahmlegt, passiert gar nichts. Kein Leidensdruck, keine Begeisterung, keine Veränderung. Doch anstatt einfach zu sagen: »Sorry du, das ist mir echt eine Nummer zu anstrengend, so viel zu arbeiten, da verzichte ich lieber auf den Traumurlaub auf Mauritius, auf Malle ist es doch auch ganz schön!«, anstatt dass wir zugeben: »Nee du, abends noch loszugehen, das ist mir einfach zu stressig«, werden wir lieber Meister im Ausredenerfinden. Es gibt alle möglichen Varianten von Ausflüchten, die alle eins gemein haben: Sie stilisieren uns zu Opfern. Jeder von uns hat einige dieser

Opfer-Nummern im Repertoire und hofft, damit durchzukommen. Einen Vorteil hat jede Opfer-Nummer: Wir brauchen nichts zu tun.

Da gibt es beispielsweise die Erfahrungsausrede: »Das habe ich schon probiert, das funktioniert bei mir nicht.« Dann das fast genauso beliebte Fähigkeiten-Limit: »Dafür bin ich einfach nicht der Typ.« Die berühmten Sachzwänge hatten wir ja bereits: »Die Umstände erlauben es mir im Moment nicht.« Gerne werden auch die finanziellen oder zeitlichen Beschränkungen als Opfer-Nummer genommen: »Unsere Hypothek ist noch nicht abbezahlt.« – »Ich schaffe das zeitlich einfach nicht.« Und klar, wenn gar nichts mehr hilft, sind im Zweifel immer die anderen schuld: »Meine Frau sieht das nicht so gerne.« – »Meine Kinder sind noch zu klein.« – »Was würde mein Chef dazu sagen?«

In meinen Seminaren bekomme ich zu diesem Thema oft zu hören: »Du hast leicht reden, Dieter, ich habe aber kein Geld.« Da kann ich dann nur antworten: »Ich habe auch kein Geld.« Ich hatte nie Geld in meinem Leben, immer nur Schulden. Soll ich deshalb auf meine Träume verzichten? Ich lebe nach dem Motto: »Hier ist die Idee, wo ist die Energie, um diese Idee umzusetzen?« Denn auch Geld ist nichts anderes als Energie, die zwischen den Menschen hin und her fließt. Eine potenzielle Energieform, die noch nicht in Erlebnissphären umgesetzt wurde. Und Banken sind Transformatoren für derartige Energieströme. Sie geben mit ihren Krediten die Energie an diejenigen weiter, die sie für vielversprechende Unternehmungen nutzen. Natürlich bezahle ich immer dafür, dass mir jemand, in diesem Fall die Bank, Energie zur Verfügung stellt. Ich zahle jede Menge Zinsen. Aber damit kann ich gut leben. Und solange ich das zurückgebe, was die Idee gekostet hat, kann auch die Bank gut damit leben. Es ist doch so: Wenn ich eine Idee leben will, will ich sie hier und jetzt leben und nicht erst irgendwann.

Natürlich sitzt in jedem Seminar auch jemand, der in diesem Fall sagt: »Hey, hast du gar kein schlechtes Gewissen? Das ist doch gar nicht dein Geld!« Dazu kann ich nur sagen: »Aber es ist doch auch nicht mein Flugzeug. Und das muss es auch gar nicht. Ich will es doch nur fliegen, es muss mir nicht gehören. Genauso wie das Auto: Ich möchte es nur fahren, es muss mir auch nicht gehören. Und ich möchte doch nicht erst in 15 Jahren in dem Haus wohnen, in dem meine Kinder groß werden sollen, sondern ich will ihnen das alles jetzt bieten, während sie aufwachsen. Auch meinen Traumberuf will ich jetzt ausüben. Und wenn ich anfangs noch nicht genug Geld verdiene für meine Träume, dann wachse ich doch in diese Schuhe hinein.« Außerdem: Die Sorge, du könntest morgen weniger oder kein Geld mehr haben, versaut dir den Tag, versaut dir deine Gegenwart und versaut dir auch deine Zukunft. Lieber lebe ich mit Schulden und kann dafür aber meine Kreativität ausleben.

Ein anderer Vorwand, den ich oft zu hören bekomme, ist: »Ich habe keine Zeit dafür.« Aber das ist doch Blödsinn! Über Zeit als Illusion haben wir ja schon gesprochen: Entweder du nimmst dir die Zeit, oder es ist dir nicht wichtig genug. So einfach ist das. Woran willst du deine Zeit verschwenden, wenn nicht an deine Träume? Aber die fadenscheinigste aller Ausreden ist meiner Meinung nach: »Ich kann das nicht! Mir fehlen einfach die Fähigkeiten dazu!« Ja, dann musst du sie eben erlernen! Die allermeisten Dinge, die wir gerne können möchten, können wir uns beibringen – oder beibringen lassen. Lies Bücher, such dir Mentoren, reise zu denen, die sich auskennen in dem, was du wissen möchtest. Was anderes habe ich schließlich auch nicht getan. Noch einmal: Nicht können ist nur der Vorwand. Nicht wollen ist der wahre Grund.

Vergiss also die Ausreden »kein Geld«, »keine Zeit« oder »kann ich nicht«. Alles Quark! Geld investiert die Bank in dich. Die Zeit hast du, wenn du sie wirklich nehmen willst. Und wenn du die notwendigen Fähigkeiten noch nicht hast, dann geh dahin, wo du sie erlernen kannst. Oder gib ein für alle Mal zu, dass dir das alles viel zu anstrengend ist. Was du auch tust, sei klar in deiner Entscheidung, dann wirst du auch glücklich sein im Hier und Jetzt.

WARUM ICH?

Natürlich kostet es immer, vor allem Überwindung, aus der Komfortzone auszusteigen. Aber hast du dich eigentlich mal gefragt, was wir zahlen, wenn wir die Macht der Gewohnheit siegen lassen? Die Lust auf Bequemlichkeit mordet die Leidenschaft der Seele. Wenn wir etwas verändern wollen, müssen wir investieren. Einen viel höheren Preis zahlen wir, wenn wir unser Leben quasi im Container verbringen, wenn wir einfach passiv dahinvegetieren, als säßen wir nur im Wartesaal des Lebens. Das Leben hat mit Aufregung und Lebendigkeit zu tun – klar, das kostet. Aber, wie der französische Schriftsteller Nicolas de Chamfort es einmal ausgedrückt hat, nur »durch die Leidenschaften lebt der Mensch, durch die Vernunft existiert er bloß«.

Leider verbringen nicht wenige Menschen ihr ganzes Dasein im Ersatzreservat nicht gelebten Lebens. Und sie bedauern sich dafür, dass ihnen nie etwas Gutes widerfährt. Sie bemitleiden sich, sie füllen sich selbst mit Leid: »Warum muss das immer nur mir passieren? Wieso habe ich nicht das schicke Auto, das große Haus, den tollen Mann, die tolle Frau? Wieso bin ich nicht so schlau wie andere?« Wusstest du, dass Einsteins Lehrer seine schulischen Leistungen als »kümmerlich« bezeichneten, dass er die Schule ohne Abschluss abbrach und dass er aufgrund schlechter Prüfungsleistungen durch die Aufnahmeprüfung der Polytechnischen Schule in Zürich fiel? Das nur mal so nebenbei.

Solange wir uns nur als Opfer äußerer Umstände wahrnehmen und uns deshalb selbst bemitleiden, wird es uns nie gelingen, uns aus diesem selbst geschaffenen Teufelskreislauf zu befreien. Wir selbst sind es, die diese *self-fulfilling prophecy* – die »sich selbst erfüllende Prophezeiung« – kreieren, und niemand sonst. Das Selbstmitleid verhindert eine Auseinandersetzung mit unseren eigenen selbstbestimmten Möglichkeiten und treibt uns immer tiefer in den ach so furchtbaren Opferstatus. Es stellt genauso eine Flucht vor der Eigenverantwortung dar wie das Prinzip, anderen die Schuld in die Schuhe zu schieben. Keines von beiden führt zu einer befriedigenden Entscheidungsfindung. Niemand ist dazu da, deine Erwartungen zu erfüllen – außer du selbst.

Durch die Leidenschaften lebt der Mensch, durch die Vernunft existiert er bloß.
(Nicolas de Chamfort)

WAS WIR FÜR ANDERE TUN

Es ist eine Ausrede, etwas aufgrund äußerer Umstände, Sachzwänge oder auch einfach der anderen wegen nicht oder nicht richtig entscheiden zu können. Wir schieben diese Dinge vor, um uns nicht entscheiden, um nicht handeln, um nicht den Preis für etwas zahlen zu müssen. Es gibt allerdings auch den umgekehrten Fall: die Ausrede, sich der anderen wegen für etwas zu entscheiden. Auch das ist immer nur ein Vorwand und eitler Selbstbetrug, denn streng genommen tun wir nichts für andere, sondern immer nur etwas für uns. Wir gefallen uns in der Rolle des Ritters. Aber das ist okay, denn bestenfalls befinden wir uns in einer *Win-win*-Situation, und es kommt ein guter Deal für beide Seiten zustande. Nur sollten wir uns auch dieser Tatsache bewusst sein.

Wenn du am Wochenende zum Beispiel deine Schwiegermutter besuchst, tust du das nicht, weil deine Frau dich dazu gezwungen hat und du dich dagegen nicht wehren kannst. Du weißt inzwischen, nicht können ist nur ein Vorwand. Aber auch das Argument, der eigenen Frau – und auch der Schwiegermutter – eine Freude zu machen, ist nur ein Nebenaspekt. Der eigentliche Grund ist der, dass du die Konsequenzen kennst. Du weißt genau, was passiert, wenn du wieder nicht mitkommst. Du wägst ab, was schwerer wiegt: Schwiegermutter-Alarm oder ein schief hängender Haussegen. Ganz klar, du willst dich dem nicht entziehen, weil du weißt, dass es sonst nur schlimmer kommen könnte. Dass deine Frau sich darüber freut, dich dabeizuhaben, ist wie gesagt ein schöner Nebeneffekt, steht aber nicht an erster Stelle.

Und du, liebe Leserin, gehst auch nicht mit auf den Fußballplatz, weil du dich der Wahnsinnsvorstellung, deinen Mann im Fußballtrikot sehen zu dürfen, einfach nicht erwehren kannst. Du gehst nicht mal mit, um ihm damit eine Freude zu machen. Ja klar, dass er sich freut und vor Stolz über deine Anwesenheit gleich zwei Tore schießt, mag auch ein Argument sein, aber an erster Stelle kommt es nicht. Wenn du mal ehrlich bist, dann gehst du mit, weil du zur nächsten Puccini-Premiere auch nicht alleine gehen willst. Welcher Preis ist höher, ein niveauloser Altherrenkick am Sonntagnachmittag oder schon wieder alleine in der Opernloge zu sitzen?

Die wichtigste Zutat der Formel zum Erfolg ist das Wissen, wie man mit Menschen umgeht.
(Theodore Roosevelt)

Aus dem gleichen Grund sollte auch Pflichtgefühl niemals der Motivator für eine Entscheidung sein. Verantwortungsgefühl immer, Pflichtgefühl nie. Denn Pflichtgefühl täuscht vor, wir täten etwas für andere. Aber handelst du, weil du dich zu etwas verpflichtet fühlst, hast du irgendwann das Bedürfnis, die Rechnung zu präsentieren. Eine Entscheidung aus Pflichtgefühl hat immer den Ruch der Entschädigung, die du früher oder später einfordern wirst. Nach dem Motto: »Für wen habe ich mich denn hier all die Jahre krummgelegt, das Haus gebaut, euch ein schönes Leben beschert?« Du bist weder deinen Eltern zu irgendetwas verpflichtet noch deinem Partner oder deinen Kindern oder Freunden, auch deinem Arbeitgeber bist du über die vertraglich festgelegten Leistungen hinaus nichts weiter schuldig. Sei dir darüber im Klaren, dass du alle Entscheidungen in erster Linie für dich fällst. Ganz einfach deshalb, weil du beispielsweise nicht damit leben willst, dir und deiner Familie kein schönes Leben bieten zu können.

Selbst wenn wir im Winter beim Schlittschuhlaufen beobachten, wie ein Kind im Eis einbricht, springen wir nicht des Kindes wegen hinterher, sondern weil wir es nicht ertragen könnten, mit der Vorstellung zu leben, diese kleine Seele nicht gerettet zu haben. Sicherlich haben wir damit auch das Kind vorm Ertrinken bewahrt, und das haben wir gern getan. Aber das Motiv, sich für den Sprung ins nicht nur sprichwörtlich kalte Wasser zu entscheiden, war ein anderes. Es ist dasselbe Motiv, das uns um einen Verstorbenen nicht um seiner selbst willen trauern lässt, sondern weil wir selbst einen Angehörigen oder einen engen Freund verloren haben. Weil wir unsere Erfahrungen, Hoffnungen und Befürchtungen, ja unser Leben nun nicht mehr mit ihm teilen können. Weil wir zu guter Letzt um unsere eigene Sterblichkeit trauern, die uns durch den Tod des anderen vor Augen geführt wurde. Wenn du etwas für jemand anderen tust, ist das aber natürlich grundsätzlich gut. Sei dir dabei einfach nur darüber im Klaren, dass du es streng genommen nicht (nur) für ihn tust, sondern (auch) für dich. Denn wir Menschen empfinden große Freude am Geben und nehmen uns darum selbst gern in der Rolle des Gebenden wahr. Deshalb wird Dank auch oft zurückgewiesen: »War mir ein Vergnügen«, heißt es da. Oder noch bezeichnender: »Das habe ich doch nur dir zuliebe getan.«

IST ENTSCHEIDEND, WAS ICH WÄHLE ODER DASS ICH WÄHLE?

Alles bisher Gesagte ändert nichts an der Tatsache, dass manche Entscheidungen uns sehr schwerfallen. Deshalb würden wir sie am liebsten auch ganz vermeiden. Doch das geht nicht. Wir können uns rein faktisch nicht nicht entscheiden. Auch eine Nicht-Entscheidung ist eine Entscheidung – wenn auch nur für den Status quo. Konkret bedeutet das: Wenn wir vor der Wahl stehen, einen Mercedes oder einen BMW zu kaufen, und diesen Entschluss immer wieder vor uns herschieben, ist das keine Entscheidungsvermeidung, sondern ein Ja zu der Automarke, die wir gerade fahren.

In diesem Zusammenhang stellt sich auch die Frage: Ist es wichtiger, *was* ich wähle oder dass ich *überhaupt* wähle? Die Antwortet lautet in diesem Fall: Es kommt ganz darauf an! Wenn du ein klares Ziel vor Augen hast, ist entscheidend, was du – aus mehreren Optionen – auswählst. Wenn du überhaupt noch nicht weißt, wie dein Ziel aussehen könnte, ist entscheidend, dass du dich überhaupt erst einmal aufraffst, aktiv wirst und in Handlung kommst.

Dazu ein Beispiel: Auf einem Wanderpfad zum Matterhorn steht an einer Kreuzung ein Wegweiser, der in vier verschiedenen Richtungen vier Routen mit vier verschiedenen Schwierigkeitsgraden ausweist. Der erste Pfeil kennzeichnet eine sehr leichte Strecke, einen Spaziergang, den quasi jeder ungeübte Tourist bewältigen kann. Der zweite Weg ist schon etwas anspruchsvoller, hier geht es über steile Geröllhänge. Der dritte Pfad ist noch gefährlicher, er führt den geschulten und gebietskundigen Wanderer über Eis- und Gletscherfelder. Und der vierte Weg ist eigentlich kein Weg mehr, hier muss man klettern, es geht über Steilwände und Überhänge. Will ich ein Spitzenbergsteiger werden, ist es wichtig, was ich wähle – den vierten Weg. Weil ich da am meisten dazulernen kann. Für mich war seinerzeit nicht wichtig, was ich studiere, sondern dass ich studiere. Mit BWL und Psychologie kannst du später noch alles machen, dachte ich mir. Hätte ich Jurist oder Mediziner werden wollen, wäre wichtig gewesen, was ich studiere.

NICHT NUR EIN ENTSCHIEDENES VIELLEICHT

Ein weiterer Grund, warum Menschen Angst davor haben, falsche Entscheidungen zu treffen, ist der, dass wir Herdentiere sind. Wir trauen uns nicht, vom Hauptweg abzuweichen und die Gruppe zu verlassen. Die Gemeinschaft unterstützt uns, sie gibt uns Sicherheit – und ein vom Menschen zweifellos am meisten gesuchtes Gefühl: Zugehörigkeit. Begeben wir uns aus unserer *Peergroup* heraus – damit kann die Familie, der Kollegen- oder Freundeskreis gemeint sein –, um etwas Neues auszuprobieren, ist dies immer auch mit der Angst verbunden, in Ungnade zu fallen, zum Außenseiter zu werden und dann auf die Anerkennung und Unterstützung der Gruppe verzichten zu müssen.

Oftmals zu Recht! Denn trauen wir uns doch einmal, über das sichere Gatter der Gewohnheit zu setzen und den Weg in die Freiheit zu suchen, müssen wir mit starkem Widerstand rechnen. Ein Großteil der Herde wird uns hinterherblöken: »Ja, wo kommen wir denn da hin, wenn das jeder machen würde?« Leider stellt viel zu selten jemand, so wie einst der Schweizer Pfarrer und Autor Kurt Marti, die Gegenfrage: »Wo kämen wir hin, wenn alle sagten, wo kämen wir hin, und niemand ginge, um einmal zu schauen, wohin man käme, wenn man ginge.«

Noch haben jene Menschen die Welt vorangebracht, die sich getraut haben, Entscheidungen zu treffen, auch wenn sie dafür den sicheren Hafen verlassen und einen hohen Preis zahlen mussten. Du weißt, von wem ich spreche. Von den Menschen, die erst lächerlich gemacht, dann bekämpft und am Ende kopiert wurden. Sie sind die Pioniere. Die anderen, die im sicheren Gatter Zurückgebliebenen, sind die Verwalter des Lebens.

Bei denen aber wird das ganze Leben zu einem Kompromiss: Solche Menschen fahren nicht in die Berge oder an die See, sondern an einen Bergsee. Sie haben keinen Jeep zu Hause und auch keinen Sportwagen, sondern einen Kombi. Du kennst auch diese Wortspiele: Vorabend-Einchecker, Urlaubsortwiederholer, Beckenrandschwimmer, Saunauntensitzer, Binnensegler, Doppelnamenehefrau oder -ehemann. Das ist bissig? Alles, was ich dir damit zeigen will, ist, wohin wir kommen, wenn wir versuchen, Entscheidungen zu umgehen. Sprich ein klares Ja oder Nein und folge deiner Wahl mit Leidenschaft!

Die zahmen Vögel singen von Freiheit, die wilden fliegen!

Das Bedürfnis des Menschen richtet sich grundsätzlich nach Aufregung einerseits und Geborgenheit andererseits. Einerseits suchen wir Trubel, Herausforderungen und etwas, das uns weiterbringt, uns wachsen lässt. Andererseits wollen wir uns gerne weiterhin in unserer Herde geborgen fühlen – ein Spannungsverhältnis, das wir unser Leben lang aushalten müssen. Machen wir uns das bewusst, wissen wir, wann es uns guttut, die Geborgenheit der Herde in Anspruch zu nehmen, und wann wir uns durchaus mal trauen sollten, aus der Gruppe herauszutreten und eigene Wege zu beschreiten.

ENTSCHEIDUNG FÜR ODER GEGEN EIN SECONDHAND LIFE

Leidenschaft ist eine der zentralen Triebfedern für unser Handeln. Es fällt uns nicht schwer, zu einer Entscheidung zu kommen, wenn wir uns für eine Sache begeistern können. Wenn wir keine Begeisterung verspüren, machen wir Kompromisse und versuchen, das entstandene Leidenschaftsleck durch Ersatzreservate zu kompensieren. Auch in diesem Fall haben wir es mit einer Form von Vorwand zu tun – mit einer Art *gelebter* Ausrede. Wir trauen uns nicht, uns zu entscheiden, es könnte ja die falsche Wahl oder ein zu hoher Preis gewesen sein. Also begnügen wir uns lieber mit nicht selbst gelebtem Leben. Statt unsere eigenen Träume zu realisieren, führen wir ein *secondhand life*.

Was ich damit meine? Dass wir beispielsweise Filme schauen und Bücher lesen über Welten, in denen wir uns nicht bewegen – meist deshalb, weil uns der Preis dafür viel zu hoch wäre. Unsere dennoch bestehenden Sehnsüchte nach mehr Action oder romantischen Liebesszenen befriedigen wir dann durch den Besuch von Blockbuster-Filmen oder durch die Lektüre dicker Schmöker. Nicht selten vertieft sich die frisch Geschiedene darum in »Beim nächsten Mann wird alles anders« oder »Warum Männer schweigen und was sie uns damit sagen wollen«. Die frustrierte Ehefrau liest dagegen »Ein Liebhaber zuviel ist noch zu wenig«. Und der gescheiterte Manager vertieft sich in »Die Autobiografie des besten Managers der Welt« von Jack Welch.

Sich in einem solchen Secondhand-Leben einzurichten, ist im Grunde nichts Verwerfliches. Wichtig ist nur, dass man sich sein wenig aufregendes Leben nicht selbst zum Vorwurf macht und daran leidet. Auch hier kann es nur heißen: Akzeptiere dein Dasein, wie es ist, oder fang an, deine Träume zu verwirklichen. Aber die Menschen stehen ihrem Glück häufig genug selbst im Weg. Aus Bequemlichkeit oder übertriebenen Ängsten gelingt es ihnen oft nicht, sich zu Entscheidungen durchzuringen oder Entschlüsse zu fassen, die zwar ein Wagnis sind, aber auch eine Chance darstellen, aus dem alltäglichen Trott herauszukommen. Anstatt geheime Sehnsüchte im wirklichen Leben zu realisieren, geraten sie immer wieder auf verschlungene Umwege und folgen umständlichen Vermeidungsstrategien, die irgendwo hinführen, aber bestimmt nicht zum erwünschten Job oder Traumpartner. Bei diesen Entscheidungen ist uns auch unser Verstand meist keine große Hilfe. Zwar sind wir grundsätzlich in der Lage zu tun, was wir wollen, allerdings können wir nicht beeinflussen, was wir wollen. Manch einer weiß zudem noch nicht einmal, was er eigentlich genau will. Trotzdem haben wir die Wahl – die Wahl, uns für oder gegen etwas zu entscheiden.

Und was wir noch beherzigen sollten: Es gibt durchaus verschiedene Arten von Entscheidungen. Ob aus Energiespar-Gründen unseres Gehirns, ich sprach darüber im zweiten Kapitel, oder aus anderen Motiven, in den meisten Fällen beschließen wir, was wir tun oder sagen, unbewusst, ohne groß darüber nachzudenken. Unser Verstand ist auf Autopilot geschaltet, und wir erfahren nur selten, wer da hinterm

Steuer sitzt. Dass viele unserer Entscheidungen unbewusst zustande kommen, ist vollkommen in Ordnung. Ansonsten hätte unser Gehirn schon auf dem Weg zur Arbeit so viel zu tun – nicht bei Rot fahren, Frau mit dem Kinderwagen vorlassen, links abbiegen –, dass wir fix und fertig wären, wenn wir endlich im Büro säßen. Die unbewussten Entscheidungen funktionieren deswegen so gut, weil sie an Emotionen gekoppelt sind. Emotionen, die auf Erfahrungen beruhen. Dabei werden nicht nur jahrelange Erfahrungen, sondern auch singuläre emotionale Ereignisse unbewusst generalisiert und automatisch abgerufen, wenn man sich in einer ähnlichen Situation befindet.

Dieser Trick funktioniert erstaunlich gut. Er hilft uns, in einer Welt zurechtzukommen, die so komplex ist, dass man ganz unmöglich jede Handlung vor ihrer Ausführung genau überdenken kann. Versuche darum, bei den meisten, vor allem alltäglichen Entscheidungen, deiner Intuition zu folgen. Dein an Emotionen gekoppeltes Unbewusstes scannt deine Umgebung ständig nach Risiken ab, ohne dass du es merkst. Schachprofis zum Beispiel sind ebenfalls Meister der Intuition. Bis zu 50 000 Stellungen lagern in ihrem Erfahrungsreservoir, ohne dass sie ständig daran denken. Das hilft ihnen, blitzschnell auf einen neuen Zug zu reagieren. Obwohl sie so kluge Köpfe sind, entscheiden sie unbewusst – und fahren damit besser als ein besonders schlauer Mensch, der nicht auf seinen Bauch, sondern auf seinen umfangreichen Wissensschatz vertraut. Indem er auf vorgefertigte Meinungen und Begriffe zurückgreift, versäumt er es nämlich, die Situation in ihrer Singularität angemessen wahrzunehmen. Das ist der Grund, warum besonders kluge Menschen manchmal ganz dumme Entscheidungen treffen.

Natürlich gibt es auch Ereignisse, die einen bewussten Entscheidungsvorgang verlangen. Wenn du eine Erfahrung beispielsweise zum ersten Mal machst, musst du zwangsläufig nach einer neuen Strategie handeln: Du entscheidest bewusst, und du nutzt dabei deinen Verstand, indem du abwägst, vergleichst, sortierst und bewertest. Hier zeigt sich die einzigartige menschliche Fähigkeit zum analytischen Denken. Aber beachte bei jeder Entweder-oder-Situation: Du kannst vorher nie wissen, was richtig oder falsch ist.

Wichtig ist nur, sich überhaupt zu entscheiden. Ob für den Status quo, für das leicht langweilige Dasein als *couch potato*, oder für das Wagnis, einmal etwas Neues zu probieren. Dabei solltest du niemals Angst vor falschen Entscheidungen haben, denn die gibt es nicht. Und wenn sich etwas doch einmal zum Negativen wendet und dir ein Fehler unterlaufen sollte, weil du eine Situation nicht angemessen einschätzen konntest, dann nutze ihn und lerne daraus, sodass er kein zweites Mal passieren wird.

Dazu eine abschließende Geschichte: Ein Marketingmanager eines amerikanischen Konzerns hatte eine immens kostenaufwendige Kampagne konzipiert, die leider zu einem Flop wurde. Als ihm klar wurde, dass nichts mehr zu retten war, ging er zerknirscht zu seinem Direktor und sagte: »Okay, das war's ja dann wohl für mich in dieser Firma. Ich habe den Fehler meines Lebens gemacht und kann verstehen, wenn Sie mich jetzt feuern.« Doch sein Chef rief daraufhin aus: »Sind Sie wahnsinnig? Wir haben gerade zig Millionen in Ihre Ausbildung investiert. Wenn ich Sie jetzt rausschmeiße, würde ich ja den Fehler meines Lebens begehen. Wir werden beide daraus lernen und es besser machen.«

IMMER NUR SONNE MACHT DIE WÜSTE

WARUM ERFOLG UND NIEDERLAGE GLEICHGÜLTIG SIND

DER KREISLAUF DER NATUR

Auf meinen Reisen durch die USA besuchte ich damals auch den berühmten Yosemite-Nationalpark in Kalifornien, dessen Ausläufer sich 300 Kilometer östlich von San Francisco erstrecken. Ich hatte vor, über die Berge der Sierra Nevada in den zentralen Teil des Parks, das Yosemite Valley, zu gelangen. Dort wollte ich an Wasserfällen entlangwandern, die sich von gigantischen Felsenmassiven in die Tiefe stürzen. Und natürlich wollte ich die uralten Mammutbäume, die Sequoias, aus nächster Nähe betrachten, deren Ausmaße und Alter uns Menschen eine ganz neue Vorstellung unseres kurzen, endlichen Daseins vermitteln. Die ehrwürdigsten unter diesen Baumriesen sollen über 3000 Jahre alt sein.

Zunächst besuchte ich jedoch das Visitor Center am Eingang des Nationalparks, um mich über die Gegebenheiten der Region, Flora und Fauna und über die geografischen Besonderheiten zu informieren. Hier sah ich mir eine Ausstellung über die Historie des Valleys an. Ein Teil der Ausstellung beschäftigte sich mit einer Überflutung, die sich Jahrzehnte zuvor ereignet hatte. Die Schneeschmelze war viel zu früh eingetreten und so heftig gewesen, dass das ganze Tal überschwemmt wurde. Die Amerikaner verstehen es, ein solches Phänomen professionell und in höchst dramatischen Bildern darzustellen. Es gab Filmmaterial und spektakuläre Fotografien, die zeigten, wie sich die Naturgewalten Bahn brachen. Wie Straßen, Brücken und Häuser einfach weggespült wurden. Wie sich die ungeheuerlichen Wassermassen ins Tal wälzten und sogar einige der mächtigen Baumriesen entwurzelten und umknickten, als seien es Streichhölzer.

Auch der indigenen Bevölkerung, die dieses Tal seit Jahrhunderten bewohnt, wurde auf einer Stellwand Gelegenheit gegeben, sich zu diesem erbarmungslos wirkenden Naturschauspiel zu äußern. Allerdings brauchten sie viel weniger Platz, und ihre Mittel der Darstellung waren ungleich schlichter. Sie kommentierten das Ereignis mit nur einem einzigen Satz: »Das Tal hat sich gereinigt.«

Jeder Vulkanausbruch, jeder Waldbrand, jede Überschwemmung hat im Grunde keine andere Funktion, als ein Tal zu reinigen. Wirken Bilder und Szenen von solchen Naturkatastrophen, wie wir diese Ereignisse gerne zu nennen pflegen, für den Moment auch noch so verheerend, wissen wir doch, dass von Lava überströmtes Land als besonders fruchtbar gilt, genauso wie mit Asche bedeckter Waldboden. Alles, was der jungen Vegetation nicht guttut – kränkliche, von Schädlingen befallene Gewächse, Licht und Luft raubendes morsches Unterholz –, vergeht in den Flammen. Und ja, natürlich sterben auch alle kranken, schwachen und alten Tiere, die für eine schnelle Flucht zu kraftlos sind. Übrig bleiben die starken, gesunden Exemplare einer Art.

Das Tal hat sich gereinigt.

Was sich schonungslos anhört, weil es zu unseren ethisch-moralischen Grundsätzen im Widerspruch zu stehen scheint, ist nichts anderes als ein Gesetz der Natur: dass aus Altem Neues werde. Es ist älter als jede von menschlichem Verstand erdachte Ethik – und noch älter als die ältesten Baumriesen auf unserem Planeten. Eigentlich sind wir uns darüber im Klaren, dass dieses Gesetz seinen Sinn und seine Berechtigung hat. Wenn wir an vermodertes, marodes Unterholz denken, leuchtet es uns auch sofort ein. Bei neugeborenen Tierbabys fällt es uns allerdings schon schwerer, nachzuvollziehen, warum ein solches Naturgesetz auch sie treffen sollte. Und übertragen wir das Gesetz auf unser eigenes Dasein, haben wir Mühe, uns an den Gedanken zu gewöhnen, dass auch wir wachsen, um irgendwann zu vergehen.

Dennoch: Ohne eine immer wiederkehrende reinigende Welle, die das Tal überspült, gäbe es früher oder später kein Leben mehr. Ohne Schneeschmelze käme nach dem Winter nicht genug Wasser in die tieferen Regionen. Und ohne Waldbrände wäre da nicht genug Licht für junge Triebe. Alles in der Natur ist von zwei Faktoren bestimmt, im Kleinen wie im Großen: Wachsen und Vergehen, sie bedingen einander. Jeder Erneuerung geht ein Sterben voran, und auf ein Blütenmeer im Frühling und viele Früchte im Sommer folgen unabwendbar Herbst und Winter, Zeiten, in denen alles stirbt, was sterben, und alles ruht, was ruhen soll. Damit auf diesen Tod oder diese Ruhephase wiederum Geburt, Leben, Wachstum und Erneuerung folgen – und dann wieder Sterben und dann wieder Leben, immer so fort.

DAS GESETZ DER POLARITÄT

Betrachten wir diese Gesetzmäßigkeit der Natur, sprechen wir auch vom Kreislauf des Lebens – weil sich alles ständig in Bewegung beziehungsweise in unaufhörlicher Wiederholung befindet. Im Übergang vom Tod zur Geburt von etwas Neuem. Vom Denkansatz her haben wir es hier mit einem dualen System zu tun, das auch als Polaritätsgesetz bekannt ist. Es handelt sich um das wohl grundlegendste Prinzip des menschlichen Daseins und beruht auf der Tatsache, dass die

Erkenntnis des Menschen immer eines Gegensatzes bedarf. Alles, was wir wahrnehmen, stellt sich uns mittels zweier Pole dar.

Wir bezeichnen diese Art, die Dinge zu sehen, auch als Kontrasterlebnis. So kannst du einen schwarzen Strich am besten erkennen, wenn du ihn auf einen hellen Untergrund zeichnest. Einen fahrenden ICE empfinden wir deshalb als schnell, weil sich uns die aus dem Zugfenster heraus betrachtete Landschaft als unbewegt präsentiert. Auch einen Berg erkennen wir dann besonders gut, wenn sich seine Silhouette vor einem flachen Horizont erhebt. Wir unterscheiden Tag und Nacht voneinander, weil sich beides abwechselt. Und etwas vermeintlich Gutes begreifen wir am deutlichsten vor dem Hintergrund alles Schlechten, das uns schon widerfahren ist. Gesundheit beispielsweise definiert die Weltgesundheitsorganisation als Abwesenheit von Krankheit. Ein weiteres Gegensatzpaar, das uns das Polaritätsgesetz veranschaulicht.

Da uns dieses binäre System überall begegnet, wird auch unser Denken davon bestimmt. Schon als Kinder beginnen wir, uns im Alter von vier bis fünf Jahren für den Unterschied zwischen Mädchen und Jungen zu interessieren. Und diese Gegensätze ziehen sich früher oder später an. Dass wir in Mama und Papa, Oma und Opa, Bruder und Schwester das Konzept Mann und Frau wahrnehmen und damit ein duales Prinzip erkennen, geschieht sogar schon früher. Es passiert in dem Moment, in dem wir lernen, zu sprechen und Personen und Dinge in ihrer Umgebung zu benennen. Auch dass ein Kind sich irgendwann als ein Ich wahrnimmt und seine eigene Identität – mit all seinen Ego-Fuzzis – entwickelt, passiert vor allem vor dem Hintergrund des jeweils anderen. Ich entsteht in Abgrenzung zum Du.

Auch unsere Sprache funktioniert nach einem dualen Prinzip. Unser Gehirn ist permanent damit beschäftigt, alles und jedes in Begriffspaaren zu ordnen. Die meisten Gegenstände und Gegebenheiten beschreiben und begreifen wir deshalb, weil wir das jeweils andere mitdenken: »Minus« funktioniert nicht ohne die Vorstellung von »Plus«, »sauer« kennen wir als das Gegenteil von »süß«, »schön« ist der Gegensatz zu »hässlich«.

Als Antwort auf eine Entweder-oder-Frage sagen wir zwar Ja oder Nein – und grenzen damit die jeweils andere Möglichkeit aus, aber nicht ohne sie mitzudenken. In Wortspielen und Reimen rücken Gegensätze manchmal ganz eng zusammen: Nimm einmal die Wörter »Stimme« und »stumm« oder das Sprichwort »Mehr Schein als Sein«. Diese Ausdrücke unterscheiden sich nur durch ein oder zwei Buchstaben voneinander, ihre Bedeutungen und damit unser Wissen ergeben sich hier letztlich aus minimalen Differenzen. Dabei kann nichts stumm sein, wenn es keine Vorstellung von Stimme gäbe. Auch den Begriff Schein verstehen wir nur deshalb, weil wir es als das Gegenteil von etwas Seiendem begreifen.

NICHTS IST OHNE SEIN GEGENTEIL WAHR

Auf den ersten Blick scheint das Prinzip der Polarität leicht durchschaubar, es funktioniert fast zu offensichtlich, als dass sich eine genaue Auseinandersetzung zu lohnen scheint. Leider führt das Denken in Gegensätzen weit häufiger in die eine oder andere Sackgasse, als wir es bemerken. Ein erster, beträchtlicher Denkfehler besteht zum Beispiel gerade darin, dass wir im Hinblick auf sämtliche Begriffspaare in Entweder-oder-Kategorien denken: gut oder böse, hell oder dunkel, emotional oder rational, dumm oder schlau. Egal, um welche »Zweiheit« es sich auch drehen mag, wir gehen ganz selbstverständlich davon aus, dass es sich um Ungleichheiten handelt, die einander ausschließen.

In unserer Wirklichkeit offenbaren sich uns alle diese Pole als Gegensätze. In Wahrheit sind sie jedoch eins. Sie bilden zwei Seiten einer Einheit, die sich einander nicht ausschließen, sondern gegenseitig bedingen. Statt in Entweder-oder-Konstrukten zu denken, versuche es deshalb einmal mit Sowohl-als-auch-Konstellationen: Sowohl die Sonne als auch der Mond, sowohl Ebbe als auch Flut, sowohl schlafen als auch wachen. Ein Pol bedingt den anderen. Bei manchen Mustern leuchtet uns dieses Prinzip sofort ein, hier können wir zwei Gegensätze ganz selbstverständlich als Teil eines Ganzen anerkennen: Einatmen fordert logischerweise, dass wir auch ausatmen. Das eine ergibt keinen Sinn ohne das andere. Erst der ständige Wechsel erzeugt diesen Grundrhythmus unseres Lebens.

Bei manchen Mustern tun wir uns schon schwerer: Dass auch ein guter Mensch nicht ohne Fehl ist, gefällt uns nicht unbedingt, lässt sich aber noch nachvollziehen. Die Erfahrung, dass Liebe auch Gefühle wie Eifersucht oder gar Hass gebiert, ist am eigenen Leib schon schwerer zu ertragen. Und, um noch einmal darauf zurückzukommen: Dass nicht nur alte und kranke Tiere bei einem Waldbrand sterben, sondern auch unschuldige Jungtiere, erscheint uns als völlig widersprüchlich und ungerecht. Und doch stehen auch diese Pole nicht in Opposition zueinander, sondern bilden ein gemeinsames Ganzes.

Nichts ist ohne sein Gegenteil wahr. (Martin Walser)

Meist nehmen wir, unsere Wirklichkeit betrachtend, immer nur einen Pol wahr. Tatsächlich aber besteht jede Wahrheit immer aus zwei Seiten der sprichwörtlichen Medaille – so widersprüchlich diese auch scheinen mögen. Wahrheit ist immer paradox, so wie die alte Weisheit »weniger ist mehr«

oder auch der berühmte Satz von Sokrates: »Ich weiß, dass ich nichts weiß.« Und nur weil wir uns in einigen Fällen dagegen sträuben, diese scheinbaren Widersprüche als Einheit anzuerkennen, heißt das nicht, dass sie nicht existieren.

Doch wir alle kennen zumindest einen Zustand der Einheit, in dem wir uns mit anderen Menschen befinden können, er nennt sich Liebe. Wenn wir versuchen, über Liebe zu sprechen, fehlen uns meist die Worte. Unsere vom Polaritätssystem beherrschte Sprache versagt. Daher rührt auch der schöne Satz aus dem Englischen: *Love goes without saying*. Beachte die Hilfskonstruktion *with-out*, die erkennen lässt, wie sehr Sprache dem Polaritätsprinzip verhaftet ist. *Mit* und *ohne* in ein und demselben Wort symbolisieren schon wieder die Trennung. Dessen ungeachtet würde doch niemand bestreiten, dass dieser Zustand der Einheit zweier Menschen, also zweier Pole, existiert.

Alle Weisen, die ich auf meinen Reisen besuchte, hatten sich eine Sache zur Lebensaufgabe gemacht – egal welcher Kultur oder Religion sie auch angehörten. Statt in Entweder-oder- dachten sie in Sowohl-als-auch-Kategorien. Das versetzte sie in die Lage, von jener höheren Wahrnehmungsebene aus das Gesetz der Polarität in seiner Gesamtheit erkennen zu können. Der erste Schritt zu dieser Erfahrung lautet darum wie folgt: Werde dir darüber bewusst, dass unsere Wirklichkeit wie auch alle auf sie Bezug nehmenden Aussagen immer nur eine Seite der Einheit zeigen bzw. ausdrücken. Um die ganze Wahrheit zu erkennen, bedarf es immer zweier sich bedingender Gegenpole – einer Paradoxie. Das Leben als die größte aller Einheiten ist paradox und daher für den analysierenden Verstand oft nicht verständlich.

Solange wir Menschen immer nur *für* etwas und gleichzeitig *gegen* etwas anderes sind – für Gesundheit und gegen Krankheit, für die Jugend, aber gegen das Altern, für den Sommer, aber gegen den Winter –, werden wir die Einheit nur schwerlich begreifen können. Solange wir das Sowohl-als-auch aller »Zweiheiten« nicht anerkennen, solange wir nicht wahrhaben wollen, dass alle Dinge ihre Berechtigung haben, so paradox sie auch scheinen mögen, und solange wir auf unseren fixen Meinungen dazu beharren, werden wir die nächste Bewusstseinsstufe nicht erreichen. Erst dort nämlich finden wir die notwendige Ruhe, um Kraft für unsere Weiterentwicklung zu schöpfen. Auf dieser Stufe müssen wir nicht mehr gegen die scheinbar negativen Dinge des Lebens kämpfen; hier haben wir verstanden, dass sie unvermeidlicher Teil des Ganzen sind.

DER GEFALLENE ENGEL

Ob wir in die Natur schauen, in die Geschichte der Menschheit oder in die Religion: Alles, was wir von Kindesbeinen an lernen, folgt dem Prinzip der Polarität. Aus der Vereinigung von Mann und Frau erwächst neues Leben. Wütet der Krieg am schlimmsten, folgt irgendwann zwangsläufig wieder Frieden. Und wird die Friedensbewegung fanatisch betrieben, kippt sie ins Gegenteil, sie wird militant. Es gibt keine Gerechtigkeit ohne Ungerechtigkeit, und jedes verabschiedete Gesetz kreiert erst die Übertretung. Kein Pol kann ohne seinen Gegenpol existieren. Aus der chinesischen Philosophie kennen wir die Begriffe des Yin und Yang, wobei Yang das Prinzip der Sonne symbolisiert und Yin das des Schattens. Der Übergang von Yin zu Yang ist fließend, eins kann nicht ohne das andere sein. Ein Satz aus dem Tai-Chi lautet: »Schau einen Stock an – sein eines Ende ist Yin, das andere Yang.« Auf die Frage: »Welches Ende ist wichtiger?«, lautet die Antwort: »Der Stock selbst ist wichtig!«

Diese Zusammengehörigkeit von Gegensätzen ist aber kein Spezifikum, mit der sich allein die östlichen Kulturen befassen. Auch die personifizierte Urform alles Bösen in unserer westlichen Religion, der Teufel, ist der Überlieferung nach ursprünglich ein Geschöpf des Himmels gewesen. Bis er sich von Gott abwandte und seitdem die Welt als gefallener Engel und Verführer heimsucht. Luzifer, wie er auch genannt wird, ist der lateinische Name des Morgensterns, der Venus, und lautet wörtlich übersetzt »Lichtträger«. Also alles andere als ein düsterer Name. Dem Mythos nach wird Luzifer von Gott ganz besonders geliebt, gerade weil er sich gegen ihn gestellt und die Gesetzmäßigkeit der Einheit durchbrochen hat. Gott vertraut darauf, dass Luzifer eines Tages, und dauert dies noch so lange, freiwillig und geläutert zu ihm zurückkehren wird. Wie der verlorene Sohn aus der gleichnamigen Bibelgeschichte.

Die Figur des Teufels symbolisiert, dass ohne das Böse nichts Gutes entstehen kann. So zeigt es auch Johann Wolfgang von Goethe in seinem wohl bekanntesten Werk *Faust* auf einzigartige Weise an der Figur des Mephisto. In der Studierzimmer-Szene stellt sich der Verführer, der mit seinem obersten Chef eine Wette um die Verführbarkeit des Erdenbürgers Faust abgeschlossen hat, höchstpersönlich vor. Dabei bezeichnet er sich als Teil eines Ganzen, als »ein Teil des Teils, der anfangs alles war«. Dieses »alles« spielt an auf eine die Pole einende, alle Gegensätze in sich aufnehmende Einheit. In unserem Kulturkreis und in der westlichen Religion wird der Ort dieser Einheit durch das Paradies symbolisiert.

Das Ende dieser paradiesischen Einheit wird im Alten Testament durch den Moment gekennzeichnet, in dem Adam und Eva den süßsauren Apfel vom Baum der Erkenntnis essen. Er gilt als Beginn der Erkenntnisfähigkeit des Menschen und ist gleichzeitig seine folgenreiche Trennung von Gott. Während Adam und Eva vorher unwissend, aber im seligen

Zustand der Einheit mit dem Allmächtigen im Garten Eden lebten, endet diese Einigkeit nun mit der eintretenden Erkenntnisfähigkeit. Der Verlust des Sich-eins-Fühlens ist der Preis für ihr neu erworbenes Wissen, und die Wahrnehmung der Realität in Widersprüchen ersetzt das Erlebnis der Einheit.

Mag man im Paradies auch nur einen symbolischen Ort sehen, so eignet sich diese biblische Geschichte doch hervorragend, um den Unterschied zwischen Polarität und Ganzheit zu verdeutlichen. Der Sündenfall lässt sich als Geburtsstunde des Polaritätsgesetzes deuten. Erst jetzt bildeten sich die differierenden Vorstellungen von Gut *oder* Böse. Und auch die tiefe Sehnsucht des Menschen nach einem Ort, in dem Gegensätze aufgelöst sind, existiert erst seit der Vertreibung Adams und Evas aus dem Paradies sowie dem damit verbundenen Wissen. Alles menschliche Streben besteht darin, in eine Form der Einheit zurückzukehren und die Gespaltenheit zu überwinden.

Zugänglich ist dem Menschen diese Welt der Vereinigung in verschiedenen Bereichen. Auf der geistig-seelischen Ebene kann er eine solche Übereinstimmung einzelner Teile in der Liebe finden – deshalb auch der Ring als Symbol. Schwieriger ist es, diese Einheit auf einer spirituellen Ebene zu erreichen, erfahrbar zum Beispiel als Nirwana, wie die Buddhisten den Austritt aus dem Kreislauf des Lebens nennen, oder als *unio mystica*, womit die christlichen Mystiker den Zustand der Einswerdung bezeichnen. All diese Ziele sind wohlgemerkt nicht zu erzwingen. Um sie zu erreichen, muss man sich erst einmal von ihnen lösen. Wenn wir etwas besonders wollen, rückt es ja meist in weite Ferne. Das beste Beispiel ist auch hier wieder die Liebe. Sich zu verlieben ist nichts, was wir mit den Mitteln unseres planenden Verstandes organisieren können, es liegt nicht in unserer Hand, es passiert uns einfach.

Die Frage drängt sich auf, warum wir solche Schwierigkeiten damit haben, zwei widersprüchlich wirkende Pole als Einheit zu denken. Dieses Problem rührt daher, dass auch Raum und Zeit der Polarität unterliegen und sich daher von uns nur schwer als Einheit begreifen lassen. Wir haben es hier erneut mit einem Wahrnehmungsproblem zu tun. Einige Beispiele, die dieses Phänomen verdeutlichen: Stehen wir an einem Strand, und es ist Ebbe, ist an einem anderen Ufer gleichzeitig Flut – was wir aber nicht unmittelbar erleben. Ist bei uns Nacht, ist in Amerika Tag. Ist in Australien Sommer, ist bei uns Winter und so weiter und so weiter. Um diese Ereignisse in ihrer Gleichzeitigkeit erkennen zu können, müssten wir Raum überwinden – aber das braucht Zeit. Das heißt, in diesem Fall ist es uns tatsächlich nicht möglich, diese Gegensätze als Einheiten wahrzunehmen.

Das hier abgebildete Vexierbild ist eine optische Täuschung, die uns das Polaritätsgesetz auf visueller Ebene verdeutlichen kann, wenn auch die neurobiologischen Erklärungsansätze für diese sogenannten Kippbilder andere sind. Dennoch lässt sich anhand dieser Darstellung zeigen, inwiefern es sich auch beim Polaritätsgesetz um ein Wahrnehmungsproblem handelt: Betrachten wir das Bild, so sind wir grundsätzlich immer nur in der Lage, eine Variante der Gesamtkomposition zu erkennen. Wir sehen entweder den Saxofonisten oder die junge Frau. Wir können versuchen,

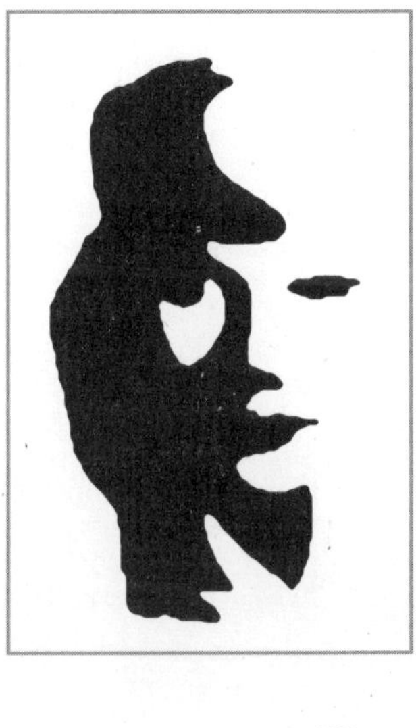

das Bild gleichzeitig wahrzunehmen, aber es wird uns nicht gelingen, unser Gehirn wechselt ständig zwischen beiden Varianten hin und her. Dies Bild versetzt unser Bewusstsein in Verwirrung.

Eine andere Schwierigkeit, das duale System in seiner Ganzheit zu begreifen, hat ebenfalls etwas mit Wahrnehmung zu tun und lässt sich mit dem sogenannten Resonanzgesetz erklären. Wir kennen den Begriff Resonanz aus der Physik. Das lateinische *resonare* heißt übersetzt »zurückklingen«. Im weitesten Sinne geht es um den Akt von Senden und Empfangen beziehungsweise um die Frage, auf welche Arten von Nachrichten ein Empfänger überhaupt reagiert, welche er aufnehmen kann. Das Gesetz lässt sich anhand der Funktionsweise eines Radios erklären. Ist ein Radio auf Mittelwelle eingestellt, kann es aufgrund seiner Frequenz auch nur Mittelwelle empfangen. UKW und Langwelle gehören nicht in seinen Resonanzbereich.

Überträgt man die Aussage dieses Beispiels auf uns Menschen, bedeutet das: Der Empfänger einer Nachricht kann

Die Bcuhstbaenreheneifloge in eneim Wrot ist eagl

FKARFNRUT, 23. Sptbemeer. Ncah enier Sutide, die von der Cmabirdge Uinertvisy dührruchgeft wrdue, ist es eagl, in wlehcer Reheneifloge Bcuhstbaen in eneim Wrot sethen, Huaptschae, der esrte und ltzete Bcuhstbae snid an der rhcitgien Setlle. Mna knan es tortzedm onhe Poreblme lseen, wiel das mneschilhce Gherin nhcit jdeen Bcuhstbaen enizlen leist, snodren das Wrot als Gnazes. Mti dme Pähonemn bchesfätgein shci mherere Hhcochsluen, acuh die aerichmkianse Uivnäseritt in Ptstbigurh. Esrtmlas üebr das Tmeha gchseibren hat aebr breteis 1976 – und nun in der rgchitien Bruecihhsetnafoelngbe – Graham Rawlinson in sieenr Dsiestraiton mit dem Tetil "The Significance of Letter Position in Word Recognition" an der egnlsicehn Uitneivrsy of Ntitongahm.

immer nur erfassen, was ihm bereits bekannt ist. Das heißt, alles, was wir wahrnehmen, haben wir als Entsprechung auf irgendeine Art und Weise bereits in uns. Erst diese Eigenresonanz ermöglicht es uns, eine Nachricht zu verstehen. Und diese Resonanz ist es auch, die einem Ereignis eine bestimmte Deutung gibt.

Im Hinblick auf das Resonanzgesetz möchte ich noch auf ein anderes Beispiel zu sprechen kommen: Wir können nur erkennen, was uns bereits bekannt ist. Einen Text wie den auf Seite 138 zu entziffern, ist uns nur deshalb möglich, weil wir lesen können und unser Gehirn in der Lage ist, aus dem Chaos die richtige Reihenfolge der Buchstaben herauszufiltern. Wir können einen Wolf von einem Schäferhund nur deswegen unterscheiden, weil uns einmal jemand den Unterschied erklärt hat. Jeder Mensch kann immer nur jene Bereiche der Einheit wahrnehmen, für die er eine Frequenz besitzt. Was außerhalb unserer eigenen Resonanzfähigkeit liegt, können wir nicht wahrnehmen, es existiert nicht für uns. Deshalb glauben wir meist, dass wir die ganze Wahrheit schon kennen und dass es außerhalb des Bekannten nichts mehr gäbe. Dabei kommen wir meist nur mit Menschen, Empfindungen und Situationen in Berührung – positiv wie negativ –, für die wir eine Eigenresonanz oder eine Art Affinität besitzen.

Wär nicht das Auge sonnenhaft, die Sonne könnt es nie erblicken; läg nicht in uns des Gottes eigene Kraft, wie könnt uns Göttliches entzücken?
(Johann Wolfgang von Goethe)

Daher kommt auch der Sinnspruch: »Gleich und Gleich gesellt sich gern«, oder unsere Feststellung, dass uns jemand oder etwas anspricht bzw. anzieht. Wenn wir von einem Seelenverwandten sprechen, meinen wir damit meist jemanden, an dem wir lieben, was in uns seine Entsprechung findet. Natürlich bedeutet das im umgekehrten Fall auch: Wenn wir jemanden arrogant finden, geht das nur, weil wir wissen, was Arroganz ist, weil wir sie aus eigener Erfahrung kennen. Und gerätst du mit jemandem in einen Streit, so geschieht das nicht zufällig, sondern weil du auch zu einem solchen Ereignis eine Affinität hast. Du kannst noch so sehr davon überzeugt sein, an diesem Erlebnis keine Schuld zu tragen. Ohne die entsprechende Eigenresonanz hätte es diesen Konflikt niemals gegeben.

Der Volksmund weiß: Zeigst du mit dem Finger auf andere, zeigen drei auf dich selbst. Du könntest bei keinem anderen Arroganz brandmarken, wenn du nicht selbst ein wenig davon in dir tragen würdest. Je höher deine emotionale Geladenheit, mit der du anderen etwas vorwirfst, umso mehr hat es mit dir zu tun. Über den anderen Autofahrer, der sich vordrängelt, regen wir uns am ehesten auf, wenn wir es selbst gern getan hätten, uns es aber nicht erlauben. Dieser Druck will irgendwohin. Also projizieren wir auf andere, was wir in uns besonders heftig unterdrücken.

DIE SCHATTENSEITEN DER SONNENSEITE

Eine weitere Antwort auf die Frage, warum wir so sehr danach streben, nur den einen Pol zu leben und den anderen auszublenden, obwohl es uns theoretisch ja bekannt ist, dass es keinen Berg ohne Tal gibt, warum wir uns nach nur einem Pol sehnen, wenn uns die Natur, die Philosophie, die Geschichte und auch die Religion doch lehren, dass immer nur das Zusammenspiel der Teile ein Gesamtes ergeben kann, lautet jedoch: weil wir nicht anders wollen. Wir *wollen* nur den einen Pol, und zwar den angenehmen. Wir wollen uns am liebsten ständig auf der Sonnenseite des Lebens aufhalten. Wir wollen nur Gesundheit, Sicherheit, Freude, Liebe und Anerkennung. Krankheit, Unsicherheiten, Leid, Hass und Ablehnung wollen wir nicht.

Das hängt zum einen damit zusammen, dass wir in unserer Sehnsucht nach der Einheit dieses einmalige Gefühl mit der Empfindung verwechseln, die wir haben, wenn wir uns auf der Sonnenseite des Lebens befinden. Dabei ist das Gefühl der Einheit etwas völlig anderes als ein kurzfristiger Spaß, ja selbst als langfristige Freude. Wir können das vollkommene Glück der Einheit immer nur in kurzen Momenten erleben. Ich habe es im letzten Kapitel bereits angedeutet, es handelt sich um die Momente, in denen unsere Ego-Fuzzis ausgeschaltet sind. Manche Menschen gehen joggen, um sich so weit von ihrem Verstand zu lösen, dass sie kurze Augenblicke der Einheit spüren – *runner's high* nennt man dieses Hochgefühl. Andere Menschen meditieren. Auf jeden Fall braucht es Übung, und es kann seine Zeit dauern, dahin zu gelangen. Eine weitere Möglichkeit, das Einheitsgefühl zu erleben, ist die Gegensätze überwindende Liebe, auch das habe ich bereits angesprochen. Wichtig ist vorerst: Die Sonnenseiten und Sonnenzeiten des Lebens sind wunderbar und können auch so etwas wie kurze Augenblicke des Sich-eins-Fühlens enthalten, aber sie sind nicht mit der Einheit gleichzusetzen.

Neben der Illusion, Glück könne von Dauer sein, besteht ein weiterer Denkfehler darin, zu glauben, wir könnten die Polarität irgendwie zu unseren Gunsten austricksen oder verbessern, indem wir die Sonnenphasen so weit wie möglich ausdehnen. Aber es ist Selbstbetrug zu meinen, das *black and white game* des Lebens gewinnen zu können. Kein Berater, kein Lebenshilfebuch, kein Coach kann dir das Auf und Ab des Lebens ersparen. Sie können dich nur anleiten, es intelligent zu leben, indem sie dir beibringen, auch das Schlechte gelassen zu akzeptieren. Und doch: Schlechte Laune, Traurigkeit, Angst, Wut und andere negativ konnotierte Emotionen werden von uns immer wieder verdrängt oder überspielt, mit allen möglichen oberflächlichen Formen der Unterhaltung, mit Alkohol oder anderen Drogen.

Doch so erreichen wir maximal kurzfristigen Fun – gefolgt von Frust. Wahre Freude gibt es nur im Doppelpack mit Leid. Phasen der Lust kann man nicht verlängern, indem man Schmerz vermeidet. Nach dem Polaritätsgesetz würde dies ja bedeuten, es dürfte keine Täler mehr geben, sondern nur noch Berge. Keine Nacht mehr, sondern nur noch Tag. Und auch keinen Regen mehr, da ja nur noch die Sonnenseite des Lebens angesagt ist. Doch das ist ein Hirngespinst: Es gibt keinen Berg ohne Tal, keine Sonne ohne Wolken. Die Araber haben dafür eine wunderschöne Weisheit: »Immer nur Sonne macht die Wüste.« Dennoch verdrängen wir Menschen die Realität.

Gerade über Entwicklungshilfeprojekte haben wir inzwischen gelernt, dass es uns Menschen gar nicht gelingen kann, nur eine Seite, also die positive, zu fördern – selbst wenn unsere Absichten noch so gut sind. Ein beeindruckendes Beispiel beschreibt Harald Willenbrock in seinem GEO-Artikel *Das Geheimnis der guten Wahl*: Hierin schildert er das Leben des Hirtenvolkes der Moro, das am Rande der Sahelzone ums nackte Überleben kämpfte – bis eines Tages deutsche Entwicklungshelfer ihr Schicksal in die Hände nahmen. Es wurden Brunnen gebohrt, die Tsetsefliegen-Population und damit auch die Schlafkrankheit bei Rindern bekämpft. Ein Gesundheitsdienst sorgte für eine deutliche Verbesserung der Lebenssituation der Menschen.

Zwanzig Jahre später war die Lage der Moros schlimmer als je zuvor. Wie war das möglich? Da sich die Rinderpopulation aufgrund der Bekämpfung der Tsetsefliege erhöht hatte und auch die Sterblichkeitsrate der Moros selbst gesunken war, reichte das Wasser aus den Brunnen irgendwann nicht mehr für Menschen und Tiere. Und als die viel zu große Anzahl an Rindern das letzte Fleckchen Weidegrün abgegrast hatte, folgte eine Hungerkatastrophe, die verheerender war als alle vorangegangenen.

Erst am Ende seiner Beschreibung löst Willenbrock auf, dass der Fall Moro frei erfunden ist »und nur als Computersimulation auf den Rechnern des Instituts für Theoretische Psychologie der Universität Bamberg existiert. Dort stellen Forscher seit mehr als 30 Jahren mit Aufgaben wie dem ›Moroland-Szenario‹ Entscheidungskompetenzen von Managern, Unternehmensberatern und Studenten auf die Probe.« Mir geht es bei diesem Beispiel vor allem darum, zu zeigen, was immer wir auch Gutes im Schilde führen, über eines müssen wir uns im Klaren sein: Wir werden dieses Gute niemals ohne seine Schattenseiten erleben.

BERG- UND TALFAHRT DES LEBENS

Damit meine ich nicht, dass wir keine Akte der Nächstenliebe mehr leisten oder uns aus der Entwicklungszusammenarbeit zurückziehen sollten, aber wenn, dann als Hilfe zur Selbsthilfe. Auch sollten diese Szenarien keine Willkür legitimieren, nach dem Motto: »Na, wenn das Leben sowieso eine Berg- und Talfahrt ist, dann ist es ja auch völlig egal, wie ich mich verhalte.«

Akzeptiere, was ist. Der Satz bedeutet in diesem Zusammenhang: Akzeptiere, dass es immer Sonnen- *und* Schattenseiten geben wird. Wenn es einmal gut läuft im Leben, wird es ganz sicher bald wieder bergab gehen. Aber die gute Nachricht dabei ist ja: Wenn es uns dann schlecht geht, dann kann es wiederum nur noch bergauf gehen. Insgesamt bedeutet das: Es kommt gar nicht so sehr auf die einzelnen Ziele an – denn Ziele sind immer nur Etappenziele –, sondern darauf, wie du den Weg gestaltest. Es bedeutet, dass Niederlage und Erfolg gleichgültig sind, und zwar im Sinne von gleichwertig. Sie besitzen die gleiche Gültigkeit – denn auch diese beiden Pole haben eine gemeinsame Daseinsberechtigung.

In einem Executive-Coaching begegnete mir folgende Lebensgeschichte: Der Coachee war am obersten Ende seiner Karriereleiter angelangt und zum Vorstandsvorsitzenden gewählt worden. Er lebte für seinen Job, zeigte über die Maßen viel Engagement, auch für seine Mitarbeiter – und war im Unternehmen dementsprechend beliebt. Deshalb wurde er nach seinem Erfolg auch überschwänglich beglückwünscht und als Mann der Stunde gefeiert.

Was seine Kollegen und Mitarbeiter nicht wussten, mir aber aus meiner Arbeit mit ihm bekannt war: der Gegenpol zu seiner Bilderbuch-Karriere. Der bestand darin, dass sein Körper sein Engagement nicht verkraftet hatte und ihm mittlerweile ein Bypass gelegt worden war. Seine zweite Ehefrau hatte sich vor Kurzem mit den Worten von ihm scheiden lassen: »Du bist ja mit deinem Job verheiratet.« Auch seine Kinder hatten sich von ihm verabschiedet. An den wichtigen Entscheidungen in ihrem Leben ließen sie ihn schon lange nicht mehr teilhaben. Orientierung und Geborgenheit fanden sie in einer Sekte. Er hatte viele Möglichkeiten zum Aufstieg, seine Kinder nur einen Vater. Und was ihn noch außerordentlich belastete: Je höher er auf der Karriereleiter kletterte, desto mehr wurde ihm klar, dass er keine wirklichen Freunde, sondern nur noch Jasager um sich herum versammelte.

Wo aber Gefahr ist, wächst das Rettende auch. (HÖLDERLIN)

Betrachten wir den Fall also im Ganzen, wird schnell deutlich: Auch hier gibt es das Oben nicht ohne das Unten –

alles hat seinen Preis. Und du bist sicher versucht zu sagen: »Was für ein armes Schwein, mit dem möchte ich aber nicht tauschen.« Schon gar nicht, wenn ich dir sage, lieber Leser, dass er innerhalb des nächsten halben Jahres total abstürzte, weil er über Nacht seinen Vorstandsjob verlor. Er rief mich an, um mir mitzuteilen, dass er gescheitert und total am Ende sei. Seine Existenz (!) sei nun dahin. Auch er war – zumindest damals noch – einer von denen, die ihre Identität samt all ihrer Ego-Fuzzis mit ihrem Selbst verwechselten.

Ich sage nicht, dass seine Situation nicht ernst war, aber selbst zu dem tiefsten Fall, zu der größten Krise gibt es einen Gegenpol: Nachdem er den ersten Schock verarbeitet hatte, erkannte er in dieser »Tragödie seines Lebens«, wer seine wahren Freunde waren. Er nahm sich eine Auszeit und kümmerte sich um sein seelisches Wohl und seine angegriffene Gesundheit. Auch mit seinen Kindern nahm er wieder Kontakt auf und entdeckte zudem seine Hobbys wieder, die er so lange vernachlässigt hatte.

Die Geschichte zeigt: In welcher Situation wir uns auch befinden im Leben, es gibt immer eine positive wie auch eine negative Seite. Sehen wir uns die Berg- und Talfahrt des Lebens als Bild an, so steht für jeden Pol eine Kurve, die mal nach oben und dann wieder abwärts verläuft. Legen wir beide Kurven übereinander und betrachten nur einen Ausschnitt, sehen wir, dass sich aus beiden Kurven eine liegende 8 ergibt:

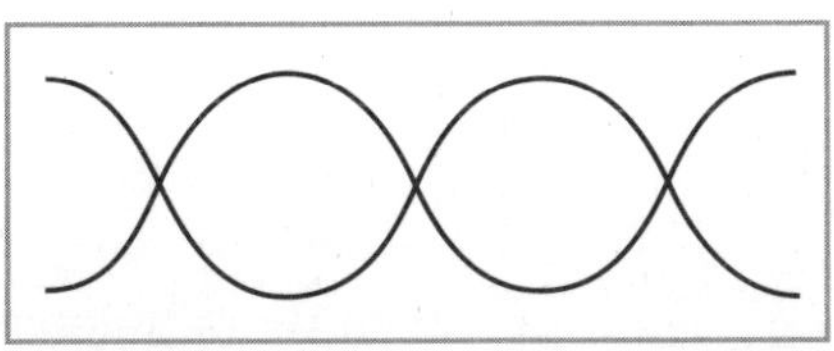

Achterbahnfahrt des Lebens

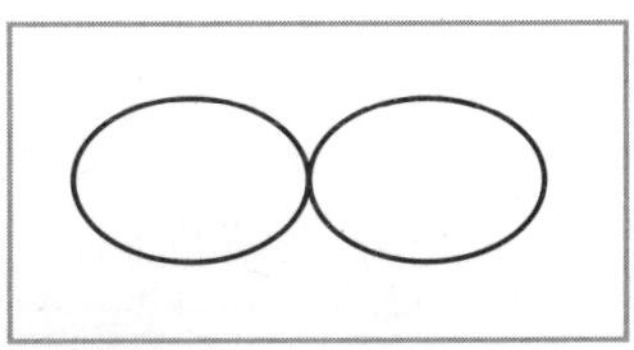

Unendlichkeit

Diese liegende Acht ist das Symbol für Unendlichkeit und in allen großen Religionen und Weisheitslehren als solches bekannt: Die heilige Zahl der Chinesen ist die Acht, die Olympischen Spiele in Peking begannen am 08.08.2008 um 08:08 Uhr, Buddha lehrt den achtfachen Pfad, im Hinduismus gibt es die acht Yoga-Sutren von Patanjali, die Akropolis hat an ihrer Frontseite acht Säulen, Taufbecken, Kanzeln und auch Mausoleen in Kirchen sind Oktaeder, das heißt, sie bestehen aus einer achteckigen Form. Auch in der islamischen Welt hat jedes Fenster zum Himmel und jeder Brunnen in die Tiefe acht Ecken. Der Davidstern hat acht Dreiecke. Und nach jedem Gebet sagen Christen: „In Ewigkeit. Amen", also: für alle Zeit. So sei es.

Wir müssen und können an dem Gesetz der Polarität nichts verbessern. Auf dieser Welt hat alles, wie das Beispiel des Yosemite Valley gezeigt hat, seine Berechtigung. Und das wird auch immer Bestand haben, so sicher, wie wir immer *sowohl* ein- *als auch* ausatmen werden, solange wir leben. Das Symbol der Unendlichkeit steht genau für diese unumstößliche Gesetzmäßigkeit, diesen ewigen Kreislauf. Was wir aber tun können: Stellen wir uns einer ganz entscheidenden Aufgabe und lernen wir, beide Seiten der Medaille zu akzeptieren, mit dem Ziel, die Teilung zugunsten eines einheitlichen Zustands irgendwann zu überwinden. Wahrlich eine Lebensaufgabe! Aber eine, die dafür sorgen wird, dass es uns, je mehr wir loslassen und akzeptieren, was ist, immer besser gehen wird. Es ist ein befreiendes Gefühl, wenn der Druck, alles und jedes kontrollieren zu wollen, irgendwann nachlässt.

DER BAUM DER ERKENNTNIS

Ich möchte an dieser Stelle noch einmal auf die Vertreibung aus dem Paradies zurückkommen. Die Geschichte vom Sündenfall beschreibt philosophisch gesehen den Anfang, den Ursprung einer grundsätzlichen Spaltung des menschlichen Daseins. Aus der Geschichte von Adam und Eva lernen wir, dass Erkenntnis, also Wissen eine zwiespältige Angelegenheit ist: Einerseits ist Erkenntnis positiv besetzt, denn sie macht uns Gott ebenbürtig, hilft uns, die Natur zu beherrschen und uns zunutze zu machen, und sichert damit unser Überleben. Andererseits haben Evas und auch Adams Neugierde, ihr Drang nach Erkenntnis uns aus dem ursprünglichen naiven, seligen Zustand der Einheit mit der Natur herausgeführt: Seither können wir Vergangenheit, Gegenwart und Zukunft unterscheiden. Und seither wissen wir auch, dass unser Leben endlich ist.

Diese Einsicht erzeugt Leid. Sie lässt uns die Tiere beneiden, die kein Morgen kennen und nicht die damit verbundene Sorge. Der Hase auf dem Feld weiß nicht, dass sein Dasein ein Ende haben wird, deshalb stellt er sich auch niemals die Frage nach dessen Sinn. Eine Frage, deren Antwort uns Menschen seit jeher beschäftigt und für die die Vertreibung aus dem Paradies symbolisch steht. Durch das Gleichnis werden Erkenntnis und Wissen also keineswegs nur positiv, sondern auch negativ bewertet. Der Biss in die Frucht der Erkenntnis bringt nicht etwa einen Aufstieg, sondern einen Fall, einen grandiosen Absturz, mit sich!

Die Ambivalenz von Erkenntnis und Wissen gehört ebenfalls zu den Paradoxien, die unser Leben ganz grundsätzlich bestimmen. Auch unser Verstand gehört somit zu den Dingen, die im Guten wie im Schlechten ihre Berechtigung haben. Meine Kritik gegen dieses *nahezu* perfekte Instrument, mit dem wir denken und Zusammenhänge erkennen, richtet sich also keineswegs gegen sein Tun als solches, sondern gegen die Ausschließlichkeit, mit der wir ihm beinahe alles unterwerfen, was wir tun. Sie richtet sich nur dagegen, dass wir ihm oft alles überantworten und mit ihm alles kontrollieren wollen. Dagegen, dass wir ihn oft ausschließlich positiv bewerten. Dagegen, dass wir meist vergessen, wie wenig wir überhaupt kontrollieren können. Und gegen die Irritationen und das Leid, die daraus entstehen, dass unsere Planungen, Erwartungen und Vorstellungen von den unkontrollierbaren Geschehnissen des Lebens immer wieder über den Haufen geworfen werden.

Ich lehne unseren Verstand, diesen rationalen Pol also keinesfalls ab, auch er hat wie alles andere seine Berechtigung. Ich möchte dir lediglich klarmachen, dass wir ihn auf seine originären Fähigkeiten begrenzen sollten – und seinen Funktionen andere entgegensetzen: dem Kontrollieren das Akzeptieren, dem Planen das Auf-sich-zukommen-Lassen, dem Wissen das Wissen um das Nicht-Wissen beziehungsweise um die Grenzen des Wissens.

Indem wir ein Bewusstsein für das Gleichgewicht der Pole erlangen, können wir der Überwindung der Polarität Schritt für Schritt näher kommen. Und jede Überwindung der Polarität stellt einen Schritt zur Überwindung unserer eigenen Gespaltenheit dar. Gelingt es uns, dies zu erkennen, wird immer mehr Ruhe und Friede in uns einkehren. Aus dieser Ruhe kann wahre Aktivität erwachsen. Keine Pseudogeschäftigkeit, keine Machtkämpfe, mit denen wir uns selbst und anderen vortäuschen, wie sehr wir alles im Griff und unter Kontrolle haben, sondern ein Bewusstsein für die beschriebenen Gesetzmäßigkeiten und eine Reife, mit der es uns gelingen wird, die Dinge einfach gesche-

Ich weiß, dass ich nichts weiß.
(Sokrates)

hen zu lassen und dennoch im richtigen Moment, wenn sie es erfordern, einzugreifen. Die Ereignisse völlig neutral zu betrachten und zu versuchen, beide Pole zuzulassen, ist nicht leicht – aber auch nicht schwer. Vor allem ist es wiederum eine Gelegenheit, sich in heiterer Gelassenheit zu üben.

Bleibt die Frage: Was tue ich, wenn ich einmal ganz am Ende bin? Hierzu folgende Geschichte: Der König eines reichen Landes empfand sich als vom Glück gesegnet, machte sich allerdings Sorgen um den Tag, an dem es ihm einmal nicht mehr so gut gehen würde. Er rief die Weisen seines Hofes zu sich und erbat einen Rat für diesen Tag, der kleingeschrieben auf einem Zettel unter seinen Siegelring passte, sodass er ihn stets bei sich tragen konnte. Die Gelehrten zogen sich zurück und berieten tagelang – vergeblich. »Lieber König«, sagten sie, »es können so viele schreckliche Dinge passieren, all die Ratschläge passen nicht unter deinen Siegelring. Wir können dir nicht helfen, wohl aber ein alter weiser Mann, der fern in den Wäldern deines Reiches wohnt. Wundersame Dinge erzählt man über ihn.«

Der König dachte, das ist es mir wert, und ritt hinaus ins Land. Er fand den alten Weisen und trug ihm sein Anliegen vor. Lächelnd schrieb der Alte nur wenige Worte auf einen Zettel, faltete ihn und schob ihn dem König unter den Siegelring. Glücklich ritt der König zurück auf sein Schloss.

Jahre vergingen, und eines Tages machte sein jüngerer Bruder ihm den Thron streitig. Der König musste fliehen, Stunden dauerte die Jagd, bis sie für den König schließlich in einer Schlucht endete. Vor ihm ein Abgrund, rechts und links steile Wände, hinter ihm die Verfolger. Da dachte der König: Jetzt ist alles vorbei. Er erinnerte sich aber an den Rat unter seinem Siegelring, und erstmals zog er den Zettel hervor. Darauf geschrieben standen nur vier Worte: »Auch dies wird vorübergehen.« Mein Gott, dachte der König, in einer solchen Situation? Da merkte er aber, wie sich das Hufgetrappel in der Schlucht immer mehr entfernte. Die Verfolger hatten die Spur verloren. Der König ritt zurück, sammelte all seine versprengten Soldaten in den Wäldern wieder ein und eroberte tags darauf das Schloss zurück. Er war wieder ganz obenauf. Ließ sich in seiner goldenen Kutsche durch die Stadt fahren und feiern. Da ging der alte Weise neben der Kutsche einher und rief dem König zu: »Schaue auch in diesem Moment auf den Zettel.«

Der König dachte, was soll's, mir geht es gut. Aber noch einmal las er: »Auch dies wird vorübergehen.« Da erst hatte er den weisen Rat verstanden.

Gleichgültig, ob du im Leben oben oder unten bist, vergiss nie: Auch dies wird vorübergehen.

NACH DEM SPIEL IST VOR DEM SPIEL

WARUM WIR DIE SPIELE DES LEBENS NUR SPIELEN, ABER NICHT GEWINNEN KÖNNEN

BROT UND SPIELE

Reisen wir in der Geschichte der Menschheit weit zurück in die Vergangenheit, treffen wir irgendwann auf jene, die unsere Kultur und unsere westliche Sichtweise bis heute prägten – die alten Römer und Griechen. Ihre jeweilige Philosophie, Gesellschafts- und Staatsform bilden die Grundlage unserer Lebensart und Voraussetzung dafür, dass wir zu dem werden konnten, was wir heute sein dürfen: freie, selbstverantwortliche Bürger einer demokratischen Gemeinschaft.

Zu ihrer Zeit bekamen insbesondere die Römer noch keineswegs so viel Anerkennung von anderen Völkern wie von uns heute, ganz im Gegenteil: Es ist überliefert, dass die römischen Kaiser, während sie nach der Weltherrschaft strebten und ihr Imperium mehr und mehr ausdehnten, immer wieder auf heftigen Widerstand in den Kolonien stießen. Wer verehrt schon seine Invasoren? Nur im besetzten Griechenland blieb es verhältnismäßig ruhig. So ruhig, dass sich die Eroberer fragten: »Was ist das für ein Volk, das so gefasst ist? Was machen die griechischen Politiker, dass sich ihr Volk so friedlich verhält?«

Die Besatzer stellten fest, dass die Griechen in einer Demokratie lebten, was damals einer direkten Volksherrschaft glich. Zwar war der Volksbegriff hier sehr eng umrissen und umfasste nur eine relativ kleine Gruppe von angesehenen Bürgern, jedoch keine einfachen Leute, Bauern, Frauen oder

Sklaven. Dennoch, ein vom Volk regierter Staat, das hatte es zuvor nicht gegeben. Einen weiteren Grund für die Ruhe im griechischen Staat glaubten die Römer darin zu erkennen, dass die Griechen ihr Volk bestens zu unterhalten wussten. In ihren Amphitheatern wurden Tragödien und später, zur Volksbelustigung, auch Komödien gespielt. Berühmte Dramen wie *Ödipus* von Sophokles oder *Iphigenie in Aulis* von Euripides sind noch heute – als unsterblich gewordene antike Theaterkultur – in unseren Schauspielhäusern zu bewundern. Der Handlungskern dieser Stücke besteht klassischerweise in dem Versuch des Helden, seinem vorbestimmten Schicksal durch eigenes Handeln zu entgehen. Wie man daran sieht, beschäftigt sich die Menschheit schon sehr lange mit Themen, die sich auch in diesem Buch wiederfinden.

In erster Linie wurde die Bühne dazu genutzt, um auf ihr den Gegensätzen von Ruhe und Frieden Raum zu geben: Es wurde Krieg gespielt, man kämpfte, und schließlich starb man den Heldentod – und bezweckte damit Folgendes beim Publikum: Der Tod der Hauptfigur löste einen sogenannten kathartischen Effekt aus. Nach dem berühmten Philosophen und Begründer der Tragödientheorie, Aristoteles, erfährt der Zuschauer, indem er sich mit dem Helden identifiziert, um ihn fürchtet und mit ihm leidet, eine Läuterung der Seele. Sie durchlebt diese starken Emotionen und Leidenschaften, wird gleichzeitig von ihnen gereinigt und gewinnt schließlich ihr Gleichgewicht zurück. Ruhe kehrt ein.

Auch wir kennen dieses Phänomen der Reinigung von dem einen oder anderen ergreifenden Buch oder Film. Keine Tränen sind befreiender als die sorglos hingegebenen Tränen der Rührung oder des Mitgefühls um eine geliebte fiktive Hauptfigur. Es handelt sich hier um den gleichen Effekt. Die antiken Poeten bezweckten damit zweierlei: Zum einen sollte sich das Publikum befreit fühlen, nach dem Motto: »Zum

Glück ist mir das nicht passiert, sondern diesem König Ödipus!« Zum anderen aber dienten die Tragödien auch als Warnung, in etwa: »Versuche dich gegen dein Schicksal und die Götter aufzulehnen, und dir wird es ergehen wie unserem Helden hier!«

Ursprünglich wurden die Tragödien an religiösen Festtagen und zu Ehren der Götter aufgeführt. Das zum Himmel geöffnete Amphitheater sollte auch die Weltenlenker einladen, sich an dem Schauspiel auf der Erde zu erfreuen. Will man der griechischen Mythologie Glauben schenken, so haben sogar die Götter selbst das Spiel als solches erfunden. Die Römer erkannten vor allem die das Publikum beruhigende Wirkung solcher Vorführungen. In der Identifikation mit dem Helden sahen sie eine Chance zur Befriedung des Volkes, und allmählich entwickelte sich aus den Götterspielen ein überaus irdisch motiviertes Vergnügen: »Brot und Spiele« – in lateinischer Sprache *panem et circenses*. In großen Arenen wie dem Circus Maximus sowie zahlreichen anderen über das Imperium verteilten Amphitheatern wurden Gladiatorenkämpfe, Tierhetzen oder Wagenrennen veranstaltet, um das Volk, das von den Organisatoren der Spiele auch unentgeltlich verköstigt wurde, zu unterhalten.

Der Ausdruck *panem et circenses* stammt übrigens von dem römischen Dichter und Satiriker Juvenal. Er nahm damit das römische Volk aufs Korn, das sich seiner Meinung nach viel zu gut in der Komfortzone Republik eingerichtet hatte, statt sich um das Wohl des Staates zu kümmern. Ob als Bestechungsmaßnahme in Wahlkampfzeiten oder als Verschleierung allgemeiner Missstände: Brot und Spiele blieben ein wirksames Mittel, um das Volk zu bändigen. Auch in anderen Ländern, wie dem alten Ägypten, war bekannt, dass man Menschen etwas zu essen und eine Aufgabe geben muss, um sie ruhigzuhalten. Die Pharaonen wussten: Wenn der Nil die Uferregionen überschwemmte und die Bauern in dieser

Zeit ihre Felder nicht bestellen konnten, gab es Unruhen oder Krieg. Besser also, man lenkte sie ab. Pyramiden bauen beschäftigte auf Jahre.

Selbst zu spielen oder einem Spiel zuzuschauen, ist also nach dem bisher Gesagten eine angenehme Art, sich zu beschäftigen. Wird ein Spiel nicht zur Ablenkung oder Manipulation der Spieler eingesetzt, kann es sogar sehr lehrreich sein. Im Folgenden möchte ich einen Schritt weitergehen und das Spiel als Metapher anwenden auf alles, womit wir uns beschäftigen – auf unsere Arbeit, unsere Hobbys, unsere Beziehungen zu anderen Menschen, Partnern, Freunden, unserer Familie. Schon als Kinder spielen wir das fröhliche Berufe-Spiel – als Feuerwehrmann, Polizistin oder Ärztin. Wir spielen »Verliebt, verlobt, verheiratet« und »Vater, Mutter, Kind« – und tun damit nichts anderes, als schon mal für später zu üben. Als Erwachsene spielen wir dann im Prinzip weiter, nur dass wir es nicht mehr Spiel nennen, sondern Job, Ehe, CDU-Ortsverein, Kegelklub, Karneval, Urlaub oder Grillparty. Gehen wir noch einen Schritt weiter, können wir doch alles im Leben als ein Spiel betrachten. Ja, das Leben selbst ist eigentlich nicht mehr, aber auch nicht weniger als ein Spiel.

All the world's a stage, and all the men and women merely players.
(William Shakespeare)

AM ANFANG IST DAS BEKENNTNIS

Im letzten Kapitel haben wir darüber gesprochen, dass Erfolg und Niederlage gleichgültig sind, in dem Sinne, dass beide ihre Berechtigung haben. Man kann die Spiele des

Lebens daher auch weder beruflich noch privat endgültig gewinnen, wir können sie nur spielen. In Bezug darauf stellt sich da zwangsläufig die Frage: Warum dann überhaupt spielen? Sind die Anstrengungen, eine Partie gewinnen zu wollen, nicht absolut vergebens, wenn es doch egal ist, ob ich verliere oder gewinne? Die Antwort lautet: Nein! Denn erstens ist gleichgültig im Sinne von gleichwertig ganz und gar nicht das Gleiche wie egal, und zweitens liegt der Sinn unseres Lebensspiels nicht darin, am Ende den Sieg davonzutragen, sondern in der Tätigkeit des Spielens selbst.

Dennoch sollten wir unser Lebensspiel ernst nehmen, und zwar so ernst wie ein Fünfjähriger, der jedes Spiel mit Verbissenheit bestreitet, es aber gleichzeitig so leichtnimmt, dass er es kurz nach Ende oft schon wieder vergessen hat. Dabei geht es sowohl beim Fünfjährigen als auch bei uns Erwachsenen darum, ganz im Spiel aufzugehen und mithin spielerisch zu lernen, zu wachsen, sich weiterzuentwickeln und bestenfalls im Eifer des Gefechts seine Ego-Fuzzis aus den Augen zu verlieren. Das ist die eigentliche Herausforderung, der wir uns stellen sollten: Leidenschaft für das zu empfinden, was wir *jetzt* gerade tun – egal, ob wir unseren Urlaub planen oder die Garage aufräumen.

Kinder begreifen spielerisch jeden Tag ein bisschen mehr von sich und der Welt. Indem sie sich ausprobieren und herumexperimentieren, lernen sie dazu. Kinder spielen, ohne dass man ihnen bewusst beigebracht hätte, wie das geht. Wir alle kennen solche Szenen: Vier Kinder toben durch den Garten. Sie spielen Fangen, dann Verstecken oder Fußball, bis irgendwann eines der Kinder ruft: »Lasst uns auf den Baum klettern und Flugzeug spielen!« Da gibt es kein langes Abwägen, keine große Diskussion um die Umsetzung eines Plans. Unter fröhlichem Gegröle wird der Baum erklommen. Noch im Rennen ruft das erste Kind: »Au ja, ich bin der Pilot!«, »Ich Co-Pilot!«, »Ich Passagier, aber

First Class!«, »Und ich Stewardess!«, fallen die anderen Kinder ein. Und schon ist das schönste Spiel im Gange, in dem jedes Kind seine Rolle ernst nimmt und nach bestem Wissen und Gewissen ausfüllt. Die Kinder gehen völlig in ihrer Idee auf – genau so lange, wie sie Lust haben an diesem Spiel. Danach kommt wieder etwas anderes an die Reihe: Baumhaus, Räuber und Gendarm, Zirkus, Abenteurer oder Erforscher – wir kennen das aus unserer eigenen Kindheit. Das Schöne: Ohne langwierige Absprachen fungieren sie als ein Team, das erfolgreich eine Idee umsetzt. Es reicht, dass sie alle Spaß haben und eine Rolle oder Aufgabe finden, die ihnen gefällt.

Womit beginnt nun jedes Spiel? Es beginnt mit einem Bekenntnis, mit einem offensiven »Ja« zum Spiel. Wir gehen eine Art Verpflichtung ein, uns selbst und unseren Mitspielern gegenüber. Wir schließen einen Vertrag miteinander für die Zeit, die das Spiel andauert. Auf Neudeutsch lautet die Bezeichnung dafür *commitment*. Dieses *commitment* ist die Voraussetzung für jedes Spiel. In dem Moment, in dem ich ein Spiel beginne, ganz gleich ob es »Mensch, ärgere Dich nicht!« heißt, Beziehung, Job oder Autokauf, verpflichte ich mich dazu, das Spiel und meine Rolle als Mitspieler ernst zu nehmen, Verantwortung für mein Tun zu übernehmen und die Spielregeln zu akzeptieren – das kann niemand anderes für mich tun.

Diese Verantwortung tragen wir für die gesamte Dauer, die wir ein Spiel bestreiten. Du weißt inzwischen: Nach dem Dreiklang *love it, change it or leave it* sollten wir entweder zu den Spielen stehen, für die wir uns entschieden haben, die Spielregeln neu aushandeln – oder das Spielfeld verlassen. Wir können uns jederzeit auswechseln lassen, auch beim Spielen haben wir immer die Wahl, also die Freiheit, uns für oder gegen ein Match zu entscheiden. Teilnehmen und gleichzeitig rumnölen zerstört das schönste Spiel. Solche Spielverderber sind bei keiner Austragung wohlgelitten, ob es sich nun um Monopoly oder das Spiel des Lebens handelt. Sie blockieren das Zusammenspiel und vor allem sich selbst. Und die Regeln nicht einzuhalten, führt außerdem letzten Endes zur Isolierung und Einsamkeit.

Nur wenn ich mir dieser ganzen Bedingungen bewusst bin und eine klare Entscheidung für oder auch gegen ein bestimmtes Spiel treffe, kann ich meine ganze Energie auf mein Handeln lenken. Dann tue ich, was ich tue, mit aller Kraft und Leidenschaft. Auch ein Nein zu einem Spiel ist möglich. Spreche ich dieses Nein genauso eindeutig aus wie sonst ein Ja, wird es jeder akzeptieren.

DAS LÄSST SICH ALLES REGELN

Aufgrund welcher Voraussetzungen treffen wir unsere Entscheidung für oder gegen ein Spiel – einen Beruf, eine Freundschaft, Urlaub oder Hobby? Einerseits gehen wir danach, wie hoch der Einsatz ist. Andererseits gehen wir nach den Aussichten, ein Spiel erfolgreich zu gestalten. Worauf basieren alle Spiele? Ich habe es bereits angesprochen: Jedes Spiel hat bestimmte Regeln. Das wichtigste Kriterium, die entscheidendste aller Regeln – neben Fairness, Respekt und Verbindlichkeit, also *commitment* – sollte die sein, dass ein Spiel spannend und herausfordernd ist. Man muss in einem Spiel aufgehen können, sonst macht es keinen Spaß. Wenn es zu einfach ist, langweilen wir uns zu Tode und können auch nichts mehr dazulernen. Der Einsatz sollte riskant, aber nicht von vorneherein verloren sein.

Genauso wie wir damals als Kinder in einem Spiel wie Räuber und Gendarm aufgegangen sind, genauso müssen wir uns auch heute als Erwachsener in unser Tun verlieren können, ganz tief eintauchen. Im Lateinischen gibt es ein Wort dafür, es lautet: Interesse, von *inter* – »zwischen, inmitten« und *esse* – »sein«, also quasi »voll drin sein« im Spiel. Unter Interesse verstehen wir die Anteilnahme beziehungsweise die Aufmerksamkeit, die wir einer Sache oder einer anderen Person entgegenbringen. Tief in seinem Spiel versunken zu sein, bedeutet also, *interessanten* Spielregeln zu folgen. Und so lautet auch die Definition des niederländischen Kulturanthropologen Johan Huizinga für jedes Spiel: »Spiel ist eine freiwillige Handlung oder Beschäftigung, die innerhalb gewisser festgesetzter Grenzen von Zeit und Raum nach freiwillig angenommenen, aber nach unbedingt bindenden Regeln verrichtet wird, ihr Ziel in sich selber hat und begleitet wird von einem Gefühl der Spannung und Freude.« Wie interessant sind die Spielregeln der Spiele, in die du involviert bist? *Time for a change?* Es liegt an dir.

Das befriedigende Gefühl, gerade nicht über-, aber auch nicht unterfordert zu sein, dauert genau so lange an, wie wir ein Spiel interessant finden. Beginnt uns ein Spiel anzuöden, stellen wir es infrage. Bezogen auf unser Leben heißt das: Irgendwann sind uns das Spiel – zum Beispiel unser Job –, das Spielfeld – hier die Gegebenheiten am Arbeitsplatz – und unsere Mitspieler – hier die Kollegen – nur allzu bekannt. Und uns ist ebenfalls bekannt, wie wir selbst uns in diesem Umfeld bewegen. Um der damit möglicherweise einhergehenden Langeweile entgegenzuwirken, können wir Dinge verändern und uns neue Herausforderungen innerhalb, aber auch außerhalb des Spielfelds suchen. Können wir die Spannung eines Spiels nicht aufrechterhalten oder erneuern, indem wir beispielsweise neue Spielregeln aushandeln, werden wir früher oder später

Der Mensch ist das Tier, das sich langweilt.

aussteigen. Das ist okay. Manchmal ist es einfach an der Zeit, die Zelte abzubrechen, weiterzuziehen und woanders weiterzulernen.

FAIR PLAY

Wir erreichen in unserem Leben also immer wieder Punkte, an denen ein Spiel für uns uninteressant wird. Punkte, an denen die eigentliche Funktion aller Spiele, nämlich durch sie dazuzulernen, zu wachsen und sich weiterzuentwickeln, nicht mehr vorhanden ist. Meist beginnen wir dann bewusst oder unbewusst damit, die Spielregeln zu verändern, oder wir lassen uns auswechseln. Eines sollten wir jedoch nie tun, und das ist, die Spielregeln zu brechen. Etwas verändern? Ja! Die Spielregeln neu aushandeln? Immer! Gehen? Auch gut! Aber die Regeln brechen – niemals!

Stattdessen sollten wir uns bemühen, stets fair und für alle – auch für uns selbst – eindeutig und konsequent zu handeln. *Love it, change it or leave it – but never break the rules*, ließe sich das Dreierprinzip erweitern. Ob wir beim Poker kurz vorm Aus stehen, ob wir im Büro nur noch Dienst nach Vorschrift schieben oder, was noch schlimmer ist, innerlich längst gekündigt haben. Ob wir noch so sauer sind auf unseren Chef, die Kollegen, Eltern oder Freunde, die Spielregeln zu verletzten ist niemals eine Lösung. Höchstens eine Fluchtbewegung. Denn in jedem Spiel gibt es immer auch Mitspieler. Und sie halten sich ebenfalls an Regeln, und in dem Moment, in dem wir diese Regeln brechen, behandeln wir sie nicht mehr mit dem ihnen gebührenden Respekt. Wir verderben ihnen die Freude am gemeinsamen Spiel – und eventuell verletzen wir sie sogar.

Mach dir einfach klar, dass du sicher auch nicht willst, dass man so mit dir verfährt. Abgesehen davon stehen wir uns selbst und unserer Weiterentwicklung mit so einer Ausweichbewegung und Konfliktvermeidungsstrategie auch nur im Wege. Der Sinn jedes Spiels, nämlich an ihm zu wachsen, würde mit einem Regelbruch unterwandert werden. Betrügst du einen Mitspieler, Herausforderer oder Gegner, und sei er auch noch so unschlagbar, betrügst du letztlich nur dich selbst.

Für mich geht es in allen Mitarbeitergesprächen im Übrigen auch genau deshalb vorrangig darum, bestehende Spielregeln sichtbar zu machen und, wenn erforderlich, neue auszuhandeln.

Aus Frankreich stammt die bekannte Redensart »Nur wer das Spiel aufgibt, hat es verloren.« Im Umkehrschluss heißt das: Verlieren kann man ein Spiel eigentlich nie. Nur wenn man erst gar nicht antritt – oder sich nicht an die Regeln hält.

In allen anderen Fällen kann man nur gewinnen, egal, wie schwer das nächste Spiel, wie anspruchsvoll der nächste Gegner ist. Wobei ich mit gewinnen hier nicht den endgültigen Sieg meine, sondern die Möglichkeit, sich selbst weiterzuentwickeln. Entweder bist du schon sehr gut in dem, was du tust, und hast große Freude daran, oder du kannst noch verdammt viel dazulernen, gerade von einem besseren Mitspieler.

Jedes Spiel sollte darum als eine echte Chance zum Wachsen begriffen werden. So oder so. Nur spannend muss es sein.

Wie viel Spannung herrscht auf deinen Spielfeldern?

Lernen wir, unser Leben als Spiel zu begreifen, kann das eine befreiende Wirkung haben. Denn auch Herausforderungen und selbst ernste Probleme sind demnach nur Teil unseres ganz persönlichen Entwicklungsprogramms und damit spielerisch zu lösen. Dass wir uns hier nicht missverstehen: Ich meine damit nicht, dass wir unser Spiel des Lebens auf die leichte Schulter nehmen sollten – wie gesagt, spielen heißt immer, mit der Ernsthaftigkeit eines Fünfjährigen zu agieren, und dem stiehlt in puncto todernstem Spiel keiner so leicht die Show. Und ich meine damit auch nicht, dass uns alles immer leichtfallen wird. Doch es ist die Einstellung zu den Dingen, mit der wir in den allermeisten Fällen unsere Perspektive ändern können: ernstes Spiel oder mühsame, existenzbedrohende Aufgabe? Das ist ein Riesenunterschied! Denk mal an dein letztes Tennisturnier gegen den besten deiner Spielpartner oder an den Segeltörn, bei dem ganz plötzlich Sturm aufkam. Du hast Blut und Wasser geschwitzt, um diese Aufgaben zu bewältigen, und du warst mit Leidenschaft bei der Sache, hast Aufregung als etwas Positives empfunden und warst stolz auf deine Leistung. Zu gewinnen stand da nicht an erster Stelle.

Das ist Spiel, und so solltest du auch alles andere im Leben angehen. Herausforderungen müssen uns nicht einschüchtern oder gar bedrohen, nur weil wir sie vielleicht (jetzt noch) nicht meistern können. Sie sollten uns anspornen. Nach dem Motto: Wieder eine Chance, etwas dazuzulernen – und sich in heiterer Gelassenheit zu üben. Aufregend darf es immer sein, sonst wäre ein Spiel schnell langweilig – in Angst oder gar Panik verfallen sollten wir deswegen nie. Dennoch, wie viel setzt du aufs Spiel? Ich möchte dazu eine Geschichte erzählen aus meiner Zeit als junger Produktmanager bei Colgate Palmolive. Ich war ungefähr 27 Jahre alt und circa drei Jahre dabei, als mich eines Abends gegen zehn Uhr der Geschäftsführer des Unternehmens anrief …

»N' Abend Herr Lange, folgender Sachverhalt: Eigentlich sollte ich morgen nach New York fliegen, um in unserer Zentrale in der Park Avenue Colgate Palmolive als Länderchef zu präsentieren. Aber ich bin krank geworden, zu krank, um diese Aufgabe wahrnehmen zu können. Deshalb möchte ich, dass Sie diesen Job übernehmen.« Einen Moment lang war es ganz still in der Leitung. Auf dieses Angebot musste ich auf die Schnelle erst einmal eine Antwort finden. Meine erste Reaktion – ein Ausweichmanöver: »Ihr Angebot ehrt mich sehr, aber Sie wissen, dass ich nur Produktmanager bin? Ich meine, Sie haben Marketing-Direktoren, Sie haben Marketing-Leiter …« Weiter kam ich nicht, ich wurde jäh unterbrochen: »Glauben Sie mir, Herr Lange, ich habe mir genau überlegt, warum ich will, dass Sie fliegen.« – »Und warum?«, kam nun meine verdutzte, aber wie ich fand berechtigte Nachfrage wie aus der Pistole geschossen. »Das erzähle ich Ihnen, wenn Sie wieder da sind.«

Doch er hatte mich noch keineswegs davon überzeugt, dass ausgerechnet ich diese Chefsache übernehmen sollte, weshalb ich weitere Versuche startete, mich vornehm aus der Affäre zu ziehen. Meinem ersten Argument: »Ich habe gar kein Visum«, begegnete er mit einem knappen: »Kein Problem, Herr Lange. Die amerikanische Botschaft an der Alster ist informiert, mein Fahrer bereits unterwegs zu Ihnen. Sie bekommen noch heute Abend Ihr Visum.« Mein zweiter Versuch lautete: »Ich habe aber keinen einzigen Dollar!« – »Kein Problem, ich habe noch 2000 Schweizer Franken, die tauschen Sie am Flughafen um.« Und bevor ich mein drittes Argument, das fehlende Flugticket, bringen konnte, fuhr er fort, als könne er Gedanken lesen: »Dort lassen Sie dann auch mein First-Class-Ticket auf Ihren Namen umschreiben, und mein Hotelzimmer übernehmen Sie auch.«

»Und was soll ich denen in New York denn erzählen?«, startete ich den letzten kläglichen Versuch. »Steht alles in den Unterlagen. Sie haben im Flieger ja acht Stunden Zeit, sich vorzubereiten.« Na prima! Du kannst dir denken, dass ich hin- und hergerissen war zwischen der verlockenden Aussicht auf eine wirklich spannende Aufgabe, einen First-Class-Flug und einen Aufenthalt in New York sowie der schier riesig erscheinenden Verantwortung für eine so wichtige Präsentation. So oder so machte ich in dieser Nacht kein Auge zu.

Am nächsten Tag flog ich nach New York, und mit jeder zurückgelegten Flugmeile verloren sich meine Befürchtungen, und meine Vorfreude nahm zu. Zum Teil kannte ich die amerikanischen Kollegen schon von Businessreviews in Deutschland und war mit ihnen bisher immer gut klargekommen. Einige Male hatte ich ihnen die Marke präsentiert, für die ich verantwortlich war, und ich wusste, dass ich ein gutes Standing in der Firma hatte. Während des Flugs arbeitete ich die gesamten Unterlagen durch. Die Spielregeln waren mir bekannt: Es galt, in New York die Performance der Produkte in Deutschland darzustellen.

Kurz und gut: Ich machte meine Sache in der Park Avenue prima und freute mich im Nachhinein riesig, diese Chance erhalten zu haben. Ich rief den Geschäftsführer an, um ihm Feedback zu geben. Außerdem sagte ich ihm: »Ich habe jetzt eine Bitte an Sie, ich möchte noch eine Woche Urlaub machen in Amerika. Wenn Sie nichts dagegenhaben, tausche ich den First-Class-Rückflug in einen Business-Class-Flug um. Damit kann ich dann noch auf die Bahamas, Bermudas und nach Jamaika fliegen.« Ich konnte den Chef am anderen Ende der Leitung nicht sehen, trotzdem hörte ich ihn quasi durchs Telefon schmunzeln, als er mir sein Okay gab.

Eine Woche später, zurück in Hamburg, ging ich als Erstes in das Büro des Geschäftsführers, denn eine Frage galt es noch zu klären: Warum ich? »Das ist ganz einfach, Herr Lange«, lautete seine Antwort. »Ihre Chefs, die Marketing-Direktoren, schielen alle auf meinen Posten. Und diejenigen Herren, die neben meiner Person darüber zu entscheiden haben, wer einmal auf meinem Sessel sitzen wird, sind ausnahmslos in New York auf dem Meeting zugegen gewesen, auf dem Sie Colgate Palmolive-Deutschland präsentiert haben. Sie glauben doch nicht im Ernst, dass einer von meinen vermeintlichen Nachfolgern in diesem Wissen dort drüben locker und entspannt einen guten Vortrag hinbekommen hätte?«

Genau das war aber bei diesem Meeting gefragt gewesen, erklärte der Geschäftsführer weiter. Jemand, der völlig unvoreingenommen, angstfrei und voller Leidenschaft die Marken des Unternehmens präsentierte. Er habe mich bei den vorhergehenden Meetings mit den Amerikanern in Hamburg beobachtet und sei sich sicher gewesen, dass ich das hinbekommen würde. Mit anderen Worten, er hatte mir eine spielerische Leichtigkeit unterstellt, die ich aufgrund meiner Position und meines Standings in der Firma auch tatsächlich an den Tag legen konnte. Obwohl die über mir stehenden Marketingleiter mehr Erfahrung hatten als ich, schien für den Erfolg der Sache ein psychologisches Moment entscheidend: die Tatsache, dass dieses Spiel für mich eine echte Herausforderung, aber keine Überforderung oder lähmende Bedrohung darstellen würde. Verlieren wäre daher ganz unmöglich gewesen. Machte ich meine Sache gut, würde die Präsentation mein Selbstvertrauen steigern. Hätte ich einen schlechten Vortrag hingelegt, hätte ich immerhin viel dazugelernt.

Natürlich wird es immer wieder auch Situationen in unserem Leben geben, die uns nicht nur existenziell wichtig erscheinen, sondern es tatsächlich auch sind. Mit ihnen spielerisch umzugehen, ist nicht leicht. Aber sich bewusst zu machen, dass wir im Leben viel seltener an diesen Punkten stehen, als wir denken, und dass die meisten Situationen leichter zu bewältigen sind, wenn wir sie mit der ernsthaften Leichtigkeit eines Fünfjährigen angehen, hilft ungemein. Es gibt viel mehr Menschen, die aufgeben, als solche, die tatsächlich scheitern.

Was es zu den Mitspielern noch zu sagen gibt: Sie kochen alle nur mit Wasser. Lass dich darüber nicht hinwegtäuschen. Und selbst die richtig guten Mitspieler werden immer wieder auf jemanden treffen, der noch mehr kann als sie. Zumindest wenn sie die wichtigste aller Regeln verstanden haben, nämlich dass man sich im Leben neuen Herausforderungen stellen sollte. Alle jedoch, die sich für die Größten und Mächtigsten halten, sollten sich Folgendes vergegenwärtigen: Es geht im Leben nicht um Sieg oder Macht. Die Spiele des Lebens kann man letztlich nie endgültig gewinnen – nur spielen.

Es gibt viel mehr Menschen, die aufgeben, als solche, die tatsächlich scheitern.

Welche Medaillen oder Titel wir errungen, welche Aktiengewinne wir erzielt oder wieder verloren und wie viele Stufen wir auf der Karriereleiter geschafft haben, darauf kommt es am Ende nicht an. Was zählt, ist, was wir tatsächlich mit unserem Leben anfangen, *wie* wir es leben, *wie* wir unser Spiel spielen, *wie* wir mit unseren Mitmenschen umgehen und ob wir glücklich und zufrieden dabei sind.

ERFOLG MACHT TRAURIG

WARUM NOCH NIE JEMAND ANGEKOMMEN IST

DA STELLE MER UNS ERST MAL JANZ DUMM

Betrachten wir alles, was wir tun, als Spiel, stellt sich die Frage, ob die Spiele ein Ziel haben. Im vorherigen Kapitel hatte ich bereits erwähnt, dass die eigentliche Chance jedes Spiels darin besteht, zu wachsen und uns weiterzuentwickeln. Nach landläufiger Meinung sollte man in Spielen und zumal in den Spielen des Lebens – also etwa in Beruf und Partnerschaft – jedoch auch immer nach Erfolg streben. Der Definition nach ist Erfolg erst einmal nichts anderes als das positive Resultat persönlichen Handelns – weshalb die meisten Menschen in ihm auch etwas durchaus Erstrebenswertes sehen. Ja, es gibt tatsächlich wenige Begriffe, die so eindeutig positiv besetzt sind wie Erfolg. Es wäre doch auch zu schön, wenn man es irgendwann geschafft hat. Wenn all die Entbehrung nicht umsonst gewesen wäre und man einmal keine finanziellen Sorgen und eine funktionierende Partnerschaft hätte. Oder wenn man vielleicht sogar bekannt, ja berühmt würde ... Die Flut an Erfolgsbüchern, -seminaren und -vorträgen und auch die So-werden-Sie-erfolgreich-Angebote in meiner Branche scheinen die positiven Assoziationen noch zu belegen. Selten herrscht so sehr Einigkeit wie bei diesem Thema. Klärungsbedarf gibt es da keinen – oder doch? Irgendwas kann schließlich nicht stimmen, wenn der Buchmarkt jedes Jahr mit neuen Büchern zum Thema Erfolg überschwemmt wird und damit deutlich wird, dass der

Erfolg sich bei Menschen also scheinbar doch nicht wie gewünscht einstellt.

Um uns auch hier von der herkömmlichen Sichtweise zu lösen und den Erfolgsbegriff einmal anders, nämlich aus einer neuen Perspektive zu sehen, gehen wir am besten nach der Methode des legendären Professor Bömmel aus dem Film *Feuerzangenbowle* vor. Lehrer Bömmel, der seinen Schülern Bau und Funktion einer »Dampfmaschin« näherbringen will, fordert seine Eleven auf: »Da stelle mer uns janz dumm.« Auch wir machen nichts anderes und fragen erst einmal völlig unbedarft: *Wer* genau will denn eigentlich Erfolg? Zunächst, so möchte man nach obiger Definition meinen, will *jeder* erfolgreich sein. Doch sobald wir etwas genauer hinschauen, fällt auf, dass wir es mit zwei verschiedenen Sorten nach Erfolg strebender Menschen zu tun haben. Da gibt es die, die Blut geleckt haben und den Hals nicht vollkriegen. Sie sausen auf der Überholspur des Erfolgs am Durchschnitt vorbei und schreien laut »mehr, mehr, mehr«.

Und dann gibt es noch diejenigen, die ein Ziel besonders hartnäckig verfolgen, weil sie am weitesten von ihm entfernt sind. So sucht Macht am dringlichsten, wer Ohnmacht spürt. Reichtum erträumen sich jene, die in Armut leben. Wir träumen ja nicht vom Ferrari, während wir ihn fahren. So gesehen suchen alle diejenigen Erfolg, die erfolglos sind. Provokant ausgedrückt: Alle Loser wollen Erfolg – oder das, was sie sich in ihren heißesten Träumen darunter vorstellen. Wir streben halt immer nach dem, was wir nicht haben. Wie viele kleinwüchsige Männer strebten nach hohen und höchsten Ämtern? Sie sind Legende.

Viele Mitarbeiter, Abteilungsleiter, ja Geschäftsführer würden nur für die Aussicht auf den nächsten erfolgreichen Karriereschritt so gut wie alles tun. Wie oft erinnerte uns ein Meeting an eine Art Bewerbungslaufsteg, wie oft singen Kollegen dem Chef jedes Lied vor, das er hören will, nur um irgendwann auf der Karriereleiter noch einmal weiterzukommen? Dass dieses Permanent-Casting nicht glücklich macht, ahnen die meisten in ihrem tiefsten Inneren. Dennoch steigen nur die wenigsten aus. Im Karriere-Karussell übersteigt die Zahl der Gescheiterten bei Weitem die derjenigen, die das Rennen gemacht haben. Ein Tennisturnier mit 36 Teilnehmern zeitigt 35 Verlierer.

»Stelle mer uns – erneut – janz dumm« und fragen diesmal: Warum? Warum suchen Menschen, ob nun die schon erfolgreichen oder die noch erfolglosen, nach Erfolg? Meine These dazu kennst du zum Teil bereits aus dem dritten Kapitel. Sie lautet: Mama – beziehungsweise: Mama und Papa! Nach unserer herkömmlichen Sichtweise steht Erfolg für uns zweifellos im Zusammenhang mit Glück, Zufriedenheit, Geborgenheit, Sicherheit, auch mit Wohlstand, Anerkennung, Bewunderung, ja sogar mit Liebe und schließlich mit Einfluss und Macht – denn wer erfolgreich ist, der ist beliebt, dem hört man zu. Für unseren Verstand lässt sich all dies wiederum zusammenfassen unter dem Stichwort: Überleben.

Dahinter steht jedoch noch eine zweite Wahrheit: Wir streben nach diesem Zustand, weil etwas in uns genau zu wissen scheint, dass Erfolg erstrebenswert ist. So wie wir wissen, dass wir eine rechte Hand haben. Woher wir diese Gewissheit nehmen? Wir haben diese Erfahrung tatsächlich schon einmal in unserem Leben gemacht und – an eine sehr starke emotionale Ladung gekoppelt – tief in uns gespeichert: In unserer Kindheit haben zumindest die meisten von uns all die Dinge, die wir mit Erfolg assoziieren – Glück, Geborgenheit, Sicherheit, Liebe, Anerkennung, Bewunderung –, schon einmal erlebt.

Mama und Papa, unsere Eltern waren es nämlich, die uns als erste Personen Liebe und Anerkennung entgegengebracht haben. Das Besondere an ihrer Liebe: Sie war absolut bedingungslos. Wir wurden geliebt um unser *selbst* willen. Allein durch unsere Geburt, mit unserem Erscheinen in dieser Welt stellte sich unser erster Erfolg ein, und zwar ohne dass wir irgendetwas dafür hätten tun müssen. Großartig, was? Babys machen ihre Eltern glücklich, zumindest hat es die Natur im Normalfall so eingerichtet. Kleine Kinder brauchen keine Bedingungen zu erfüllen, um geliebt zu werden. So wie sie sind, sind sie perfekt. Und genau das ist es ja auch, was wahre Liebe ausmacht.

Doch sehr bald schon nach der Geburt eines Kindes beginnen Eltern mit einem nie enden wollenden Prozess, genannt Erziehung. Und diese Erziehung, die die Kleinen vorbereiten soll auf das große Tauschgeschäft des Lebens, darauf, dass man nur etwas erwarten darf, wenn man auch etwas leistet, ist von einer eindeutigen Wenn-dann-Kausalität geprägt.

Wenn du artig bist …,
Wenn du deinen Teller leer isst …,
Wenn du gute Noten nach Hause bringst …,
Wenn du tust, was wir dir sagen …,
Wenn du unseren Erwartungen entsprichst …,

… dann haben wir dich lieb.

Konsequenterweise entwickelt das Kind hier die Angst, die Eltern zu verärgern oder gar zu verlieren. Liebe und Angst zeigen sich hier als die beiden entscheidenden Wurzeln jeglicher Motivation. Leider machen sehr viele Kinder bereits in frühen Jahren die Erfahrung, dass die bedingungslose Liebe ihrer Eltern nach und nach dieser Wenn-dann-Kausalität weicht. Man kann auch sagen, dass sie dieses Liebe-gegen-Leistungs-Prinzip mit der ersten elterlichen Liebe von Mama und Papa zu verwechseln beginnen. Und seither meinen sie, dass auch Liebe ihren Preis hat, und versuchen, den Verlust der bedingungslosen Elternliebe durch Leistung und Erfolgsmeldungen zu kompensieren. Deshalb glauben sie auch, dass sie sich Erfolg wünschen, wenn sie sich eigentlich nach der Liebe ihrer Kindheit zurücksehnen.

Hinter besagtem Wenn-dann-Prinzip steht eine Übereinkunft, die bereits das gesellschaftliche Zusammenleben unserer Eltern- und Großelterngenerationen geprägt hat und nach der auch wir erzogen wurden: Sie beruht auf dem Glauben, mit der Erfolgsstrategie bestens fürs Leben gerüstet zu sein. Diese Überzeugung ist uns allen bekannt, sie lautet: Leiste was, dann haste was, dann biste was. Kurz: Dann hast du Erfolg! Und dieser Deal ist es, der uns am Laufen hält – nach dem Prinzip Hoffnung. Hoffnung darauf nämlich, dass dieser Glaubenssatz sich bewahrheitet – und unsere Sehnsucht nach der Liebe unserer Kindheit irgendwann noch einmal in Erfüllung geht. *Wenn* wir nur erfolgreich genug sind, *dann* … Leider hat man uns eines nicht verraten: Wie viel Erfolg braucht man zum Glücklichsein? Und: Was passiert, wenn wir am vermeintlichen Ziel angekommen sind? Dann, was …?

Als ein besonders eindrückliches und tragisches Beispiel eines Menschen, der sich auf sehr offensichtliche Weise nach bedingungsloser Liebe sehnt, ist mir der erfolgreiche Businessmann und Gründer von CNN, Ted Turner, in Erinnerung geblieben. Er wurde 1991 in den USA vom *Time Magazine* zum »Man of the Year« gekürt. Bei seiner Dankesrede hielt der gestandene Geschäftsmann das Magazin mit seinem Konterfei auf der Titelseite in die Kameras und brachte mit tränenerstickter Stimme nur einen einzigen Satz heraus: »Reicht dir das, Daddy?«

Tja, woher wissen wir, wann es reicht? Und wenn es reicht – was *dann*? Inzwischen weißt du: Schon die Frage ist falsch gestellt, was daher rührt, dass hier zwei komplett unterschiedliche Dinge miteinander verwechselt werden, nämlich die bedingungslose Elternliebe mit einem zeitweiligen, positiven »Erfolgsgefühl«. Dazu kommt, was wir inzwischen ebenfalls schon wissen, dass nichts und niemand uns glücklich machen kann – außer wir uns selbst. Da können wir von noch so vielen Erfolgsmeldungen berichten. Solange wir uns nicht im Klaren darüber sind, dass allein schon unser Dasein ausreicht, um glücklich zu sein, dass wir das höchste Geschenk schon bei der Geburt erhalten haben, werden uns auch noch so rekordverdächtige Leistungen nicht zu langfristiger Zufriedenheit verhelfen. Ein weiteres Argument, das gegen Erfolg als alleinigen Glücklichmacher spricht, lautet: Es ist noch nie jemand angekommen.

In Udo Lindenbergs Ballade *Horizont* lautet der Refrain: »Hinterm Horizont geht's weiter …« Immer wenn ich dieses Lied höre, erinnere ich mich an meine Zeit im Studentenwohnheim an der Alsterkrugchaussee in Hamburg. Ich war damals 23 Jahre alt und saß mit meinen Kumpels oft in der Aula des Wohnheims, in der Udo mit seinem Panik-Orchester mehrmals in der Woche probte. Ich habe diesen abgefahrenen Typen sehr gemocht. Natürlich haben wir Studenten ihn als angehenden Rockstar bewundert. Gerade mit seiner Ballade spricht Udo genau das an, was wir uns auch in Bezug auf Erfolg und unsere Ziele im Leben, ja in Bezug auf das Leben überhaupt, immer vor Augen halten sollten: Es ist noch nie jemand angekommen. Selbst unser Ende auf dieser Erde ist, genauso wie Udo es besingt, wieder nur der Anfang zu etwas Neuem. Hinterm Horizont geht's weiter …

Damit gibt der Song gleichzeitig die Antwort auf obige Frage: Erfolgreich ganz oben – und nun was? *Dann* geht's weiter! Was wir auch tun, ein Ziel kann immer nur ein Etappenziel sein. Das Leben ist keine Zielerreichungsstaffel. Es gibt sie nicht, die berühmte letzte Sprosse auf unserer persönlichen Karriereleiter, die allumfassende Antwort auf all unsere Fragen. Um noch einmal das Bild vom Horizont zu bemühen: Wir können schon deshalb nicht ankommen, weil, egal wie weit wir auch gehen, der Horizont sich in immer gleicher Distanz zu uns befinden wird. Was man für den Gipfel hält, ist nur eine weitere Stufe. Wenn wir also einen Berg erklommen, ein Ziel erreicht haben, wird danach immer ein neuer Gipfel, eine neue Herausforderung auftauchen. Jeder Peak ist nur eine Stufe zum nächsten Peak – und dazwischen liegt, wie du inzwischen weißt, immer wieder ein neues Tal.

Was du für den Gipfel hältst, ist eine Stufe. (SENECA)

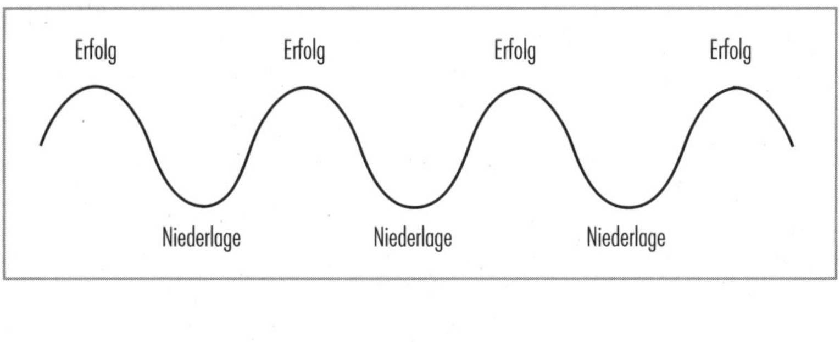

Es ist eine weitere Illusion unseres Verstandes, zu meinen, irgendwann einmal im Leben könnten wir angekommen sein an dem einen großen Ziel. Da das Leben für uns nur als Berg- und Talfahrt sichtbar wird, kann sich zwar die Art unseres Spiels verändern, das Prinzip von *sowohl* Erfolg *als auch* Niederlage jedoch nicht. Das *black and white game* des

Lebens kannst du nicht gewinnen, nur spielen. Die Antwort auf die Frage: Was dann? lautet also: Von hier oben gibt es nur eine Richtung – abwärts. Aber der nächste Aufstieg kommt bestimmt.

EINMAL ZUM ZUCKERHUT ... UND DANN?

Wir alle kennen das geflügelte Goethe-Wort: »Himmelhoch jauchzend, zu(m) Tode betrübt«, das zeigt, wie nahe Freude und Leid oft beieinanderliegen. Treten diese beiden Zustände in sehr extremen Schwankungen auf, kann man von einem psychischen Problem, der sogenannten bipolaren affektiven Störung sprechen, besser bekannt als manisch-depressive Erkrankung. Sie wirkt sich bei den Betroffenen durch episodische, nicht kontrollierbare und extreme Ausschläge der Stimmung aus, die weit über normale Stimmungsschwankungen hinausgehen und in Richtung Depression oder Manie weisen. Zu den Betroffenen zählen unter anderem sehr erfolgreiche Menschen. In hypomanen Phasen begeistern sich diese für ungewöhnliche und gewagte Projekte, Ziele werden oft mit großem Engagement verfolgt. Wenn diese Ziele erreicht sind, folgt oftmals ein krasser Absturz in die Depression. In dieser Phase höchsten Leidens erscheint der Tod sehr oft als ein besserer Zustand als das Leben. Auch beschämen dann oft die Dinge, für die man sich in der manischen Phase sehr begeistert hat.

Himmelhoch jauchzend,
zu(m) Tode betrübt.
(Johann Wolfgang von Goethe)

Diese Störung ist ein sehr extremes Phänomen. Keineswegs leidet jemand unter ihr, nur weil er nach Erfolg strebt oder mit Feuereifer und viel Engagement bei der Sache ist. Ich führe sie hier nur als Beispiel an, um zu verdeutlichen, wie dicht die Freude über einen Erfolg und Traurigkeit beieinander sein können. Vor allem macht uns traurig, dass das Glücksgefühl nach einem Erfolg nicht ewig anhalten kann. Warum danach nichts weiter kommen soll als erneute Anstrengungen und Mühen – oder einfach wieder langweilige Routinen –, ist für uns jedenfalls nur schwer zu verstehen. Als Student habe ich diese Erfahrung selbst gemacht. Vor meinen letzten Prüfungen hatte ich mir vorgenommen: Wenn ich das Examen bestehe, laufe ich zehn Mal um die Uni. Was daraus wurde? Gar nichts! Einerseits war ich heilfroh, das Büffeln endlich hinter mir zu haben, andererseits viel zu traurig darüber, dass die schöne Studentenzeit nun hinter mir lag. Aus! Ende! Daher war mir die Lust auf einen Triumphmarsch um die Uni erst einmal gründlich vergangen. Erst in solchen Situationen habe ich verstanden, warum Vorfreude die schönste Freude sein soll.

Schauen wir uns in diesem Zusammenhang einmal jene viel bewunderten, ja beneideten Menschen an, von denen wir denken: Die haben es nun wirklich geschafft! Bei denen sind doch keine Wünsche mehr offen, was Wohlstand, Anerkennung und Einfluss angeht! In den letzten Jahren habe ich viele von diesen sogenannten Erfolgsmenschen im Einzel-Coaching erlebt. Gerade Personen, die im öffentlichen Leben stehen, auch Vorstände, Geschäftsführer und CEOs, Spitzensportler, die meinen, ganz oben angekommen zu sein, sagen im Briefing-Gespräch oft sinngemäß: »Sagen Sie mir nicht, wie ich meinen Job zu machen habe. Das habe ich drauf, sonst wäre ich nicht da, wo ich heute bin. Sagen Sie mir lieber, warum ich immer noch so unzufrieden bin.« Tja, warum? Sie alle hatten ihre Wenn-dann-Hausaufgaben gemacht. Wahnsinnsleistungen erbracht, Erfolge erzielt. Daran konnte es also nicht liegen. Doch ihre Fragen blieben: Was nun …? Und jetzt …? Was dann …? Und vor allem: Warum bin ich immer noch nicht glücklich?

Selbst wenn ihr Erfolg von ihrem Umfeld wohlwollend, ja bewundernd zur Kenntnis genommen wird, sind diese Menschen selbst oft nicht dauerhaft zufrieden. Dazu eine Geschichte, die ich mit einer Gruppe von Führungskräften eines Konzerns in Südamerika am Abschlusstag erlebt habe: In Rio de Janeiro hatte sich das Unternehmen für einige seiner Mitarbeiter noch eine besondere Auszeichnung ausgedacht. Frühmorgens, noch bevor die Seilbahn zum Zuckerhut offiziell geöffnet wurde, fuhren wir mit einer exklusiv gemieteten Kabine hinauf auf den Gipfel. Ganz allein dort oben sollte den Besten unter den Verkäufern als Auszeichnung für ihre Leistungen eine Weißgolduhr überreicht werden – eine Ehrung, die in dieser Firma schon Tradition hatte.

Bis zu dem Moment wusste keiner aus der Gruppe, wem die Ehre zuteilwerden würde, die Spannung war schon am Vorabend greifbar gewesen. Manche hatten Angst, nicht im Triumph nach Deutschland zurückkehren zu können. Ich hatte mir bis zu diesem Zeitpunkt nicht vorstellen können, welche Bedeutung ein solcher Anlass für gestandene Männer hat. Die Preisträger waren in Tränen aufgelöst und wirkten überglücklich über diese Form der Anerkennung, über die öffentliche Bestätigung ihres Erfolgs. Oder war es nicht doch eher Erleichterung? Was müssen das für Mühen und Entbehrungen, was muss das für ein Druck gewesen sein, unter dem diese Menschen standen, fragte ich mich. Nicht, dass ich so was nicht schon oft im Coaching erlebt hatte, aber dass Menschen sich so sehr mit ihren materiellen Zielen identifizierten, überrascht mich doch immer wieder.

Entsprechend provozierend wandte ich mich deshalb abends auf der Abschlussparty dieser ereignisreichen Reise an einen der Träger der kostbaren Uhr: »Und was kommt eigentlich jetzt?«, fragte ich ihn. »Die zweite Weißgolduhr?«

Ich bekam auf diese Frage nicht sofort eine Antwort, aber der Blick des Mannes zeigte mir, dass er mich nur zu gut verstanden hatte. Etwas später sagte er mir dann sehr ehrlich, damit würde er sich im Moment nicht beschäftigen wollen. Er würde jetzt erst einmal seinen Erfolg genießen. Aber er wisse genau, schon bald würde sich ihm diese Frage wieder aufdrängen. Was dann? Was könnte dieses Ereignis jetzt noch toppen?

GAME OVER

Das Beispiel zeigt, wie ambivalent unsere Sichtweise auf Erfolg ist, beziehungsweise was er unter bestimmten Umständen mit uns macht – oder auch nicht mit uns macht. Denn wenn wir genauer hinschauen, sieht es ganz und gar nicht so aus, als mache Erfolg per se glücklich. Doch diese Einsicht fällt manchem schwer. Andere trifft sie wiederum schlagartig, meist wenn sie ihr vermeintlich größtes aller Ziele erreicht haben. Auf dem absoluten Gipfel angelangt, wird ihnen die Fallhöhe bewusst. Nehmen wir zum Beispiel Boris Becker zum Zeitpunkt seines Karrierehöhepunktes: Mit seinem Sieg über Ivan Lendl bei den Australian Open in Melbourne 1991 beförderte er sich für zwölf Wochen auf Platz 1 der Weltrangliste. Damit hatte er alles erreicht, was man als Spitzensportler im Tennis erreichen konnte. War das nicht die Belohnung für all seine Entbehrungen, den Verzicht, die harte Arbeit? Musste dieser Moment nicht der glücklichste in seinem ganzen bisherigen Leben sein?

Doch an diesem Tag erlebten die Menschen, die das spannende Match vor den Bildschirmen oder direkt auf dem Center Court verfolgt hatten, keine geballte Becker-Faust, keinen jubelnden Tennisstar. Stattdessen mussten sie mit ansehen, wie Becker nach dem letzten Punkt mit versteinertem Gesicht seinen Schläger fallen ließ und aus dem Stadion rannte. Später schilderte er, wie er am Ufer eines Kanals gesessen und geweint habe. Warum? Weil ihm klar wurde, dass er diesen Moment, diesen absoluten Gipfel seiner Karriere nie wieder würde toppen können. Alles, was jetzt noch kommen würde, das wusste er auch, würde er immer daran messen. Von jetzt an konnte es für seine Karriere nur noch eine Richtung geben: *downhill*. In der Kurzfassung hieß das für ihn: *game over*!

Ein ähnliches Szenario konnten Formel-1-Fans und -Zuschauer erleben, als ein Journalist auf der legendären Pressekonferenz in Monza dem Champion Michael Schumacher zurief: »Das war jetzt Ihr 41. Grand-Prix-Sieg, Mr. Schumacher. Genau so viele hatte bisher nur Ayrton Senna. Jetzt sind Sie in Ihrer Disziplin die Nummer eins auf der Welt.« Es stimmte, die kühnsten Träume, die sich Klein Schumi auf der Kartbahn in seiner Heimatstadt Kerpen je hatte ausmalen können, waren in Erfüllung gegangen. Er war der Alleinherrscher seiner Disziplin.

Dennoch sahen wir auch an jenem Tag keine Bilder eines triumphierenden Superstars, das Gegenteil war der Fall: Schumi, zwischen seinem Bruder Ralf und Mika Häkkinen sitzend, brach unter Weinkrämpfen zusammen. Für eine Viertelstunde bekam er kein Wort mehr heraus. Warum? Auch er wusste, er würde diesen Moment nie wieder erleben können.

Und Ted Turner, der »Man of the Year«, der sein Leben lang versucht hatte, Erfolge einzuheimsen, um seinen Vater glücklich zu machen, verkündete nach seinem legendären »Reicht dir das, Daddy?« später noch mal auf einer Pressekonferenz: Ladies and Gentlemen, sie haben mich mit dieser Auszeichnung – zweifelsfrei dem Höhepunkt meines Berufslebens – zum traurigsten Menschen auf diesem Planeten gemacht. Denn erst heute wurde mir bewusst, dass ich sechzig Jahre am Leben vorbeigelebt habe, nur um der zu sein, den mein Vater in mir sehen wollte. Mein Leben beginnt erst heute.«

FREUDE – EINE HERZENSANGELEGENHEIT

Warum uns Erfolg letzten Endes traurig macht, lässt sich also zum einen durch die Fallhöhe erklären. Nach dem Motto: »Jetzt kann es ja nur noch bergab gehen.« Um dies zu empfinden, muss man keine Wirtschaftsgröße, kein Promi oder Sportprofi sein. Im gewöhnlichen Alltag erlebt jeder Mensch kleinere oder größere persönliche Höhepunkte, nach denen erst einmal kein weiteres Ziel in Sicht zu sein scheint.

Warum weinen Bräute auf Hochzeitsfeiern und sagen mit Tränen in den Augen: »Dies ist der schönste Tag in meinem Leben!« – Sie spüren, dass es schon morgen nicht mehr so perfekt sein wird wie noch an jenem Tag. Auch die Schwiegermutter heult, denn sie weiß, was kommt. Die Hochzeitsreise ist für den Bräutigam, sie hält die Illusion ein wenig länger aufrecht, aber die Fallhöhe existiert auch für ihn. Das Wort Hochzeit betonen wir demnach falsch, es müsste *Hoch*-zeit heißen. Nur damit assoziiert jeder, dass es dann wohl auch eine Tief-zeit geben muss.

Und was kommt, wenn die Kinder aus dem Haus gehen, was nach dem Südseeurlaub, auf den man so lange gespart hat, was nach der Fortbildung, der Riesenparty zum Sechzigsten oder nach der langersehnten Pension? Meist folgt eine schwer zu definierende Traurigkeit. Und die hat mit der Enttäuschung zu tun, dass das erhoffte und mit Sehnsucht erwartete dauerhaft gute Gefühl aus unserer Kindheit nicht eintritt. Die Vorstellung ewigen Glücks, die wir mit dem Gipfel-Erlebnis verbinden, bewahrheitet sich nicht, denn die große Euphorie über unsere Leistung, über das erreichte Ziel hält nicht lange an. Dafür wird uns früher oder später bewusst, welchen Preis wir für diesen Erfolg unter Umständen gezahlt haben.

Damit wir uns nicht falsch verstehen, ich habe nichts gegen Ziele einzuwenden, im Gegenteil: Ziele sind wichtig, denn sie setzen unsere Handlung in Gang. Aber die Freude sollte nicht erst am Ende einer Tätigkeit, am Ziel auf uns warten – wie eine Belohnung –, sie sollte auf dem Weg liegen. Freude habe ich in den ersten Kapiteln dieses Buches als eine Angelegenheit des Herzens beziehungsweise unseres Selbst beschrieben. Sie hat mit dem Verstand, dem Ego nichts zu tun. Wahre Freude entsteht ungeplant, sie kommt überraschend und unerwartet und entzieht sich der Kontrolle unseres Verstandes.

Im Gegensatz dazu sind Ziele immer Ego-dominiert und -dominierend. Denken wir nur einmal an all die Getriebenen, die Workaholics, die ohne Erfolgserlebnisse nicht leben zu können meinen. Durch den Verstand hat jeder etwas davon in sich. Ehrgeiz entstammt dem Ego genauso wie Neid, Missgunst, Eifersucht oder auch Hass. Hass auf einen Konkurrenten zum Beispiel, der statt uns das Rennen gemacht hat, oder auch Hass auf uns selbst, wenn uns etwas nicht gelungen ist. Ich betone diese Eigenschaften wie gesagt nicht, weil ich kritisieren will, dass Menschen sich Ziele suchen. Sehr wohl aber kritisiere ich, wie wir oft völlig verkrampft darum kämpfen, diese Ziele zu erreichen, koste es, was es wolle – unsere Gesundheit, unsere Zufriedenheit, unsere Lebensqualität oder unser seelisches Gleichgewicht.

Es ist durchaus ein erhebendes Gefühl, ein bestimmtes Ziel erreicht zu haben. Viele Menschen werden danach ruhiger und müssen sich nicht mehr alles beweisen. Allerdings ersparen wir uns viel Leid, wenn wir uns von vorneherein klarmachen, dass Ziele immer nur Etappenziele sind. Solange wir das nicht sehen, werden wir es nicht aus dem Rattenkäfig herausschaffen. Es wird weiterhin nur darum gehen, beim Rattenrennen die Ober-Ratte unter all den anderen Ratten zu werden – und dabei doch immer Ratte zu bleiben.

Ziele erreichen will also in erster Linie unser Verstand. Er ist ehrgeizig und strebsam darum bemüht, unser Überleben zu sichern, wie wir im zweiten Kapitel erfahren haben. Die Frage ist nur, bin ich Sklave meines Egos, seiner Begierden, Obsessionen, Überzeugungen, oder Herrscher im eigenen Haus? Verwirkliche ich illusionäre Ziele – die oft noch nicht mal meine eigenen sind – oder mich selbst? Natürlich kann uns auch Erfolg erst einmal zu einem guten Gefühl verhelfen. Wir sollten jedoch auseinanderhalten, dass die Genugtuung über den geplanten, angestrebten, erwarteten und dann eingetroffenen Erfolg allenfalls von kurzer Dauer ist. Häufiger handelt es sich bei diesem Gefühl um Erleichterung darüber, dass die Spannung nachlässt. Unsere Angst davor, eine Situation nicht bestehen oder im übertragenen Sinne nicht überleben zu können, löst sich auf. Sogenannte Freudentränen treibt uns deshalb auch nur echte Freude in die Augen. Die Tränen, die wir bei einem erreichten Ziel vergießen, sind eher Tränen der Erleichterung darüber, dass der Druck endlich weg ist. »Keiner von uns«, sagte der Bergsteiger Hans Kammerlander einmal, »genießt beim Aufstieg die Aussicht. Die Angst lässt dich auf jeden Schritt achten.«

Gehabt zu haben befreit vom Habenmüssen.

Um beim Beispiel Bergsteigen zu bleiben: Auf einem großen Pharmakongress in München erlebte ich einmal, wie

Reinhold Messner als mein Vorredner über seine Erstbesteigung des Mount Everest sprach. Es war ein packender Vortrag, der ganze Saal fieberte mit. Er erzählte von der monatelangen Vorbereitung des Unterfangens, dann vom Aufstieg zum Basislager und schließlich vom zermürbenden Abwarten dort, bis der richtige Augenblick für die letzte Etappe gekommen war. Endlich war es so weit, er wagte die letzten Schritte bis zum Gipfel – und beschrieb sie als die schwersten des gesamten Aufstiegs. Es war verblüffend, aber das eigentliche Gipfel-Erlebnis schilderte er seinen Zuhörern nicht etwa als Highlight, beglückend oder wenigstens berauschend. Das Gegenteil war der Fall!

Nichts von alledem, was er sich erwartet hatte von diesem Moment, dem Höhepunkt seiner Bergsteiger-Karriere, trat ein. Was er spürte, war nur eine völlige Leere, und er hatte nur einen Wunsch: runter von diesem Berg! Freude empfand er erst wieder im Tal, als er Kinder lachen hörte und die Pracht der Pflanzen erleben konnte.

Messner zeigte damit, dass man sich große Ziele suchen kann, dass es aber die kleinen Dinge in unserem Alltag sind, die uns, nein, nicht glücklich *machen*, sondern uns zeigen, dass wir glücklich *sind*. An anderer Stelle hat es Messner einmal so ausgedrückt: »Die Spitze des Berges ist nur ein Umkehrpunkt.«

Wichtig ist also, um auf die Frage nach der Zufriedenheit zurückzukommen, dass wir bei unseren täglichen kleinen und großen Herausforderungen und Zielen nicht aus den Augen verlieren, dass Empfindungen wie Freude, Liebe und Glück nicht von unseren Erfolgen beziehungsweise Misserfolgen abhängen. Und: dass noch nie jemand angekommen ist.

Auch unsere Sprache scheint diese tiefere Wahrheit für uns gespeichert zu haben. Wieder einmal müssen wir nur genauer hinsehen: Auf Englisch heißt Erfolg *success*, auf Französisch *succès* und auf Italienisch *successo*. Alle drei Begriffe basieren auf dem Lateinischen *succedere*, das sich übersetzen lässt mit »nachrücken«, »nachfolgen«. Daher möchte ich dir diese etwas ungewöhnliche Interpretation von Erfolg im Sinne von »nachfolgen« anbieten: Erfolg ist das, was folgt, wenn du dir selber folgst. Das heißt, um erfolgreich zu sein, musst du dir selbst treu bleiben. Interessanterweise entwickelte sich aus dem gleichen lateinischen Wortstamm auch das uns bekannte Adjektiv beziehungsweise Adverb »sukzessiv«, was mit »allmählich« übersetzt wird. In dieses »allmählich« möchte ich, im übertragenen Wortsinn, alle Erfolge einschließen, die wir nach und nach in unserem Leben erreichen – als Etappenziele wohlgemerkt. Das heißt mit anderen Worten, dass Erfolg sich nie in einem einzigen Moment findet, sondern in der Ganzheit unseres Lebensweges.

Was ich mit einer nachhaltigen Interpretation des Erfolgsbegriffs meine, wird vielleicht noch deutlicher, wenn wir uns das spanische Wort für Erfolg anschauen: *exito*. Im Spanischen wie auch im Englischen bedeutet *exit* nichts anderes als »Ausgang«. Dabei ist ja jeder Ausgang gleichzeitig ein neuer Eingang, ergo: Es ist noch nie jemand angekommen. Das weiß auch, wer schon einmal in Japan war und sogenannte Toriis gesehen hat, riesige Gebilde in Tor-Form. In einem Kloster in Kyoto stehen 70 solcher roten Toriis, mannshoch und unmittelbar hintereinander. Sie bilden eine ganze Allee aus Aus- beziehungsweise Eingängen, die man durchschreiten kann und die dir mit jedem Schritt sagen: Du bist nicht angekommen, du bist nicht angekommen, du bist nicht angekommen ...

Deshalb kann es uns auf Dauer gar nicht glücklich machen, sich die Freude immer erst für das Ende eines Weges aufsparen zu wollen. Abgesehen davon, dass dies auf Kommando ohnehin nicht funktioniert. Die Freude sollte auf dem Weg liegen, und wenn wir uns darauf einlassen, überkommt sie uns unerwartet. Um es noch einmal zu sagen: Der Weg ist das Ziel. Denn er führt nicht zum Glück, er ist das Glück. Was das für unsere Leistungen und Bemühungen bedeutet? Natürlich sollten wir trotzdem versuchen, unsere Fähigkeiten dort zu verbessern, wo uns dies wichtig ist. Und zwar genau so lange, bis wir meinen, dass wir sie gut beherrschen. Und dann? Keine Ziele mehr anstreben? Aber ja! Doch die Freude liegt auf dem Weg. Nicht im Erreichen. Und wenn wir dann mal wirklich Meister in einer Disziplin geworden sind, sollten wir bald wieder Schüler werden in einer anderen. Zum Glück gibt es unendlich viele Disziplinen, in denen wir noch mal zum Anfänger werden und dazulernen können.

Es gibt keinen Weg zum Glück. Glücklichsein ist der Weg.
(Buddha)

Nimm zum Beispiel deine Beziehung zu anderen Menschen. Lebst du alleine oder mit einem Partner? Vielleicht bist du noch Single, überlegst aber, dich zu binden. Warum auch nicht? Nichts spricht dagegen. Das Single-Spiel hast du lange genug gespielt. Warum nicht ein neues Spiel beginnen? Natürlich mit allem gebotenen Ernst. Aber bedenke immer eines dabei: Heiraten alleine macht nicht glücklich. Wer vor der Hochzeit nicht glücklich war, wird es auch danach nicht sein. Und die Frage, ob er oder sie dich wirklich glücklich machen wird, kannst du dir inzwischen selbst beantworten.

Ich habe nichts gegen Karriere im Sinne einer neuen Herausforderung. Aber auch hier gilt: Eine Beförderung alleine macht nicht glücklich. Sie verschafft dir allenfalls eine Erleichterung darüber, dass die Anstrengungen all der Jahre nicht umsonst gewesen sind. Das Wort Karriere entstammt übrigens dem Spanischen *carrera* und meint »Rennbahn«. Beziehen wir das auf unsere Berufswelt, sind wir ganz schnell wieder bei unserem Beispiel des Rattenrennens. Frage dich immer mal wieder, ob du deinem Beruf noch im Sinne einer Berufung folgst. Dann wirst du auch in einem nachhaltigen Sinne Erfolg haben – weil »du dir selber (nach-)folgst«, also dir treu bleibst. Wenn aus deinem Beruf eine Laufbahn oder sogar *Carrera*-Bahn geworden ist, ist es auch kein Wunder, wenn du keine Freude bei deiner Tätigkeit empfindest, sondern lediglich eine Belohnung dafür erwartest, dass du mal wieder ein vermeintliches Ziel erreicht hast.

Der Weg ist das Ziel. Interessanterweise ist uns diese Einstellung aus Urlaubs- und sogenannter Freizeit (gibt es etwas anderes als freie Zeit?) viel vertrauter. Hier sagen wir schneller mal, dass wir die Zeit einfach stressfrei genießen wollen. Hier sehen wir eher ein, dass die Freude auf dem Weg liegt. Wenn Segler beispielsweise ihr Boot betreten, sagen sie: »Wir sind angekommen.« Als Nicht-Segler denkst du erst einmal: »Wie geht das denn? Wir sind doch noch gar nicht losgefahren.« Aber darum geht es nicht. Für den Segler geht es um das Erlebnis des Segelns, um die Tätigkeit an sich. Und wenn wir Ski fahren, rasen wir ja auch nicht die Piste hinunter, so schnell wir können, nur damit wir so bald als möglich wieder am Lift ankommen. Nach dem Motto: Oh toll, schon wieder Schlepplift fahren, super! Nein, wir fahren aus Freude am Skifahren.

Diese Erfahrung hat mir mein Vater nahegebracht, als ich ungefähr 17 Jahre alt war. Wir waren zum Skifahren in den Dolomiten, und eines Morgens sagte er zu mir: »Du kennst doch nur eines, Lift hoch, Piste runter, Lift hoch, Piste runter. Heute zeige ich dir mal, was Skifahren eigentlich bedeutet.« Und an diesem Tag sind wir sieben Stunden nur mit Fellen unter den Brettern aufgestiegen, um am Ende des Tages eine einzige Abfahrt zu machen. Eine berauschende Abfahrt durch unberührten Tiefschnee. Natürlich erlebte ich jeden Schwung ganz anders, weil ich den Aufstieg auf meinen eigenen Beinen bestritten hatte. Aber das Tollste war: Mir hatte der Aufstieg durch die verzauberte, tief verschneite Landschaft genauso viel Freude gemacht wie diese eine Abfahrt. Jeder Schritt in dem knirschenden Schnee und dem ansonsten stillen, menschenleeren Szenario hatte mich meinem Selbst ein Stück näher gebracht und mein Ego zur Ruhe kommen lassen. Und den Berg hinauf wie hinab hatte die Freude auf dem Weg gelegen.

Wann immer wir aus dem Urlaub kommen, bemühen wir uns, Erholung und Gelassenheit noch so lange wie möglich in die Berufswelt einfließen zu lassen. Kein leichtes Unterfangen. Aber ein Umdenken ist auch hier möglich. Es gibt Menschen, auch auf hohen, verantwortungsvollen Posten, die uns den anderen Blick auf den Arbeitsalltag vorleben: Walt Disney zum Beispiel hat seinen großen Traum Disneyland in Florida 20 Jahre lang geplant und konstruiert. 14 Tage vor der Einweihung des Vergnügungsparks starb der Schöpfer dieser Kinder und Erwachsene gleichermaßen begeisternden Fantasiewelt. Ein Journalist befragte dazu Disneys Bruder: »Ist das nicht eine Tragödie? 20 Jahre lang hat Ihr Bruder an seinem Traum gearbeitet. Und jetzt, wo endlich alles fertig ist, wird er es nicht mehr sehen können.« Aber dieser antwortete: »Oh nein, Sir. Mein Bruder sah all dies schon vor 20 Jahren. Aber Sie dürfen es erst heute betrachten.«

Wenn wir in einer Sache erfolgreich sein wollen, gilt es, nicht aus den Augen zu verlieren, *wie* wir spielen, damit uns langfristig nicht die Freude am Spiel verloren geht. Dabei ist es völlig unerheblich, ob du scheinbar »ganz oben« in der Profiliga angekommen bist oder ob du ein Spiel auf Bezirksliga-Ebene spielst. Erfolgreich zu sein bedeutet vor allem, dir selbst nachzufolgen.

SELBST VERWIRKLICHEN

WARUM WIR EIGENTLICH ARBEITEN

WENN DEUTSCHE BEI DER ARBEIT SINGEN

Nachdem ich damals Deutschland den Rücken gekehrt hatte, führten mich meine Reisen auch nach Nepal, wo ich unter anderem eine Trekkingtour ins Annapurna-Massiv im Himalaja unternahm. Zwölf Tage brauchten wir für den Weg hinauf. Übernachtet haben wir in den Einraumhäusern der Sherpas, ein Volk, das im Himalaja zu Hause ist. Dort gab es keinen Strom, nur Kerzenschein, und man schlief der Kälte wegen zusammen an einem großen Feuer. Wir wuschen uns morgens in eiskalten Gebirgsbächen und erfuhren eine Lebensintensität, die kein Fünfsternehotel bieten kann. Am Ende marschierten wir dann wieder genauso viele Tage hinab, um schließlich in jenem kleinen Bergdorf anzukommen, von dem aus wir drei Wochen zuvor gestartet waren. Am nächsten Morgen wollten wir zu unserer letzten Etappe in den nächstgrößeren Ort aufbrechen, von dort aus sollte der Bus nach Kathmandu abfahren.

Am Vorabend dieses letzten Tagesmarsches hatte ich mich oben im Dorf vor eine Hütte gesetzt, um mir zum letzten Mal den Sonnenuntergang vor einer spektakulären Bergkulisse anzuschauen. Einige hundert Meter unter mir arbeiteten noch Menschen auf den Feldern. Sie waren dabei, junge Reispflanzen zu setzen. Das Besondere daran für mich war, dass sie sangen, während sie die Setzlinge in den Boden brachten. Die aufsteigenden Winde trugen ihre Melodie bis nach oben zu uns ins Dorf. Da dachte ich mir: Wie glücklich müssen Menschen sein, die bei ihren alltäglichen Verrichtungen singen.

Machen wir einen Zeitsprung: Jahre später habe ich ein Seminar für Südostasien-Manager, meist Europäer und Amerikaner, eines großen Pharmakonzerns gegeben. Wir waren in einem palastartigen Fünfsternehotel mitten in Jaipur untergebracht, der schnell wachsenden Hauptstadt des indischen Bundesstaates Rajasthan. Unter anderem sprachen wir über Motivation – in Bezug auf Mitarbeiter und natürlich auch auf die eigene Arbeit. Ich fragte die Seminarteilnehmer reihum: Warum arbeitest du eigentlich? Doch ich bekam nur Allgemeinplätze als Antwort und verzweifelte schon langsam, da keine meiner theoretischen Ansätze bei den Teilnehmern die erhofften Einsichten und Gefühle auslöste. Okay, sagte ich mir schließlich, wir machen das hier jetzt mal ganz anders …

In der Mittagspause nahm ich unseren indischen Reiseführer zur Seite und bat ihn, mir ein Dorf zu nennen, in dem die Menschen noch lebten und arbeiteten wie vor hundert Jahren. Mit einem Bus fuhren wir hinaus und hielten zunächst vor dem Eingang des Dorfes. Auf den Feldern konnten wir die Menschen bei der Zwiebelernte beobachten. Bei dieser Arbeit hackten Frauen die Zwiebeln aus dem Boden, Männer sammelten sie ein und brachten sie körbeweise zu einem Platz, an dem wiederum andere Frauen damit beschäftigt waren, die grünen Triebe der Zwiebeln zu entfernen, bevor sie sie auf einen mit einem Ochsen bespannten Wagen warfen. Auf diesem wurde die Ernte zum Markt gebracht. Unsere Beobachtung: Obwohl diese Menschen ihrer harten, monotonen Arbeit für Stunden nachgingen, waren sie fröhlich und heiter.

Die nächste Station auf unserer Tour führte in eine kleine Manufaktur im Dorf, in der kostbare Saris aus Seide genäht und bestickt wurden. In einem Raum saßen 16 Mädchen im Kreis und verzierten die Saris mit kunstvollen Mustern. Sie sangen bei ihrer Tätigkeit genauso, wie die Menschen damals auf den Reisfeldern von Nepal gesungen hatten. Und zwar nicht, weil wir ihnen zuschauten – wir hatten unseren Besuch nicht angekündigt –, sondern weil sie fröhlich waren bei dem, was sie taten.

Als Drittes besuchten wir einen Familienbetrieb, eine kleine Töpferei. Auch hier sahen wir, wie alle munter Hand in Hand arbeiteten. Der jüngste Sohn der Familie matschte mit seinen Füßen den Lehm. Er goss immer wieder Wasser über die Tonerde und lief so lange darauf herum, bis sie weich war. Seine Mutter formte Rohlinge aus dem Ton, die der älteste Sohn an einer Drehscheibe weiterverarbeitete. Der Vater stellte dann die fertige Töpferware in den Ofen, und die Töchter der Familie waren damit beschäftigt, die Gefäße zu bemalen. Auch in dieser Töpferei, in der jeder seine Aufgabe hatte, sahen wir zufriedene Gesichter, während die Familienmitglieder in ihr Tagwerk vertieft waren.

Zurück im Hotel, unterhielten wir uns über das, was wir gesehen hatten: Menschen, die bei ihrer Arbeit sangen. Klare, glückliche, offene Gesichter. Natürlich war uns allen klar, dass es nicht darum ging, die Situation dieser Menschen zu romantisieren. Obwohl: Länder wie Bangladesch oder auch Costa Rica stehen häufig an der Spitze von Studien, die untersuchen, wo die glücklichsten Menschen leben. Deutschland landet da nur im tiefen Mittelfeld. Es ging uns aber trotzdem viel mehr um das Bild eines singenden Arbeiters. Es schien der Vorstellung unserer stressigen, westlichen Arbeitswelt mit all ihren Zivilisationskrankheiten, mit ewigem Zeitdruck und komplexen Arbeitsabläufen so dermaßen zu widersprechen, dass es bei meinen Seminarteilnehmern die gleiche Faszination auslöste wie bei mir damals in Nepal.

»Stellt euch doch mal euren eigenen Arbeitsplatz vor, mit all euren Kollegen, euren Chefs. Und nun stellt euch vor, jeder Mitarbeiter im Unternehmen sitzt leise vor sich hin summend an seinem Schreibtisch oder läuft fröhlich trällernd über die Fluretage …«, forderte ich die Führungskräfte auf. »Das würde niemals passieren!«, lautete die einstimmige Antwort der Gruppe. Die Vorstellung sei völlig abwegig und ein Widerspruch in sich. Aber alle mussten zugeben, dass es durchaus eine schöne Vorstellung war. Weniger wegen der stimmlichen Begabung ihrer Arbeitskollegen, als der inneren Einstellung wegen, die uns das Singen vermittelt hatte: innere Zufriedenheit am Arbeitsplatz und Daseinsfreude.

WAT MUT, DAT MUT

Warum arbeitest du *eigentlich*, lieber Leser? Ist dir bei deinem Job – und wenn auch nur im übertragenen Sinne – zum Singen zumute? Und wenn nicht, warum nicht? Die meisten von uns stolpern in die Arbeitswelt, ohne sich jemals ernsthaft überlegt zu haben, was sie an ihrer Arbeit eigentlich reizt. Oft übernehmen wir einfach die Argumente unseres Umfelds, ohne groß darüber nachzudenken. Manche Menschen, meist jene, die in ihrer Arbeit so gar nichts Verlockendes sehen können, verdrängen ihre Beweggründe sogar ganz bewusst. Nur: Irgendwann stellt sich jedem die Sinnfrage. Es führt kein Weg daran vorbei. Spätestens gegen Ende unseres Lebens holt sie uns wieder ein. Was hat dieser Beruf aus mir als Mensch gemacht?

So wie wir in diesem Buch schon viele konventionelle Grundannahmen infrage gestellt haben, wollen wir jetzt jene Triebfedern beleuchten, die uns dazu bringen, jeden Morgen aufzustehen und zur Arbeit zu gehen. Holten wir dazu Erkundigungen auf der Straße ein, würde jeder Zweite auf die Frage, warum er oder sie arbeite, zunächst ausweichend entgegnen: »Muss ja!« Bei uns in Hamburg würde man sagen: »Wat mut, dat mut!« Es scheint uns also erst einmal gar nicht so leichtzufallen, eine Antwort darauf zu finden. Wenn ich – beispielsweise in meinen TETA-Seminaren – genauer nachhake, warum »dat mut«, bekomme ich häufig folgende Argumente zu hören: Zugespitzt formuliert meinen viele Menschen, sie arbeiten um einer Belohnung willen oder, um einer Strafe zu entgehen.

Eine Belohnung stellt zum Beispiel die berüchtigte variable Lohnkomponente dar, Bonus genannt. Auch andere Sachprämien – etwa eine Weißgolduhr, Veranstaltungen oder Reisen – werden gerne von Unternehmen eingesetzt, um einzelne Mitarbeiter auszuzeichnen und zu motivieren. Aber nicht nur die materielle Vergütung spielt eine Rolle, auch Lob und Anerkennung gehören in diese Kategorie. Vielen Mitarbeitern ist diese Art der Belohnung durch ihren Arbeitgeber sogar noch wichtiger als Geld oder Geschenke – die letzten Endes oft genug als Schmerzensgeld empfunden werden. Entschädigung halt.

In meinen Seminaren ist der Wunsch der Teilnehmer nach mehr Anerkennung omnipräsent: »Mein Chef soll doch bitte endlich mal anerkennen, wie ich mich für ihn quäle. Aber für ihn scheint das ja selbstverständlich zu sein, dass ich Extraschicht um Extraschicht schiebe.« Interessanterweise höre ich im Führungskräfte- oder Einzelcoaching von den Chefs dieser Welt meist ganz ähnliche Aussagen: Auch sie kämpfen darum, ihre Position zu sichern, und ebenfalls in der Hoffnung, für ihre Leistungen – diesmal wiederum von ihren Chefs – Lob und Anerkennung zu erhalten. Damit will ich nicht entschuldigen, dass manche Mitarbeiter von manchen Chefs durchaus zu wenig Bestätigung erfahren, sondern vielmehr erklären, warum das System von Lohn und Strafe so selten hinterfragt wird. Es setzt sich auf allen Ebenen fort.

Angst vor Bestrafung – der gegenteilige Beweggrund für manche, zu arbeiten – kommt in der Berufswelt mindestens genauso oft vor, wenn auch weniger häufig offen darüber gesprochen wird. Sehr viele Menschen arbeiten tatsächlich, um nicht bestraft zu werden. Zu möglichen Strafen zählen – wie schon in der Schule – schlechte Beurteilungen, die gestrichene Gehaltserhöhung oder im schlimmsten Fall die Kündigung. Aber auch fehlende soziale Anerkennung oder gar Missachtung werden, wie oben schon beschrieben, als Strafe empfunden. Ob im Job oder im privaten Bereich, jeder hört gerne und erzählt auch gerne davon, dass er oder sie gute Arbeit leistet und dafür gelobt wird.

Beides, sowohl die Hoffnung auf eine Belohnung als auch der Versuch, Tadel zu umgehen, sind Um-zu-Beweggründe und damit der Wenn-dann-Kausalität aus dem letzten Kapitel zuzurechnen. Ob wir leben, *um zu* arbeiten, oder arbeiten, *um zu* leben: Alles, was wir tun, *um ... zu ...*, tun wir nicht für uns selbst, sondern in Abhängigkeit von einem äußeren Ereignis. Dass uns dies nicht glücklich machen kann, wissen wir inzwischen. Unter anderem auch deshalb, weil alles, was wir tun, um ... zu ..., auf die Zukunft hin ausgerichtet ist. »Ich arbeite viel, um in Zukunft ein besseres Leben zu haben.« – »... um mir irgendwann ein tolles Auto kaufen zu können.« – »... um mir einen hohen Lebensstandard im Alter zu sichern.« – »... um später zu reisen.« – »... um in Zukunft mehr von meinem Chef wahrgenommen zu werden.« – »... um der nächste Träger der Weißgolduhr zu sein.« Selbst unsere Angst vor einer Bestrafung ist zukunftsgerichtet: »Ich arbeite bis zum Burn-out, um vor den anderen bestehen zu können.« Sprich, um nicht mit Missachtung gestraft zu werden. Wir fürchten uns davor, irgendwann den Preis zahlen zu müssen, wenn wir heute nicht genau das Richtige tun.

Die Zukunft aber, auch davon sprachen wir an anderer Stelle bereits, ist nichts als eine Illusion. Wer also arbeitet, um ... zu ..., lebt eigentlich am Leben vorbei. Da seine ganze Aufmerksamkeit auf die Zukunft gerichtet ist, tritt seine Arbeit im Hier und Jetzt in den Hintergrund und wird so zu einem sinnentleerten Zielerreichungsinstrument. Aber Ziele sind, ganz richtig, nichts als Zwischenstationen zwischen der letzten und der nächsten Aufgabe. Stell dir vor, du fährst mit dem Auto von Hamburg nach München. Du kannst über die Vorstellung fluchen, sechs Stunden hinterm Steuer zu sitzen. Dann allerdings wärst du nur unterwegs, um von Hamburg nach München zu gelangen – und würdest volle sechs Stunden am Leben vorbeirasen. Wärst du mit dem Herzen dabei und würdest dich bewusst dafür entscheiden, hättest du Zeit für dich. Ich kenne jemanden, der diese Strecke des Öfteren fährt und je nach Landschaft entsprechende Musik-CDs einlegt.

Ein Leben, um ... zu ..., bedeutet hohe Opfer in Kauf zu nehmen, in der Hoffnung, dass sich diese irgendwann einmal auszahlen. Ja, in der Hoffnung, dass der Deal unserer Kindheit hält, was er einmal zu versprechen schien. Leider werden wir auf diese Weise zwar Experten in Sachen Selbstaufopferung, verlernen aber, das Leben – und dazu gehört auch unsere Arbeit – in vollen Zügen zu genießen. Wir erleben höchstens kurze Inseln von Entspannung, und zwar immer wenn der Druck von Lohnerwartung oder Strafvermeidung nachlässt. Damit machen wir uns jedoch vollkommen abhängig von äußeren Ereignissen wie Belohnung oder Bestrafung.

Letzten Endes bleiben wir so lange Getriebene, wie diese Um-zu-Kausalität unsere Arbeitsphilosophie ausmacht. Und der Preis? Wir schuften uns zu Tode.

Ganz anders als Erwachsene im Hinblick auf unsere Arbeit haben wir uns damals als Kinder beim Spielen verhalten, weshalb ich noch einmal auf das Thema zurückkommen und dazu folgende Geschichte erzählen will: Ein kleiner Junge ist mit seiner Familie im Dänemarkurlaub. Während seine Eltern in der warmen Sommersonne vor sich hin dösen, verbringt der Kleine die Tage am Strand damit, die schönsten Sandburgen zu bauen. Für Stunden ist er konzentriert bei der Sache und geht in seinem Spiel voll auf. Als schließlich wieder einmal ein großes Werk vollbracht ist, ruft der Junge: »Papi, schau mal, meine Burg ist fertig!« Der Vater des Jungen erwacht aus seinem Nickerchen und sieht zu seinem Entzücken, dass sein Sohnemann wieder mal architektonische Höchstleistungen vollbracht hat. Mit stolzgeschwellter Brust schaut er zu den anderen Strandbesuchern und bedeutet diesen mit vielsagenden Blicken: Mein Sohn, sehen Sie mal, was für eine Burg, die hat mein Sohn gebaut!

Da sieht er plötzlich voller Entsetzen, wie der Kleine die Arbeit von Stunden in Sekunden niederbügelt. Wie Godzilla über New York kommt er über das Kunstwerk aus Muscheln und Sand und trampelt seine Burg nieder – übrigens mit derselben Euphorie, mit der er sie zuvor gebaut hat. Der Vater kapiert gar nichts mehr: »Bist du wahnsinnig? Warum machst du denn die schöne Sandburg kaputt? Du hast so lange daran gearbeitet und dir solche Mühe gegeben.« Was er als Erwachsener nicht versteht: Sein Sohn ist nicht am Ergebnis interessiert, sondern am Erlebnis. Der kreative Entstehungsprozess, das Bauen der Burg, hat den Kleinen erfüllt. Für ihn lag die Freude im Tun selbst. In dem Moment, da die Burg fertig war, wurde das Spiel uninteressant. Um dem Vater dies deutlich zu machen, müsste man ihn eigentlich fragen: Mal ganz ehrlich, Vati, was soll er denn deiner Meinung nach machen mit der Burg? Soll er die jetzt verwalten, oder was?

Wenn wir Kinder fragen: »Warum tust du das, was du gerade tust?«, geben sie uns die intelligenteste Antwort, die ich kenne – und wir alle hatten sie drauf, als wir noch klein waren. Auf die Frage »Warum?« antworteten wir mit: »Darum!« Ganz einfach! Aus Freude am Tun, aus keinem anderen Grund. Bezogen auf unsere Arbeitswelt führe ich gerne die Weisheit eines Amerikaners an, die dieser mal in einem meiner Verkaufsseminare zum Besten gab: »*The chase is sweeter than the catch*« – »Die Jagd ist süßer als der Fang.« Dieser Mann bestätigte damit in anderen Worten, was der geniale Raketenforscher Wernher von Braun auf die Frage eines Journalisten antwortete: »Sagen Sie mal, Herr von Braun, war das nicht unheimlich frustrierend, zehn Jahre haben Sie gebraucht, um auf dem Mond zu landen, zehn Jahre, bis Sie endlich Ihr Ziel erreicht hatten?« Von Braun entgegnete darauf: »Sie irren sich, Sir, wir sind noch gar nicht angekommen. Wir wollen weiter auf Mars und Venus.« Und dann folgte sein berühmter Satz: »*All that I've done, I've done for the fun of it. The doing was more important than the done.*« Auch von Braun war seine Tätigkeit, das Forschen, wichtiger als das Ergebnis.

The chase is sweeter than the catch.

Das Erlebnis gibt uns auf Dauer mehr als das Ergebnis. Erheben wir diese Haltung zur Arbeitsphilosophie, stellt sich erst einmal überhaupt nicht die Frage, ob wir mit dem, was wir tun, erfolgreich, wohlhabend oder gar berühmt werden. Es geht um das Verhältnis zu unserer Arbeit als solcher, und zwar zu jeder Form von Arbeit, nicht nur zu den Sahnestücken, sondern zu wirklich allem, was wir im Leben tun.

Ob wir den Keller aufräumen, den Rasen mähen, Holz hacken, uns durch unsere Steuererklärung arbeiten oder uns mit anderen, zur Routine gewordenen Tätigkeiten beschäftigen. Bei allem im Leben sollte es letztendlich nicht darum gehen, zu tun, was man liebt, sondern zu lieben, was man tut.

Nehmen wir beispielsweise den Maler Vincent van Gogh: Der ist auch nicht losgegangen, hat sich für teures Geld Staffelei und Farbe gekauft, jahrelang Malunterricht genommen, um dann damit Geld zu verdienen und ein berühmter Maler zu werden. Das Gegenteil war der Fall: Van Gogh war Maler aus Liebe zur Malerei. Punkt. Aus. Ende. Die Frage, ob er mit seiner Malerei würde Geld verdienen können, wird er sich durchaus gestellt haben, aber mit dem ersten Punkt hat das rein gar nichts zu tun. Im Falle von van Gogh weiß man heute: Er litt sein Leben lang Not. Für seinen Lebensunterhalt kam sein vier Jahre jüngerer Bruder auf, der mäßig erfolgreiche Kunsthändler Theo van Gogh. Vincent erhielt nie nennenswerten Malunterricht, beeinflusst haben ihn die Bilder anderer Künstler. Berühmtheit erlangten seine Werke erst nach seinem Tod, erst danach stiegen – tragischerweise für ihn – die Verkaufspreise für seine Bilder, und postum stellte sich Erfolg in dem Sinne ein, dass er zu einer weltweiten Berühmtheit wurde. Vincent van Gogh war nur Maler um der Malerei willen.

Du hast es schon gemerkt, ich stelle der Um-zu-Kausalität hier eine komplett entgegengesetzte Arbeitsphilosophie gegenüber: *Achieving to be happy or happily achieving!* Das ist hier die Frage. Und dazwischen besteht ein enormer Unterschied. Das eine meint den krampfhaften Versuch, etwas zu erreichen, um glücklich zu *werden*, das andere die aktive Entscheidung, Dinge zu erreichen, während wir einfach glücklich *sind*. Die Um-zu-Philosophie ist dir als Wenn-dann-Deal ja bereits aus dem Erfolgskapitel bekannt: Du musst erst unheimlich viel tun, um etwas zu bekommen und dann jemand zu sein. *Leiste* was, dann *haste* was, dann *biste* was. Aber so funktioniert das nicht! Du musst möglichst von Anfang an etwas sein, etwas tun, was dich glücklich macht, und alles andere wird sich einstellen. Wann genau, darum geht es erst einmal nicht. Hinter dieser Philosophie verbirgt sich nichts anderes als: Der Weg ist das Ziel. Oder, um es in den Worten unserer westlich-christlichen Religion zu sagen: *ora et labora* – »bete und arbeite«.

Wieso ausgerechnet »bete und arbeite«? Dieser vom Orden der Benediktiner stammende Glaubenssatz lautet vollständig: *Ora et labora (et lege), Deus adest sine mora* – »Bete und arbeite (und lese), Gott ist da [oder: Gott hilft] ohne Verzug.« Dieser Grundsatz sollte den Mönchen im Kloster nicht nur zu einem geregelten Tagesablauf verhelfen, er legte die Aufmerksamkeit erstmals zu gleichen Teilen auf die Arbeit *und* das Gebet. Letzteres können wir auch als Meditation begreifen oder als Bei-sich-Sein. *Ora et labora* steht im weitesten Sinne für den Glauben daran, dass der Weg zu Gott, also einem erfüllten Leben diesseits und jenseits, schlussendlich über das Gebet *und* unsere tägliche Arbeit führt. Arbeit wird dabei selbst zu einer Art Gebet oder Meditation.

Die Monotonie einer gleichförmigen Beschäftigung wird in vielen Religionen durchaus als etwas sehr Positives und Sinnhaftes angesehen. Auch die Arbeitsgemeinschaft eines Klosters trägt zur Komplexitätsreduktion im Alltag bei, und sie lehrt uns, Arbeit als Meditation anzusehen, als Möglichkeit, wertvolle Kraft und Ruhe in ihr zu finden. Das ist in der Tat eine entgegengesetzte Auffassung zu der, die uns heute allerorten in Form von Dauermeetings, Marathonkonferenzen und einer inszenierten und kultivierten hektischen Um-zu-Betriebsamkeit begegnet. Frage dich, wie kann deine Arbeit zur Meditation werden? Wie kannst du es schaffen, im Weg wieder das Ziel zu erkennen und die Freude auf deinem Weg? Sinnhaftigkeit im Tun an sich. Im Film *Club der toten Dichter* antwortet Keating auf die Frage, warum er als Lehrer arbeite: »Weil ich gerne unterrichte – ich möchte nirgendwo anders sein.« Darum also!

GELD – EIN RELATIVER WERT

Natürlich wissen wir nicht immer sofort, warum genau wir etwas tun. Aber spätestens in dem Moment, da wir uns ernsthaft mit der Frage auseinander- und einen Bewusstwerdungsprozess in Gang setzen, merken wir ziemlich bald, was uns antreibt. Wenn ich alles, was ich tue, mit höchster Achtsamkeit tue, werde ich mich immer erfüllt fühlen. Solange ich abhängig bin von äußeren Ergebnissen, wird nur mein Ego genährt. Um diesem Unterschied noch einmal genauer nachzugehen, sollten wir uns mit dem Thema Motivation beschäftigen. Die beiden Wurzeln der Motivation sind die uns am allermeisten prägenden Emotionen Angst und Liebe. Unser Ego ist, durch sein Bestreben zu überleben, angstmotiviert. Die Grundfrage: Was ist für mich drin? Was nehme ich hier mit? Im Gegensatz dazu wird unser Selbst durch Liebe motiviert, Liebe zu uns selbst wie auch zu anderen und zu den Dingen, die wir gerne tun. Die Grundfrage hier: Welchen Beitrag zu einer Welt, in der ich leben möchte, kann ich leisten?

Auch die Motivationspsychologie unterscheidet zwei unterschiedliche Formen der Motivation und spricht von intrinsischer und extrinsischer Motivation. Der erste Begriff meint im weitesten Sinne ein Verhalten oder eine Tätigkeit, die aus uns selbst heraus motiviert ist und mit der keine externen materiellen Anreize, Anerkennung oder Bestrafungen einhergehen. Wenn wir intrinsisch motiviert sind, liegt die »Belohnung« in der Liebe zu einer sinnhaften Tätigkeit selbst.

Das Gegenteil der intrinsischen ist die extrinsische Motivierung. Ich spreche hier ganz bewusst von Motivierung (im Gegensatz zu Motivation) als einem Vorgang, durch den Menschen von außen zu etwas bewegt werden. Extrinsische Motivierung funktioniert, indem das Ego bestochen oder bedroht wird. Als extrinsisch motiviert bezeichnet man also jemanden, der eine Tätigkeit nicht um ihrer selbst willen, wegen ihrer Sinnhaftigkeit oder aus Freude ausübt, sondern wegen Anerkennung, monetärer Anreize oder, *um* einer Strafe *zu* entgehen. Genau, bei der extrinsischen Motivierung geht es um Um-zu-Beweggründe. Extrinsisch motivierte Menschen handeln aus Angst, etwas nicht zu bekommen, was sie unbedingt haben wollen, oder aus Angst, bestraft oder missachtet zu werden. Damit ist die extrinsische Motivierung ein Mittel zum Zweck und nicht nachhaltig und erfüllend wie ihre intrinsische Form.

Beide Formen, ex- und intrinsisch, schließen einander nicht unbedingt aus. Die wenigsten Menschen sind völlig frei davon, sich auch durch äußere Reize beeinflussen zu lassen. Es heißt, dass Freizeitaktivitäten häufiger intrinsisch, während arbeitsbezogene Tätigkeiten eher extrinsisch motiviert sind. Aber auch Berufstätige können stark intrinsisch motiviert sein, und zwar unabhängig davon, wie sie für ihre Tätigkeit entlohnt werden. Dies gilt besonders dann, wenn sie einer Arbeit nachgehen, die verantwortungsvoll und sinnvoll ist, kurz, die auf lange Sicht befriedigend ist und mit der sie sich identifizieren können. Seit ich meine Arbeit als Coach, Seminarleiter und Vortragsredner gefunden habe, kann ich für mich sagen: Ich arbeite schon lange nicht mehr, denn ich liebe, was ich tue. Für mich ist intrinsische Motivation, im Gegensatz zur extrinsischen Motivierung, zum

Lebensprinzip geworden. Das ist ein Grund, warum sich Freizeit und Arbeitszeit für mich nicht mehr unterscheiden.

Um diese abstrakten Begriffe zu konkretisieren, möchte ich eine weitere Geschichte erzählen: Sie handelt von einem alten Mann, der auf seinem Spaziergang von einer Horde Kinder aus der Nachbarschaft geärgert wird. Wie alles, was Kinder tun, tun sie auch das mit Freude und aus ganzem Herzen. Als sie schließlich genug haben und von dem alten Mann ablassen, sagt dieser: »Ich komme auch morgen hier vorbei, Kinder. Wenn ihr mich wieder so schön ärgert, kriegt jeder von euch einen Euro.«

»Was«, sagen die Kinder untereinander, »einen Euro fürs Ärgern? Super, wir sind dabei!« Und am nächsten Tag warten sie schon gespannt darauf, dass der Spaziergang des Mannes wieder bei ihnen vorbeiführt. Als er des Weges kommt, ärgern sie ihn erneut, und tatsächlich erhält jeder von dem Alten einen Euro. Danach verspricht er jedem 50 Cent dafür, dass sie ihn am Folgetag wieder ärgern. »50 Cent«, überlegen einige der älteren Kinder, die schon ein bisschen rechnen können, »das ist ja nur die Hälfte.« Und entsprechend halbherzig ärgern sie ihn am nächsten Tag. Als sich der Mann diesmal von den Kindern verabschiedet, verspricht er ihnen nur noch zehn Cent dafür, dass sie ihn am nächsten Tag erneut ärgern. Für zehn Cent, oh Wunder, ärgern ihn anderntags nur noch sehr wenige aus der ursprünglichen Gruppe. Und als er sich danach verabschiedet, verspricht er gar nichts mehr – mit dem Effekt, dass ihn in den Tagen darauf kein einziges Kind mehr ärgert.

Wie der alte Mann das erreicht hat? Er hat die Freude am »Tun an sich« ersetzt durch Belohnung. Da er aber die Dosis nicht erwartungsgemäß erhöhte, um das Spiel am Laufen zu halten, verloren die Kinder das Interesse. So ähnlich ist es sicher auch vielen von uns schon im Berufsleben gegangen. In dem Moment, in dem wir uns für einen Anreiz von außen entscheiden, kann es sein, dass uns die Freude am Tun verloren geht. Zumindest dann, wenn dieser Anreiz zur einzigen Triebfeder wird. Steht Geld allein im Vordergrund, wird aus der Berufung irgendwann ein Job. Die Geschichte von dem alten Mann und den Kindern zeigt es: Wer für Geld kommt, geht auch für Geld. Denn Geld ist, ich habe es an anderer Stelle schon einmal gesagt, nichts anderes als potenzielle Energie – und damit absolut relativ. Es ist nicht entscheidend, wie viel Geld wir haben, sondern dass wir mit dieser potenziellen Energie einen hohen Erlebniswert schaffen.

Was ich damit meine? Um dies zu beantworten, stelle ich die Gegenfrage: Was ist die sonnige Wärme am Strand eines teuren Luxusressorts auf Mauritius gegen zwei warme Kinderärmchen, die sich uns um den Hals legen? Und was ist ein Abend am Kamin einer Luxussuite gegen die von mir beschriebene Übernachtung mit Sherpas im Himalaja? Dass teuer nicht zwingend gut sein muss, ist genauso bekannt wie die Tatsache, dass Geld allein nicht glücklich macht. Deshalb hat wirkliche Lebensqualität im Sinne von Zufriedenheit mit diesem relativen Wert so wenig zu tun. Lebensglück hat keinen Verkaufspreis, und Lebensstandard ist nicht gleich Lebensqualität. Das bedeutet nicht, dass du keinen Porsche fahren darfst. Ich will dir nur nahelegen, dich zu fragen: Habe ich den Luxus, oder hat der Luxus mich?

WER FÜR GELD KOMMT, GEHT AUCH FÜR GELD

In Bezug auf die Arbeitswelt erlebe ich leider allzu oft, dass viele Firmen ihren Mitarbeitern gar nicht ermöglichen, sich an ihrer Tätigkeit zu freuen und über sich hinauszuwachsen. Bedingungen und Umfeld des Jobs werden oft sogar als demotivierend erlebt. Stattdessen versuchen Arbeitgeber, Untergebene in einer Endlosspirale extrinsischer Motivierungen, die zudem oft auf Misstrauen basieren, zu bestechen oder zu bedrohen. Solche äußerlichen Anreize und Kontrollen dienen letzten Endes nur dem einen Zweck: Menschen zu einer Arbeit zu verleiten, die sie innerlich eigentlich gar nicht machen wollen, weil sie in ihr nämlich keinen Sinn erkennen können.

In meinen Führungskräfte-Seminaren werde ich oft gefragt: »Wie kann ich meine Mitarbeiter besser motivieren?« Als Antwort erwarten die meisten Teilnehmer erst einmal die Quick-Tipps aus der Trickkiste des modernen Erfolgsmanagements, weil sie es aus anderen Seminaren meist nicht besser kennen. Aber es gibt keine einfache, kurze Gebrauchsanweisung, wenn es darum geht, Menschen zu fördern. Durch bloß mehr Geld, ein größeres Büro oder mehr Verantwortung werden Menschen nicht zu glücklicheren Mitarbeitern. Und glücklich müssen sie sein, wenn sie in der Lage sein sollen, die beste aller möglichen Leistungen für das Unternehmen zu bringen. Die gängigen Ratschläge zur Mitarbeitermotivation achten zu wenig auf den Menschen selbst, auf seine inneren Beweggründe zu arbeiten oder eben nicht zu arbeiten, und machen damit nachhaltigere Veränderungen unmöglich. Das Immer-mehr-Prinzip großer Konzerne gleicht dem Versuch, aus einer Raupe eine tollere Raupe zu machen, glitzernder, bunter, multifunktionaler. Dabei haben sie nicht verstanden, dass darin gar nicht die Bestimmung der Raupe liegt. Ihre Bestimmung ist es, zu einem Schmetterling zu werden und zu fliegen.

Wer wirkliche Veränderung will, muss den Mut haben, aus seinen Mitarbeitern Schmetterlinge werden zu lassen, und ihnen die Freiheit geben zu fliegen. Und der muss sich von »Besser! Schneller! Mehr!« verabschieden und ehrlich zugeben, dass eine Führungskraft ihre Mitarbeiter gar nicht motivieren kann. Da echte, also intrinsische Motivation immer nur in einer Tätigkeit selbst liegt, wissen gute Führungskräfte, dass sie ihre Mitarbeiter gar nicht von außen motivieren können. Dazu sind nur die Mitarbeiter selbst in der Lage. Eine Führungskraft kann das Spiel allenfalls so sinnvoll wie möglich gestalten, ein Spielfeld bereitstellen, hochinteressante Spielregeln vereinbaren und die Menschen für ihren Beitrag zum Ganzen schätzen. Alle anderen Mittel dienen höchstens dazu, Leute zu bestechen oder zu bedrohen. Mit anderen Worten: sie auf lange Sicht zu demotivieren.

PROTHESEN DES SELBSTWERTGEFÜHLS

Will man die Frage, warum wir *eigentlich* arbeiten, noch genauer beantworten, muss man verschiedene Entwicklungsstufen berücksichtigen, die wir in unserem Leben durchlaufen. In jeder einzelnen Lebensphase handeln und arbeiten wir aus anderen Motiven heraus und streben danach, unterschiedliche Bedürfnisse zu befriedigen. Sehen wir uns die einzelnen Stufen – sechs an der Zahl – einmal genauer an. Jede von ihnen ist für sich genommen eine Antwort auf die Frage: Warum arbeitest du *eigentlich*?

1. Stufe

Auf der ersten Stufe stehend, arbeiten wir tatsächlich schlicht und einfach, um unsere Existenz zu sichern. Menschen in Entwicklungsländern würden auf unsere Frage deshalb antworten: »Damit ich morgen etwas im Bauch habe.« Ihr Beweggrund ist das bloße Überleben. Darüber hinaus geht es ihnen allenfalls noch darum, zu überleben, ohne dabei den letzten Rest ihrer Selbstachtung und Menschenwürde zu verlieren. Da sieht es in unserer Welt schon anders aus. Zwar geht es auch hier erst einmal um reine Existenzsicherung, allerdings sind unsere Nöte lange nicht so dringlich, da uns ein dichtes Sicherheitsnetz aus staatlichen Sozialleistungen umgibt.

In unserem Land und weitestgehend auch in Europa muss niemand arbeiten, um im wahrsten Sinne des Wortes am Leben zu bleiben. Deshalb weisen unsere Bedürfnisse auf dieser ersten Stufe schon in eine andere Richtung. Dem Arbeiter bei VW mag es ums Überleben mit einem gewissen Komfort gehen. Er arbeitet, um einmal im Jahr nach Mallorca reisen und sich alle fünf Jahre einen neuen Golf leisten zu können. Bei Selbstständigen und Angestellten sieht es ähnlich aus, wenn ihr Einkommen ihnen vielleicht auch eine andere Reichweite zubilligt. Auch sie arbeiten, um ihre Bedürfnisse mit Konsum- und Luxusgütern zu befriedigen. Andere Vorlieben bei der Auswahl der Urlaubsziele und Automarken sind lediglich minimale Unterschiede. So oder so ist der Grund, warum wir morgens aufstehen und zur Arbeit gehen, auf dieser ersten Stufe: um unsere Existenz zu sichern.

2. Stufe

Haben wir Gewissheit darüber erlangt, dass unsere Existenz gesichert ist, begeben wir uns auf die zweite Stufe. Hier wollen wir ebenjenes Bedürfnis befriedigen, das wir auf Stufe eins in Bezug auf unsere Existenz gerade abgeschafft haben: Wir bekommen Lust darauf, Unsicherheit zu verspüren – »Angstlust« nennt die Psychologie das –, Lust auf Thrill. Zur Erinnerung: Der Mensch strebt nach Geborgenheit *und* nach Aufregung gleichermaßen. Fühlen wir uns sicher, wollen wir wieder Aufregendes erleben. Wir wollen wieder etwas riskieren im Leben. Warum? Weil das Leben im sicheren Hafen der Gewohnheit auch seinen Preis hat. Es wird verdammt schnell langweilig und fade.

In diesem Sinne baut die zweite Stufe auf der ersten auf: Sobald Sicherheit gewährleistet ist, geht es darum, erneut Unsicherheit zu erfahren, wenn auch auf einer anderen Ebene. Auf dieser wollen wir uns den Luxus der Herausforderung leisten, um uns lebendig zu fühlen – und zu wachsen. Menschen mit todsicheren Jobs haben meist die aufregendsten Hobbys, weil sie beim Motorradfahren, Tauchen oder Fliegen endlich mal das Gefühl haben zu leben. Die Antwort auf unsere Frage, warum wir eigentlich arbeiten, lautet deshalb auf der zweiten Stufe: um das aufregende Gefühl von Unsicherheit zu erfahren. *No risk, no fun*. Aber nur vor dem Hintergrund, dass Stufe eins als gesichert gilt.

3. Stufe

Lebe und arbeite ich nun in einer Art Gleichgewicht aus Sicherheit und Unsicherheit, Geborgenheit und Aufregung, begebe ich mich auf die dritte Stufe. Jetzt geht es mir darum, dass ich mit meiner Arbeit die Aufmerksamkeit anderer auf mich ziehen will. Meine Arbeit soll mir dazu verhelfen, jemand Besonderes zu sein. Ich will etwas bedeuten, etwas darstellen, und das erreiche ich durch bestimmte Signale, auch Statussymbole genannt: Dazu gehören Berufsbezeichnungen und schicke Titelsammlungen genauso wie der Vorzeige-Dienstwagen, das Akademiker-Wohnviertel, die richtige Partnerin oder der richtige Partner, die in der Branche angesehenen Geschäftsbeziehungen, der Urlaub im angesagten Fünfsternehotel oder die Weißgolduhr. Auf der dritten Stufe arbeiten wir also, um vermeintliche Bedeutsamkeit zu erlangen.

Wenn nun aber der Beweggrund meiner Arbeit allein darin besteht, in der Gesellschaft etwas zu bedeuten, ein Jemand zu sein, sind all diese signalisierenden Dinge nichts weiter als Prothesen meines Selbstwertgefühls. Ich spreche ganz bewusst von Prothesen, von Hilfsmitteln, um das Bild so deutlich wie möglich zu machen. Denn mit unserem wirklichen Selbstwert, mit unserem Selbst haben diese Dinge nichts zu tun. Sie dienen allein dazu, die Bedürfnisse unseres Egos zu befriedigen, wie es sich bei den ersten drei Stufen überhaupt um Egotrips handelt. Auf Stufe eins bis drei ist das Motiv, aus dem heraus wir handeln, schlicht Angst. Um diese Angst zu überspielen, leben wir nach dem Motto: Je mehr, desto besser. Wir können gar nicht genug davon bekommen, denn die angstgesteuerten Stimmen in unserem Kopf treiben uns immer weiter und rufen: »mehr, mehr, mehr!«, weil sie nicht unterscheiden können zwischen einer tatsächlich oder nur scheinbar existenzbedrohenden Situation.

Aber genau aus dem Grund sind Menschen, die dieser drei Motive wegen arbeiten, nie zufrieden, egal zu wie viel Wohlstand sie auch damit kommen. Sie können es auch gar nicht sein, denn an welchem Punkt im Leben sie auch immer stehen, sie vergleichen sich doch stets mit anderen Menschen. Und unter denen gibt es immer welche, die – wie der Horizont – ein Stückchen weiter, ein bisschen schneller, ein bisschen besser als man selbst zu sein scheinen. Das ist das berühmte Rattenrennen, das wir niemals gewinnen können und das ständig Leid erzeugt. Und solange wir nicht auf unseren Selbstwert achtgeben und uns weiter auf Prothesen fortbewegen, werden wir diesen Teufelskreis auch nicht durchbrechen können.

Im Übrigen werden die Stimmen in unserem Kopf nie versiegen. Der Hunger unseres Egos ist endlos. Deshalb geht es auch nicht darum, sie zum Schweigen zu bringen, indem wir sie verdrängen. Du weißt ja inzwischen, dass dies auch nicht wirklich möglich ist und wir damit allenfalls eine Zeitbombe herstellen. Vielmehr geht es darum, uns bewusst zu machen, dass wir keinesfalls gezwungen sind, auf diese Stimmen zu hören. Solange wir ihnen allerdings absolute Priorität einräumen, werden wir nie zu einem zufriedenen, in uns ruhenden, glücklichen Menschen. All dies sind Dimensionen der Stufen, die hier noch vor uns liegen.

VON DER RAUPE ZUM SCHMETTERLING

4. Stufe

Auf die vierte Stufe begeben wir uns meist entweder, wenn der Leidensdruck, der mit der inneren Unzufriedenheit einhergeht, zu stark wird, oder weil wir uns für eine Sache total begeistern können. Leid oder Leidenschaft lassen den Menschen wachsen – womit auch gleich das Thema der vierten Stufe genannt wäre.

Menschen, die erkannt haben, dass die Stufen eins bis drei nicht alles gewesen sein können im Leben, begeben sich auf eine weitere Stufe, indem sie ihr Dasein transformieren. Ich spreche an dieser Stelle bewusst von transformieren und nicht von verändern im Sinne von »mehr vom selben«. Die leidvolle Erfahrung aller Change-Prozesse, die ich begleiten durfte, Reorganisationen oder Fusionen scheitern an genau diesem Punkt. *The more things change, the more they stay the same.* Mit Transformation meine ich eine Umwandlung in etwas gänzlich Neues. Im Buddhismus beispielsweise steht Transformation für die Umwandlung von Leid in Glück. Im Hinblick darauf würde Veränderung nur bedeuten, das Leid zu lindern, nicht aber, es komplett umzuwandeln.

Am besten lässt sich der Begriff an dem Bild der Metamorphose der Raupe zum Schmetterling erklären. Die Raupe hat das Potenzial zu fliegen, aber nicht die wirklichen Fähigkeiten dazu, solange sie noch Raupe (Ego) ist. Dazu muss sie erst zum Schmetterling (Selbst) werden. Die meisten Menschen bemühen sich, eine *bessere* Raupe zu werden oder *bessere* Raupen aus anderen Menschen zu machen, darüber haben wir bereits gesprochen. Aber ob eine Raupe noch so schnell, glitzernd oder groß ist, sie bleibt dennoch eine Raupe – auf den Stufen eins bis drei.

Die Transformation zu etwas Neuem bedeutet auf uns Menschen übertragen vor allem eine innere Umkehr. Die Beeinflussung durch äußere Umstände und Ereignisse wird zu einer nach innen gewandten Orientierung. Das heißt, auf den nächsten Stufen verwirklicht der Mensch sein Selbst, es geht um Selbstverwirklichung, Selbstvervollkommnung, Selbstheilung, Selbstfindung. Sein Motiv ist nun nicht mehr Angst, sondern Liebe, seine Motivation ist nicht mehr extrinsisch, sondern intrinsisch.

Und so geht es auf der vierten Stufe darum, innerlich zu wachsen. Wir verinnerlichen, wie unser Verstand funktioniert, machen uns bewusst, wie er unsere Wahrnehmung prägt. Wir beginnen, aktiv und angstfrei Entscheidungen zu treffen, beherzt für Dinge einzustehen und aus Fehlern zu lernen, wenn sie passieren. Darüber hinaus verinnerlichen wir, dass das Leben eine Berg- und Talfahrt ist, und lernen, dies zuzulassen, ebenso wie wir akzeptieren, dass alle vermeintlich positiven Dinge, auch Erfolg, Schattenseiten haben.

Kurz: Wir beginnen damit, das Leben wie auch unsere Arbeit als Spiel zu betrachten, bei dem Erfolge und Niederlagen gleichgültig im Sinne von gleichwertig sind. Du merkst, alles, womit wir uns bisher beschäftigt haben, trägt zu unserem inneren Wachstum bei. Es soll dir als Spiegel dienen, damit du erkennst, wo du im Leben gerade stehst, und es soll dir den Weg weisen von der dritten auf die vierte Stufe. Die Antwort auf die Frage, warum wir auf der vierten Stufe arbeiten, lautet also: um innerlich zu wachsen. Gleichwohl bleibt auch hier Voraussetzung, dass die ersten drei Stufen durchlaufen und als letztlich unbefriedigend erlebt wurden.

5. Stufe

Ist dieses innere Wachstum auf seinem Höhepunkt angelangt, sind wir in der Lage, anderen davon abzugeben, und haben damit die fünfte Stufe erreicht. Wie ein nie leer werdendes Gefäß fließen wir geradezu über und können andere Menschen mit dem beschenken, was wir an Freude und Gelassenheit zu geben haben. Ab diesem Moment ist Geben in der Tat seliger denn Nehmen. In Bezug auf unsere alltäglichen Verrichtungen bedeutet das auch, dass wir nicht nur arbeiten, um unsere Bedürfnisse zu befriedigen und selbst zu wachsen. Vielmehr beantworten wir die Frage nach dem Beweggrund unserer Arbeit wie folgt: Wir arbeiten, um einen Beitrag zu einer Welt zu leisten, in der wir leben möchten.

6. Stufe

Die sechste Stufe besteht in der Kulmination aller anderen Stufen. Auf ihr haben wir den Sinn des Menschseins verwirklicht. Das heißt, wir haben unser Selbst verwirklicht.

Hier arbeiten wir schon lange nicht mehr nach dem Motto: *Leiste* was, dann *haste* was, dann *biste* was. Hier sind wir einfach, was wir sind, alles andere stellt sich ein. Natürlich bist du auch auf dieser Stufe niemals angekommen. Aber das, was du in diesem Leben erfüllen konntest, das Menschsein nämlich, das hast du erfüllt. Waren »haben« und »tun« auf den ersten Stufen gefragt, ist es hier das »Sein«.

Auf den ersten Blick scheint es, als ob sich die Motive, warum Menschen arbeiten, durch die einzelnen Lebensumstände unterscheiden. Doch in Wirklichkeit hängen unsere Beweggründe vor allem davon ab, auf welcher Ebene wir uns in unserem Bewusstwerdungsprozess gerade befinden. Die Stufen eins bis drei kann übrigens niemand von uns umgehen. Erst gehabt zu haben befreit schließlich vom Habenmüssen. Um sich von den Bedürfnissen des Egos mehr und mehr lösen zu können, müssen wir dessen Bedürfnisse zunächst einmal befriedigt haben. Und ja, wir werden einem armen indischen Waisenkind nur schwer begreiflich machen können, warum inneres Wachstum wichtig ist, solange es nichts zu beißen hat. Dennoch liegt das Glück für jeden von uns nicht darin, mehr zu wollen, sondern darin, genügsam zu sein. Genug ist der Reichtum des Weisen.

Die wahre Vollendung des Menschen liegt nicht in dem, was er besitzt, sondern in dem, was er ist. (Oscar Wilde)

Wenn du am Ende deines Berufslebens gefragt wirst: »Was für einen Menschen hat dein Beruf aus dir gemacht? Welcher Berufung bist du gefolgt? Was hat dich beseelt? Welchem Lebensthema hast du deine Arbeit gewidmet?«, dann sollten deine Antworten von Herzen kommen. Denn das wirklich Wichtige, das Wesentliche finden wir nur dort. Und es ist genau dieses Wesentliche, mit dem wir uns als eine Art übergeordnetes Lebensziel befassen sollten, um Zufriedenheit auch und vor allem am Arbeitsplatz zu erlangen. Einzelne wichtige Ziele im Leben erreicht zu haben, ist eine Sache. Das ist relativ einfach. Bildlich lassen sie sich als die einzelnen Kapitel im Buch unseres Lebens denken. Eine ganz andere, viel schwierigere Sache ist es, den Titel dieses Buches zu finden. Es wäre doch schön, wenn er lauten könnte: Ich leiste mit meiner Arbeit einen Beitrag zu einer Welt, in der ich leben möchte. Unser Leben erhielte eine Bestimmung. Wir wären beseelt von einer Aufgabe und dabei ganz bei uns selbst.

SIEGER ERKENNT MAN AM START – VERLIERER AUCH

WARUM ES ALLEIN AUF UNSERE EINSTELLUNG ANKOMMT – UND ALLES SCHON DA IST

AUF IHREN ANRUF HABEN WIR GEWARTET

Um herauszufinden, warum ich *eigentlich* arbeitete, musste ich nach dem Studium erst einmal damit anfangen. Für BWL-Studenten wie mich galt in Hamburg das Motto: »Von der Uni zu Unilever.« Also machte ich, wie viele andere, bei einem zweitägigen Auswahlverfahren mit und erfuhr bald, dass ich zu den Auserwählten gehörte. Ich sollte zu der damals zu Unilever gehörenden Feinkost-GmbH Homann ins beschauliche Dissen am Teutoburger Wald entsendet werden. Am Wochenende fuhr ich hin, um mir meinen potenziellen Arbeitgeber anzusehen. Zwar war das Städtchen malerisch und landschaftlich zauberhaft gelegen, doch die Vorstellung, bis an mein Lebensende hier vor Ort Marketingkampagnen für Kartoffelsalate und Margarine zu entwickeln, war für einen 25-jährigen Hamburger nicht wirklich berauschend. Nachdem ich in Dissen einmal um die Kirche gelaufen war, war mir klar, ich wollte in Hamburg bleiben. Auf der Rückfahrt grübelte ich vor mich hin, wie das zu machen sei, da kam mir glücklicherweise eine andere Geschichte wieder in den Sinn, die mir dann wirklich zu meinem ersten Job verhelfen sollte ...

Während der letzten Jahre hatte ich mir mein Studium als Werksfahrer bei BMW finanziert. Ich fuhr den indonesischen Außenminister zur Hannover-Messe oder brachte Schauspieler zu ihren Drehorten. Und einmal hatte ich den Auftrag, den damaligen Personalchef von Colgate Palmolive innerhalb von nur zwei Tagen zu vier verschiedenen Regionaltagungen zu fahren, deren Standorte über ganz Deutschland verteilt waren. Auf dieser Tour war ebenfalls der bekannte Journalist und *Report*-Moderator Franz Alt mit dabei. Da wir immer zwei Veranstaltungen pro Tag auf unserer Agenda hatten, war im Zeitplan nicht viel Luft. Das hieß, ich musste sehr, sehr schnell fahren – und erinnere mich noch heute gut daran, wie der Personalleiter bei meinem Fahrstil hinten auf dem Rücksitz schwitzte. Dafür schafften wir es aber immer gerade noch pünktlich zum jeweils nächsten Tagungsort.

Während der Personalchef auf dieser Fahrt meistens seine Unterlagen für die nächste Veranstaltung durchging, diskutierte ich mit Franz Alt. Über die Strategien multinationaler Konzerne etwa und darüber, was wir an denen vielleicht nicht für so fortschrittlich und/oder sozial verträglich fanden. Für mich als jungen Mann waren diese Gespräche, noch dazu mit einem so smarten, hochintelligenten und erfahrenen Journalisten, sehr interessant und anregend. Nachdem wir schließlich auch an Konferenzort Nummer vier auf die Minute genau angelangt waren, bedankte sich der Personalchef bei mir dafür, dass ich ihn überall pünktlich abgesetzt hatte, und sagte: »Wenn Sie mit dem Studium fertig sind, melden Sie sich doch mal bei uns.«

Das hielt ich zunächst für ein freundliches, aber unverbindliches Kompliment, für ein nettes Dankeschön, das man einem jüngeren Menschen am Ende eines Gesprächs noch mal mit auf den Weg gibt. Doch als ich mich nun auf dem Rückweg von Dissen befand und meine Möglichkeiten mit meiner inneren Wunschliste abglich, fielen mir die Worte des Colgate-Managers wieder ein. Fragen kostet nichts, dachte ich mir, und zu verlieren hast du im Moment auch nichts. Wieder zu Hause angekommen, griff ich zum Telefonhörer – und zu meiner Überraschung war mein Gesprächspartner am anderen Ende der Leitung davon gar nicht so überrascht: »Hallo, Herr Lange«, hörte ich die Stimme des Personalleiters, »auf Ihren Anruf haben wir schon gewartet.« Als ich, verdattert wie ich war, so schnell gar keine Antwort darauf fand, fuhr er fort: »Sie sind mir in bester Erinnerung geblieben. Wie Sie da mit Franz Alt diskutiert und Ihre Meinung vertreten haben, da habe ich mir gedacht, den Jungen kannst du gebrauchen. Wann kommen Sie mal vorbei, damit wir weiterreden können?«

»Sofort!«, hätte ich am liebsten vor lauter Freude gesagt, machte dann aber natürlich doch einen Termin aus. »Mich müssen Sie nicht mehr überzeugen«, begrüßte er mich einige Tage später in seinem Büro und schickte mich gleich weiter zum Marketingdirektor, da er wusste, dass ich im Bereich Marketing/Verkauf arbeiten wollte. Als ich dann mit meinem zukünftigen Chef sprach, ging es dem eigentlich nur darum, ob ich Interesse am Wassersport hätte. »Wir sind hier in unserer Abteilung nämlich alle begeisterte Wassersportler«, begründete er seine Frage. »Einige von uns wollen bei schönem Wetter zum Segeln oder Rudern auf die Alster. Damit das geht, müssen die anderen in der Zeit bereit sein, die Telefone zu übernehmen. Und das ist man ja nicht, wenn man selbst nicht auch mal mit raus will aufs Wasser.«

Nachdem ich ihm versichert hatte, dass mein Interesse für den Wassersport enorm sei, was der Wahrheit entsprach, war das Gespräch für ihn beendet. Ich sollte ihn noch in die Kantine begleiten zum Mittagessen. »Bevor wir uns unsympathisch werden«, meinte er. Verdutzt über die Kürze des Gesprächs schob ich nach, ich wolle ihm eigentlich gerne noch erzählen, dass Marketing an der Uni mein Hauptfach gewesen sei und ich mein Studium und meine Praktika bei BMW mit Bestnoten abgeschlossen hätte. Irgendwie hatte ich nicht das Gefühl, gerade an einem Bewerbungsgespräch teilgenommen beziehungsweise meine Pflicht als Bewerber schon erfüllt zu haben. Doch mein zukünftiger Chef sagte darauf nur: »Herr Lange, glauben Sie mir, was Marketing ist, das bringen wir Ihnen hier in neun Monaten Trainee-Programm bei. Das lernt man nicht an der Uni.« Und damit sollte er recht behalten.

HEUTE SEIN, WAS DU MORGEN WERDEN WILLST

So kam ich also zu meinem ersten Job. Warum ich das erzählt habe? Zum einen, um zu zeigen, dass der Fluss des Lebens die wichtigsten Ereignisse in der Tat völlig ungeplant an uns heranträgt. Aus den Zukunftsplänen, wie ich sie mir all die Zeit über während meiner Ausbildung ausgemalt hatte, war aufgrund einer rein zufälligen Begegnung etwas völlig anderes geworden. Statt wie viele meiner Kommilitonen zu Unilever zu gehen, entschied ich mich für einen anderen Weg. Freilich nur, weil die zufällige Begegnung mit dem Personalleiter während meines Studiums mir eine neue Tür geöffnet hatte. Und doch machte auch meine Entscheidung dafür den Unterschied. Dieses Lebensmotto – nimm den Weg, der weniger betreten ist – habe ich bis heute beibehalten.

Zum anderen berichte ich von meinem Einstieg in die Branche, in der ich meine ersten einschlägigen Berufserfahrungen sammelte, weil mir besagter Personalchef zwei Leitsätze mit auf meinen Weg gab. Diese haben sich in den darauffolgenden Jahren als sehr hilfreich erwiesen, und ich möchte sie darum an dich weitergeben. Das erste Credo lautete: »Mach immer den Job deines Chefs.« Ein Glaubenssatz, den ich zwei, drei Jahre später, als mich mein damaliger Chef nach New York schickte, besser befolgt hatte, als es mir seinerzeit bewusst war. Du erinnerst dich, erst nach meiner

Rückkehr von dem Meeting in unserer Zentrale wurde mir erklärt, warum ich quasi auserkoren worden war, den Job des Chefs zu machen: Es hatte damals vor allem daran gelegen, dass ich die passende Einstellung hatte.

Der zweite Glaubenssatz des Personalers lautete: »Du musst heute sein, was du morgen werden willst.« Auch dieser Spruch hat mit unserer inneren Einstellung zu tun. Hinter diesen Worten verbirgt sich der Rat, sich immer ein Stückchen weiter vorzuwagen, als man sich selbst gerade zutrauen würde. Piloten kennen das als *always fly ahead of your airplane*. Die eigenen Ziele aktiv verfolgen. Es ist immer unsere Einstellung, die zu bestimmten Verhaltensweisen führt, und diese führen dann wiederum bestimmte Ergebnisse herbei.

Alles Beste, wie überall im Leben, liegt jenseits der großen Straße.

(Theodor Fontane)

Auch diesen Aspekt möchte ich am Beispiel meiner Jobsuche verdeutlichen: Meine unbekümmerte, aber sicher auch selbstbewusste Einstellung, die mich dazu brachte, auch als Student mit einem gewissen Franz Alt zu diskutieren, so als wäre ich schon *ein Großer*, verhalf mir letztendlich zu meiner ersten Stelle. Sicher, das Ereignis »Der Personalchef, Herr Alt und Herr Lange junior im gleichen BMW« kam rein zufällig auf dem Fluss meines Lebens herangeschwommen. Aber meine Einstellung, authentisch und selbstbewusst zu sein, egal wer mein Gegenüber war, hatte auch meine Verhaltensweisen geprägt: Einerseits hatte ich meine damalige Position als Fahrer ernst genommen und meinen Job verantwortungsvoll ausgeführt. Gleichzeitig hatte ich nicht gezögert, Fragen zu beantworten, mich ganz selbstverständlich ins Gespräch einzubringen und meine Meinung zu sagen – und damit letztlich auch auf mein Potenzial hingewiesen. Dieses Verhalten hatte dann schlussendlich zu einem tollen Ergebnis geführt: meinem ersten Job. Natürlich gehört immer auch eine ordentliche Portion Glück dazu, die ebenfalls zur richtigen Zeit den Fluss des Lebens entlanggeschwommen kommen muss. Das Timing sowie die Personenkonstellationen müssen stimmen. Aber letztendlich ist es immer und vor allem unsere Einstellung, die unser Handeln bestimmt.

UNSERE GEDANKEN BESTIMMEN UNSER HANDELN

Leider trifft das bei Menschen auch häufig in negativer Hinsicht zu. Fatalerweise nehmen viele erst einmal das Schlechteste von einer Situation, von anderen Leuten oder von sich selbst an und erreichen so, dass das Befürchtete als sogenannte *self-fulfilling prophecy* schließlich auch eintrifft. Ich erinnere hier an das zuvor besprochene Resonanzgesetz, nach dem wir letztendlich bekommen, was wir uns wünschen – aber auch, was wir befürchten.

So ist beispielsweise bekannt, dass sich beim Skifahren nicht unbedingt die Leute Arme und Beine brechen, die kamikazemäßig die Berge hinuntersausen, sondern diejenigen, die schon im Lift sitzend ängstlich die Pisten danach abscannen, wie wohl die Schneeverhältnisse sind: »Guck mal, alles Tiefschnee, Nassschnee oder Bruchschnee. Das kann ja nur schiefgehen!«

Und deshalb erkennt man Sieger und Verlierer schon am Start! Und damit meine ich nicht, dass sich ein Bester von vielen Schlechteren abhebt. Es geht nicht darum, wer wie gut in Form oder wer physisch die besten Voraussetzungen mitbringt. Es geht auch nicht um Wettkampfgeist oder Konkurrenzdenken, sondern um nichts anderes als um die ganz persönliche Einstellung! Ob am Startblock, im Vorstellungsgespräch oder vor einer Prüfung: Allein das, was wir denken, bestimmt den Ausgang unseres Vorhabens.

Meist führt erst die Angst davor, dass etwas schiefgeht, zu dem vorausgesehenen Ereignis. Man kann sagen: Die Angst ist die Mutter des Befürchteten. Denn wenn wir uns nur lange genug vor etwas fürchten, wird es ganz sicher eintreffen. Und zwar weil wir aufgrund unserer Gedanken, die wir ausstrahlen, in Resonanz kommen mit entsprechenden Ereignissen – unsere Gedanken bestimmen unser Handeln.

Am fatalsten wirkt sich diese Art der Angst und des negativen Denkens auf uns selbst aus. Sie wirkt destruktiv auf uns, unser Selbstvertrauen, unsere Lebensfreude. Und vor allem entfernt sie uns von der Realität. Wenn meine Einstellung zum Beispiel lautet: »Ich bin unsportlich«, widerspricht das der Realität. Denn Menschen sind genauso wenig unsportlich wie unmusikalisch. Vielleicht wirst du kein Roger Federer oder keine Anne-Sophie Mutter, aber bis zu einem gewissen Grad kann jeder diese Fähigkeiten erlernen. Doch in dem Moment, in dem ich mich für unsportlich halte, nehme ich mich natürlich auch als unsportlich wahr. Und weil unser Verhalten den negativen Glaubenssätzen folgt, kann ich in diesem Bereich letztlich nur schlechte Ergebnisse erzielen. Wenn wir beispielsweise davon ausgehen, dass wir nicht gut sind im Hochsprung, sind wir es auch nicht. Da der Kopf nicht mitmacht, macht der Körper es auch nicht.

Viele glauben, um solche negativen Resultate zu umgehen, brauchten sie nur ihr Verhalten zu verändern, und dann würden sie schon bessere Ergebnisse erzielen. Aber wie macht man das? Wie ändert man, was man über Jahrzehnte gelernt hat? Plötzlich kein Bier mehr zu trinken, wenn man daran gewöhnt ist? Oder, noch schwieriger: Nicht mehr den Kopf einzuziehen, wenn der Chef loswettert? Wir können unser Verhalten nicht ändern, ohne zuerst an unserer Einstellung zu arbeiten, an die wiederum unsere Wahrnehmung gekoppelt ist. Leider ignorieren viele Eltern, Erzieher, Lehrer, Mentoren oder Coaches genau diese Notwendigkeit, wenn sie meinen, mit ein paar Verhaltenstipps und -regeln komme alles wieder ins Lot: »Dem Jungen müssen wir einfach bessere Anlauf- und Absprungtechniken beibringen.« – »Das Mädel braucht eine bessere Geige und professionellen Unterricht, dann wird es auch gleich ganz anders klingen«, argumentieren sie. Technik, Ausrüstung und Koryphäen als Lehrer nützen aber nichts, solange die Einstellung beziehungsweise die durch die Einstellung geprägte Selbstwahrnehmung nicht von unsportlich zu sportlich, von unmusikalisch zu musikalisch korrigiert wird.

Wenn du lange in einen Abgrund blickst, blickt der Abgrund auch in dich hinein. (Friedrich Nietzsche)

Hier noch einmal der Kurztext: Unsere Gedanken, also unsere Einstellung, bestimmen unser Handeln. Da unsere Wahrnehmung und unser Verhalten von unserer Einstellung geprägt werden, können wir beides nicht ändern, ohne an der Einstellung zu arbeiten. Im Langtext sieht das dann so aus:

Unsere Einstellung bestimmt

- unsere Wahrnehmung,
- unsere Werte,
- unsere Gedanken,
- unsere Worte,
- unser Verhalten,
- unsere Gewohnheiten,
- unseren Charakter,
- unsere Persönlichkeit,
- unsere Identität und damit schließlich auch
- unser Schicksal.

Da unsere Einstellung unsere persönlichen und gefühlsmäßigen Belange immens beeinflussen kann, spielt sie zwangsläufig auch im Berufsleben eine entscheidende Rolle. Vor allem da wir heute nicht mehr zwingend an unseren Ausbildungsstandards gemessen werden, in dieser Hinsicht sind wir austauschbar. Nein, es ist unsere Persönlichkeit, die zählt. Und auch die wird, wie du inzwischen weißt, durch unsere Einstellung bestimmt. In den USA gilt: *Hired by capacity, fired by personality.* Was so viel heißt wie: Eingestellt werden wir aufgrund fachlicher Kompetenzen, gekündigt wird uns oft genug wegen persönlicher Defizite.

Wenn ich von mir persönlich ausgehe, kann ich sagen, dass es mir oft völlig egal ist, wie ein Produkt heißt oder welche Marke ich erwerbe. Mir kommt es beim Kauf einer Finanzdienstleistung tatsächlich auf den Verkäufer oder Berater an und nicht darauf, ob ich mein Geld zum Beispiel bei der Deutschen oder der Commerzbank auf dem Konto habe. Es ist mir auch egal, ob ich bei der Allianz oder der VGH versichert bin. Auch in welchem Autohaus ich einen Neuwagen erwerbe, entscheide ich danach, ob der Verkäufer in seiner Gesamtpersönlichkeit die Marke authentisch repräsentiert. *People buy from people they like.* Es ist wirklich so, den wahren Unterschied macht der Verkäufer, der mir Konditionen, Policen oder eine Automarke schmackhaft macht beziehungsweise mich davon überzeugt, dass er mir verkauft, was am besten zu mir passt.

Mein Haus zum Beispiel, das wurde doch nicht von einer Bank finanziert, sondern von einer Frau, die meine Art zu leben – und damit auch zu bauen – sehr einfühlsam nachvollziehen konnte. Und somit meine Interessen in der Bank bestens vertrat. Und wenn diese Beraterin sich einmal einen neuen Arbeitgeber suchen sollte, wird meine nächste Anschlussfinanzierung wieder von ihr betreut, egal bei welcher Bank sie arbeitet. Auch mein Auto ist nicht bei der VGH versichert, sondern seit 30 Jahren bei demselben Vertreter meines Vertrauens.

Wir orientieren uns an den Menschen, nicht an den Marken. Und warum? Ihrer Einstellung wegen. Denn die macht im Gegensatz zum Produkt wirklich *den* Unterschied in einer Welt von Me-too-Produkten. Sie ist das einzig wirksame Alleinstellungsmerkmal. Deshalb müssen wir uns heute alle, gerade in diesen Krisenzeiten, noch viel mehr den Kopf darüber zerbrechen, welchen Wert wir mit uns selbst am Arbeitsmarkt anbieten wollen. Meinen Seminarteilnehmern stelle ich gerne die Aufgabe: Überlege dir fünf Gründe, warum man gerade dich einstellen sollte? Heute lautet diese Frage zynischerweise eher: Nenne fünf Gründe, warum man dich nicht entlassen sollte. So oder so, Allgemeinplätze zählen nicht, es geht nur darum, was dich besonders macht.

Auch Führungskräfte sollten sich darüber im Klaren sein: Es sind ihre Mitarbeiter, die den Unterschied machen, nicht die Produkte. Persönlichkeit, Esprit und Charisma sind die Argumente, die in der Beratung und im Service überzeugen. Gerade bei Managern beschreiben Psychologen jedoch immer häufiger ein Phänomen, das als Bestätigungsfehler oder *confirmation bias* bezeichnet wird. Damit wird in der Kognitionspsychologie eine Tendenz beschrieben, neue Informationen so zu interpretieren, dass diese genau die eigenen Erwartungen erfüllen. Dabei werden Informationen und Daten, welche die eigenen Erwartungen widerlegen, unbewusst ausgeblendet. Gerade Führungskräfte tendieren ab einem gewissen Punkt ihrer Karriere dazu, neue Fakten nur dann auf- und wahrzunehmen, wenn sie in ihr Weltbild passen. Was dazu führt, dass sie einmal gefasste Meinungen und Einstellungen zu bestimmten Sachverhalten kaum noch infrage stellen, geschweige denn für veränderungswürdig halten.

Und so kommt es dann zu so berühmten Fällen von Managementversagen wie dem milliardenschweren Daimler-Chrysler-Desaster, dem Untergang von Enron oder den Finanzmarktkatastrophen am amerikanischen Hypothekenmarkt. Manager kommen ins Straucheln, obwohl sie die Realität zu einem bestimmten Zeitpunkt korrekt erfasst und interpretiert haben und auch mit Erfolg belohnt wurden. Doch mit fortschreitender Zeit werden sie, bestätigt durch ihre Erfolge, was man umgangssprachlich als beratungsresistent bezeichnet. Während sich die Faktenlage stetig ändert, werden sie zunehmend unfähiger, an ihrer Einstellung zu arbeiten. Fatal, noch dazu wenn man in einer Position arbeitet, in der mehrere Hundert Arbeitsplätze von der eigenen verfestigten Einstellung abhängen. Deshalb, ob für Führungskräfte oder Ein-Mann-Unternehmer: Immer wenn wir uns mit unserer Einstellung zu gut und sicher fühlen, ist es an der Zeit, sie zu hinterfragen.

Das Glück deines Lebens hängt von der Beschaffenheit deiner Gedanken ab. (Marc Aurel)

Das gilt natürlich auch für unsere Persönlichkeit. Wir sollten spätestens dann unserer Einstellung gegenüber misstrauisch werden, wenn sie beginnt, sich in unserer Körperhaltung, Gestik und/oder Mimik negativ widerzuspiegeln. Denn unsere Einstellung, die wir anderen und uns selbst gegenüber an den Tag legen, drückt sich in allem aus, was wir von uns zeigen. Dies trifft vor allen Dingen auf unsere Mimik zu. Nicht umsonst heißt es, unser Gesicht ist unsere Visitenkarte. Gesichtsmuskeln etwa atrophieren, wenn wir sie nicht häufig genug benutzen, das heißt, sie bilden sich zurück. Darum sieht es auch so sonderbar aus, wenn Pessimisten versuchen zu lächeln. Pessimismus wirkt wie natürliches Botox, unsere Gesichtszüge bleiben steif, das Lächeln wirkt künstlich verzerrt. Es stimmt: »Jeder ist für sein Gesicht selbst verantwortlich.« Und spätestens ab vierzig sieht man jedem Menschen an, was damit gemeint ist. Darum sagen wir ja auch: Wahre Schönheit kommt von innen – es ist unsere Einstellung, die dafür verantwortlich ist.

ZU EINER NEUEN EINSTELLUNG KOMMEN – AFFIRMATION

Wenn nun also unsere Einstellung alles bestimmt, angefangen bei unserer Wahrnehmung bis hin zu unserer Persönlichkeit samt Mimik, Gestik und kompletter Erscheinung, lautet natürlich die spannende Frage: Wer oder was bringt denn meine Einstellung dazu, sich zu wandeln? Klar, unsere Einstellung wurde seit unserer frühesten Kindheit durch Bezugspersonen geprägt, durch bestimmte Erlebnisse verfestigt und von unserem Ego-Verstand mit einem starken Überlebenswillen beherrscht. Aber noch mal: Es hilft nichts, das als Ausrede zu benutzen und nur Opfergeschichten zu erzählen. Nach dem Motto: »So bin ich nun mal erzogen worden!« Das ist zwar bequem, aber so werden wir nur die alten Verhaltensmuster und Gewohnheiten beibehalten, verändern wird sich in unserem Leben auf diese Weise nie etwas. Außerdem: Wenn du weißt, wie du geprägt wurdest, dann kannst du doch jetzt losgehen und die eigene Welt einmal mit anderen Augen betrachten!

Erst wenn Einstellung und Wahrnehmung sich verändern, erschließen sich uns neue Möglichkeiten. Um also auf obige Frage zurückzukommen, wer oder was unsere Einstellung verändert, kann ich zunächst nur antworten, wie ich es bisher immer getan habe: Es beginnt mit uns selbst. Wir allein sind in der Lage, unser Leben zu verändern – niemand sonst! Und wir allein sind verantwortlich dafür, dass sich unsere Einstellung wandelt! Nur wir selbst können unser Ego, das bisher unsere Einstellung beeinflusst hat, wenn nicht dauerhaft abstellen, so doch zumindest immer besser kontrollieren.

Aber welcher Weg führt nun konkret zu einer neuen Einstellung? Was ist es, das unsere Einstellung zu wandeln vermag? Natürlich gibt es nicht *den* einen Weg, sondern sehr verschiedene Lösungen, aber grundsätzlich führen sie alle über eine Schulung unseres Bewusstseins, unserer Achtsamkeit. Achtsam zu beobachten, was in uns vorgeht, kann ein erster Schritt sein, um destruktive Einstellungen zu erkennen und negative Verhaltensweisen abzustellen. Eine Technik, mit der wir an unserer Einstellung arbeiten können und die uns hilft, uns von den plappernden Fuzzi-Stimmen in unserem Kopf nicht manipulieren zu lassen, ist zum Beispiel die sogenannte Affirmationstechnik – vom Lateinischen *affirmare*, was »behaupten, bekräftigen, versichern« heißt. Sie kann als eine Vorstufe der Königsdisziplin, der ältesten Schule der Bewusstseinserweiterung, bezeichnet werden, auf die ich auch noch zu sprechen kommen werde – der Meditation. Den Affirmationstechniken im Allgemeinen werden Selbstheilungsfähigkeiten zugesprochen. In der Psychologie gibt es zahlreiche Ansätze, sogenanntes dysfunktionales Verhalten oder sogar psychische Störungen durch die Anwendung von geeigneten affirmativen Therapien zu heilen beziehungsweise zu lindern.

Ich konkretisiere, was sich dahinter verbirgt, am Beispiel elterlicher Prägung. Ein Kind bekommt von seinen Eltern beziehungsweise von seinen wichtigsten Bezugspersonen ständig zu hören: »Du bist immer so unfreundlich, energielos und hektisch!« Wenn dieser Satz nur oft genug wiederholt wird, wird er oder sie das irgendwann glauben und verinnerlichen. Sicherlich hat jeder Mensch ein bestimmtes Temperament. Aber gewisse Sätze zu unserer Person, die wir zu Hause oder in der Schule immer wieder und oftmals in einem vorwurfsvollen Ton zu hören bekommen, meißeln sich in unseren Kopf ein und werden so zu negativen Glaubenssätzen – oder sogar zu angenommenen Tatsachen. So viel zum Thema: Warum uns immer wieder die gleichen Fehler passieren, wir wurden lange genug darauf »eingeschworen« – das Resonanzgesetz wirkt.

Um aus dieser Endlosspirale zu entkommen, ist eine Möglichkeit, die negative Programmierung in unserem eigenen Kopf-Rekorder durch Affirmationstechniken zu überspielen, und zwar durch positive. Der negative Glaubenssatz, der sich im Kopf manifestiert hat, wird quasi umgedreht, in sein Gegenteil verkehrt, indem man ihn nach und nach überschreibt. So wird aus einem hektischen ein gelassener Mensch, aus einem muffeligen ein freundlicher Typ. Und so kann aus einem vermeintlich »unfreundlichen, energielosen und introvertierten« Kind ein freundliches, aktives und aufgeschlossenes Kind werden. Aber natürlich nicht über Nacht.

Wie das genau funktioniert? Probiere es einmal selbst aus: Suche dir drei Eigenschaften, es sollten nie mehr als drei auf einmal sein, die dir an dir selbst nicht gefallen, und schreibe sie auf einen Zettel. Denkst du zum Beispiel über dich, du seist ängstlich, ständig um deine Zukunft besorgt und unsicher, lautet die dazugehörige Affirmation: »Ich bin ein mutiger, gelassener und selbstsicherer Mensch.« Daran, wie du dich eigentlich sehen möchtest, solltest du von nun an permanent erinnert werden. Deshalb ist es wichtig, diese Umkehrung um dich herum sichtbar zu machen. Am besten, du klebst überall dorthin Post-its, wo du oft hinschaust – auf den Badezimmerspiegel, an den Kühlschrank, aufs Armaturenbrett deines Autos, neben den PC.

Dies ist eine erste kleine Übung. Wirkungsvoller ist jedoch jene Affirmationstechnik, bei der wir uns für einige Minuten zurückziehen, um uns in einen Zustand tiefster Entspannung zu begeben. Ohne Reize und Ablenkung von außen konzentrieren wir uns nur auf uns selbst, atmen zehn Mal langsam tief ein und aus und befinden uns bald im sogenannten Alpha-Zustand. In diesem ist unsere Gehirnstromtätigkeit eine andere als normalerweise. Unseren stressigen Alltag oder eine hohe Konzentration erfordernde Tätigkeit bewältigen wir meist im Beta-Zustand. Alpha-Gehirnströme fließen dagegen vermehrt bei Tätigkeiten wie Superlearning oder Hypnose. Hier handelt es sich um Situationen, in denen wir extrem entspannt und ausgeglichen sind. Auch Kinder befinden sich bis zu einem gewissen Alter meist in diesem Zustand. Das ist übrigens der Grund, warum Kinder so extrem schnell lernen – allerdings auch warum ihr Wille noch sehr leicht geformt, geprägt und leider auch gebrochen werden kann.

In diesem Alpha-Zustand sprechen wir dann einige Minuten lang, laut oder auch leise, besagte Umkehrung immer wieder vor uns hin: »Ich bin ein mutiger, gelassener und selbstsicherer Mensch.« – »Ich bin ein mutiger, gelassener und selbstsicherer Mensch.« – »Ich bin ein mutiger, gelassener und selbstsicherer Mensch.« Dies tut man am besten morgens beim Aufwachen und noch mal abends vorm Einschlafen, weil wir dann sehr schnell in den Alpha-Zustand kommen oder noch in ihm sind. Am besten wäre es, sich auch mittags eine kleine Auszeit zu nehmen, sich vollkommen zurückzuziehen und einige Minuten lang besagte Affirmation durchzuführen. Natürlich ist dies keine Instant-Nahrung. Man braucht schon einige Wochen Geduld, aber dann wird man immer häufiger so auftreten, wie man es sich wünscht.

Neben solchen Selbstheilungsstrategien ist die meiner Meinung nach wirkungsvollste Methode, seine Einstellung zu ändern, die Meditation. Mit ihrer Hilfe kann es uns gelingen, ein zufriedener, ausgeglichener und glücklicher Mensch zu werden, sich in Achtsamkeit zu üben, seine Mitte aufzusuchen, seinen Geist zu sammeln und in Einklang mit seinem Körper zu bringen. Denn es ist eine Sache, sich rational und verstandesmäßig darüber im Klaren zu sein, dass man seine Einstellung ändern will. Eine andere ist es, diese graue Theorie auch in die Praxis umzusetzen.

Harmlose kleine Macken kann man sich vielleicht auch noch über den puren Verstand abgewöhnen. Aber unsere eigentlichen Probleme, die uns schon unser ganzes Leben lang begleiten – dass wir nicht mehr *couch potato*, Kampftrinker, Kettenraucher, schüchterner Single oder hypernervöses Hemd sein wollen –, lassen sich nicht allein über unseren Intellekt lösen. Die Schutzschichten, die unser Ego über all die Jahre um unser Selbst herum gebaut hat und die es Stück für Stück wieder abzutragen gilt, lassen sich nicht so einfach »weganalysieren«. Im Buddhismus spricht man vom langsamen Schälen einer Zwiebel. Schicht für Schicht, bis irgendwann der wahre Kern – unser eigenes Wesen – sichtbar wird. Unser Herz muss sich angesprochen fühlen. Und auch unser Körper muss nach jahrelangem Frustfressen, Rauchen, Trinken oder ängstlichem Zusammenkrampfen erst einmal hinterherkommen. Da kann uns der Diät- oder Dating-Plan noch so klar vorm inneren Auge erscheinen, Suchtverhalten, Kompensationsgelüste oder dysfunktionales Verhalten können sehr hartnäckig sein.

Meditationsübungen können bei solchen Dilemmata in der Tat Abhilfe schaffen. Selbst wenn du dich bereits für einen ausgeglichenen, zufriedenen Menschen hältst, stellen sie eine Möglichkeit dar, diesen Zustand zu stabilisieren oder dir zu helfen, noch weiter zu wachsen. Zuerst aber sollten wir klären, was wir uns eigentlich unter Meditation vorzustellen haben: Es handelt sich hierbei um eine uralte Tradition, um eine in vielen Religionen und Kulturen ausgeübte spirituelle Praxis. In östlichen Kulturen gilt sie als eine grundlegende und zentrale bewusstseinserweiternde Übung. Aber auch die Gebete unserer christlichen Religion haben eine meditative Funktion. Grundsätzlich werden die angestrebten Bewusstseinszustände, je nach Tradition, mit Begriffen wie »Stille«, »Leere«, »Panorama-Bewusstsein«, »Eins-Sein«, »im Hier und Jetzt sein« oder »frei von Gedanken sein« beschrieben. Diese ließen sich noch durch das Bild deines am Fluss des Lebens sitzenden Selbst ergänzen, das alle Dinge als neutraler Zeuge beobachtet, losgelöst von unserem alles filternden Verstand.

Meditation bedeutet Freiheit vom Bekannten.

Das Wort Meditation kommt vom lateinischen Begriff *medius*, was »Mitte« bedeutet. Der ebenfalls lateinische Ausdruck *meditatio* kann dann mit »zur Mitte ausrichten« übersetzt werden. So bringt uns etwa der Medi-ziner zurück zu unserer Mitte, indem er uns hilft, gesund zu werden. Wir können unser Selbst jedoch auch heilen, indem wir bestimmte Achtsamkeits- und Konzentrationsübungen durchführen, die uns in eine gelassene Stimmung versetzen und uns mit einem klaren Blick aufs Wesentliche versehen. Genau das ist es nämlich, wozu uns die Meditation verhilft. Die Meditation stellt damit eine Möglichkeit dar, die Ego-Fuzzis in unserem Kopf für eine gewisse Zeit gezielt zum Schweigen zu bringen. Während man meditiert, zieht man sich vollkommen in sich selbst zurück und lässt das Ego mit seinem täglichen Überlebenstrainingsprogramm weit hinter sich.

Was es zum Meditieren braucht? Eigentlich nicht viel mehr als einen stillen, geschützten Raum, in dem wir nicht abgelenkt werden. Für Christen wurden zu diesem Zwecke Kirchen errichtet, andere Kulturen sammeln ihren Geist in Tempeln, aber auch die Natur bietet sich als Ort der Konzentration und der Sammlung an. Konzentration und »Außenreizentzug« sind zwei zentrale Aspekte, denn es geht darum, sich in einen total monotonen Zustand zu versetzen. In allen Religionen führt der Weg zu einem erweiterten Bewusstsein über die Monotonie. Das bekannte, sich permanent wiederholende Mantra, eine Anrufungsformel aus dem tibetanischen Buddhismus, *om mani padme hum* – »Oh, du Kleinod auf der Lotuspflanze« – hat im Prinzip dieselbe Bedeutung wie ein ständig wiederholtes Ave-Maria. Selbst das Klacken der Perlen an der Kordel eines Rosenkranzes dient nur diesem einen Zweck: den Meditierenden oder Betenden über das monotone Geräusch, den monotonen Gesang oder Sprechgesang in einen anderen Bewusstseinszustand zu versetzen.

Denn immer dann, wenn der Verstand nichts zu bearbeiten hat, was für ihn bedeutungsvoll oder interpretierbar ist, schaltet er sich nach einer kurzen Phase des Widerstands ab. Und genau diese Situation wird in der Meditation bewusst herbeigeführt. Du kannst nicht auf Coca-Cola meditieren. Die Assoziationsketten würden greifen, und wenn es nur ein Durstgefühl wäre, was dich ablenkt vom Wesentlichen. Das ist der Grund, warum wir so gerne in eine Kerze schauen, in ein Lagerfeuer, auf einen Wasserfall, aufs Meer oder die unendlich scheinende Wüste. Weil es dort nichts gibt, was unseren Verstand interessiert, keine Aufregung oder Ablenkung, und er deshalb irgendwann einfach Pause macht, nach dem Motto: Es gibt in dieser Monotonie nichts zu erkennen, nichts zu beachten, nichts zu bedenken. Was gibt es schon zu sehen, wenn wir über die Wüste oder das Meer schauen und anfangen zu träumen? Nicht ohne Grund handeln übrigens viele Erzählungen von Jesus und anderen Propheten oder Heiligen davon, dass sie in die Wüste gingen, um mit Gott zu sprechen und ihre Mitte zu finden. Alle monotonen Ereignisse bringen den Menschen in seine Mitte und zu sich selbst, sie müssen noch nicht mal mit dem Etikett »Meditation« versehen sein.

Da unsere Sprache, wie wir inzwischen wissen, der Welt der Polarität und der Erkenntnis unterliegt, reden Menschen in solchen Situationen nicht. Ob wir meditieren oder einfach einen Sonnenuntergang betrachten, in solchen Momenten kommen wir dem Gefühl der Einheit sehr nah. Widersprüche scheinen sich hier aufzulösen oder nebeneinander existieren zu können. Das können Augenblicke großen Glücks oder großer Klarheit sein, in jedem Fall absoluter Egolosigkeit. Sie können uns vor Freude überwältigen und machen uns deshalb sprachlos. Daher nennen wir solche Augenblicke auch unbeschreiblich, das heißt, es fehlen uns die Worte. Wenn die Sonne dann schließlich im Meer versunken ist, beginnt man wieder zu reden, der Verstand schaltet sich ein und nimmt seine gewohnte Arbeit wieder auf.

JOGGEN, ANGELN, BÜGELN – MEDITATION

Versetzen wir uns erstmals bewusst in so einen Zustand der Versunkenheit, reagiert unser Verstand zunächst mit Widerstand. Wir kennen das aus unserem Alltag. Heute sind wir an hohes Tempo gewöhnt – zum Beispiel in der Arbeitswelt, beim Reisen oder auch in der Kommunikation. Und Phasen, ja schon kurze Augenblicke, in denen nichts passiert, bringen uns schnell auf die Palme. Da reagieren wir beispielsweise sofort sehr allergisch auf einen verspäteten Zug, einen Stau, selbst auf kurze Wartezeiten an der Gepäckausgabe auf dem Flughafen. Und während Businessflügen erlebe ich immer wieder, wie Menschen im Flugzeug, sobald das Lämpchen über ihnen aufleuchtet, den Laptop anwerfen, um scheinbar kostbare Zeit bloß nicht ungenutzt verstreichen zu lassen.

Und weil bekannt ist, dass unser Verstand auf kürzeste Leerlaufphasen reagiert wie ein quengeliges, müdes Kleinkind, bekommen wir von der Flugbegleitung auch sofort Zeitungen gereicht und auf längeren Flügen sogar einen Film nach dem anderen gezeigt. Während in Indien jedes Kind und jeder einfache Bauer mit Meditationsübungen aufwächst, haben wir hier in der westlichen Welt die größten Probleme damit, einfach mal zwei Stunden mit uns selbst zu sein. Vor allem das Smartphone dominiert uns. Wenn es uns nicht aktiv durch Nachrichten oder *old fashioned* einen Anruf ablenkt, dann durch unzählige andere Möglichkeiten.

Auch die Vorstellung, abends alleine zu Hause zu sitzen – ohne Fernsehen, ohne Verabredung –, löst bei manchen Menschen direkt Panik aus. Wir sind tagsüber an eine so hohe Schlagzahl gewöhnt, dass wir abends oder in unserer Freizeit gar nicht mehr runterschalten können und unleidlich, ja unglücklich sind, wenn wir mal nichts zu tun haben. In unserem Kopf findet ein permanentes Krisenmeeting statt, ständig gehen wir unsere inneren To-do-Listen durch. Statt die Beschäftigungslosigkeit einfach einmal auszuhalten und zu schauen, was danach kommt, setzen wir uns mit einer Flasche Rotwein vor die Glotze, und schon bald können wir nicht mehr ohne. Auch ohne Schlaftabletten einzuschlafen, fällt manchem schwer, weil wir einfach keinen Weg finden abzuschalten. Aber alles, was wir so über einen langen Zeitraum unterdrücken, somatisiert sich irgendwann im Körper. Wir fühlen uns schlecht, notorisch müde und krank – und sind es oft auch. Vor allem unser Geist sehnt sich mal nach einer Pause, doch unser Verstand findet vor lauter Reizüberflutung die Ausfahrt zum Rastplatz der Seele nicht mehr.

Was aber erwartet uns, wenn wir diesen inneren Widerstand einmal überwunden haben? Ein Gefühl von Endlich-angekommen-Sein, Empfindungen wie Gelassenheit, Ruhe und Zufriedenheit. Eine größere Klarheit, was bevorstehende Entscheidungen angeht, Kraft und Energie für kommende Aufgaben. Und wie schafft man es konkret, seine Aufmerksamkeit nach innen zu lenken und in sich hineinzuhören? Leider kann ich dir nicht sagen, welche die richtigen Übungen für dich sind, da jeder Mensch ganz andere Bedürfnisse hat. Das Angebot von Übungen, Lektionen, Büchern und Schulen ist allerdings riesig. Von Yoga über Meditationsschulen im Alltag bis hin zu Schweige-, Meditations- und Yogakursen für Manager in irgendwelchen Klöstern fernab von der Welt. Du musst selbst herausfinden, wie du den Weg zu dir selbst findest. Das fast unüberschaubare Angebot zeigt im Übrigen auch, wie stark unsere Sehnsucht und unser Bedürfnis nach jenen beschriebenen, lebensnotwendigen Empfindungen sind und wie wenig unsere alltäglichen Herausforderungen damit vereinbar zu sein scheinen. Das hat etwas mit der allgemeinen Beschaffenheit unserer Gesellschaft und unserer Arbeitswelt zu tun. Sie unterliegen einer Struktur, in der wenig Platz ist für Besinnung. Leider können wir uns ihnen aber auch nur schlecht dauerhaft entziehen. Typische, die Gesundheit und die Lebensfreude angreifende »Zivilisationskrankheiten« wie Hörsturz, Tinnitus, Gürtelrose, Burn-out, Schlafstörung, Magengeschwür, chronische Müdigkeit und Lustlosigkeit, Depressionen sowie Herz-Kreislauf-Probleme sind die Folge.

Was das Meditieren angeht, muss man nicht unbedingt nach einer bestimmten Schule oder nach einem Lehrplan meditieren, um Stress, Hektik, Überarbeitung und einem Gefühl der Überforderung durch den heutigen Geschwindigkeitswahn entgegenwirken zu können. Du weißt ja jetzt, um abschalten zu können, solltest du etwas ganz Monotones tun. Ansonsten gilt nur, dass man Meditieren zwar üben muss, aber können kann es jeder. Im weiteren Sinne ist es auf vielen Wegen möglich: Du kannst zum Beispiel, wie schon gesagt, einfach nur den Sonnenuntergang betrachten. Aber auch bestimmte Sportarten wie Joggen, Schwimmen, Wandern oder auch Spazierengehen sind monoton genug, dass sie dich bei bewusster Ausführung zu deiner Mitte bringen können.

Selbst bestimmte Hobbys können etwas Meditatives haben. Stell dir einen Angler vor, der die ganze Zeit über auf den kleinen, tanzenden Angel-Pin auf der Wasseroberfläche schaut. Sein Blick liegt dauerhaft auf der Wasseroberfläche, etwas Monotoneres gibt es kaum. Aber auch Stricken, Töpfern, Malen, Gärtnern, ja selbst Bügeln oder Rasenmähen kann uns, immer die bewusste Entscheidung dafür vorausgesetzt, eine gewisse Zeit lang aus unserem Verstand heraus- und in einen gedanken- und ich-losen Zustand hineinbringen. Dazu muss die Tätigkeit allerdings so einfach gehalten sein, dass weder sie noch die dazugehörige Umgebung uns zu viel Aufmerksamkeit abverlangen. Wenn diese Voraussetzungen gegeben sind, kann sich eine tiefere innere Ruhe, aber auch ein echtes Glücksgefühl bei uns einstellen.

HERZMODUS

Auch in meinen offenen »TETA-Seminaren« und meiner Online-Ausbildung »Die Lebensschule« beschäftigen wir uns damit, wie man – beispielsweise mittels Meditation – die eigene Mitte findet. So war ich zum Beispiel mit einer Gruppe von internationalen Führungskräften im Opiumdreieck von Thailand unterwegs, um während eines Dschungel-Trackings Wahrnehmungs- und Teamübungen zu machen sowie meditatives Gehen zu üben. Bei dieser Art der Meditation gilt es, sich voll auf das Gehen zu konzentrieren, vor allem auf die Füße, das Abrollen der Fußsohlen, aber auch auf die Bewegungsabläufe der Knie, die Haltung der Schultern, des Kopfes und so weiter.

Auch diese Übung dient dazu, uns aus dem Verstandesmodus heraus- und in den Herzmodus hineinzubringen. Es geht darum, das äußere wie das innere Gleichgewicht zu finden. Stundenlang folgten wir dafür schweigend schmalen und unsicheren Dschungelpfaden. Dieser Art der konzentrierten Entspannung kann man überall nachgehen, und sie fällt vielen leichter als etwa Atem-Meditationen oder Übungen im Sitzen. Ziel ist es auch hier, Alltägliches mit mehr Achtsamkeit zu tun, die Dinge bewusster wahrzunehmen und zu genießen.

Eure Vernunft und eure Leidenschaften sind wie Ruder und Segel eurer seefahrenden Seele. Wenn entweder euer Segel reißt oder euer Ruder bricht, dann treibt ihr hilflos umher oder ihr liegt mitten im Ozean fest. (Khalil Gibran)

Ein anderes Mal veranstaltete ich ein Firmenseminar in der Wüste von Marokko. Nachdem wir das Programm der ersten Tage hinter uns hatten, empfahl ich den Teilnehmern, statt in den für sie vorgesehenen Zelten im Schlafsack unter freiem Himmel zu übernachten und unter dem Sternenhimmel zu meditieren. Einige folgten meinem Rat und erlebten einen wirklich biblischen Sternenhimmel, wie es ihn nur fernab von jeglicher Zivilisation zu sehen gibt. Der Himmel ist gewölbt wie eine blaue Glocke. Dadurch sieht man die Sterne nicht nur, wenn man nach oben blickt, sondern auch, wenn man stehend oder sitzend einfach nur geradeaus schaut.

Die ersten Seminartage sind für die Teilnehmer durchaus gewöhnungsbedürftig. Denn es gibt in der Wüste weder Handyempfang noch Internetzugang. Nichts, was uns davon ablenken könnte, raus aus dem Verstandesmodus und zur Ruhe zu kommen. Es braucht meist einige Tage, bis sich der Unmut der Seminarteilnehmer darüber legt. Aber spätestens an solchen Abenden verstehen sie, wie gut es tut, in den Herzmodus umzuschalten, und sie erleben diese nächtlichen Stunden als einige der schönsten in ihrem Leben. Sie finden zu sich selbst, weil sie abschalten und sich ihrer Gefühle bewusst werden können.

DIE REISE HAT LÄNGST BEGONNEN

Vielleicht kostet es dich zuerst ein wenig Überwindung. Aber wenn du dich einmal dazu entschieden hast, *bewusst* zu gehen, zu wandern, Fahrrad zu fahren oder zu joggen und auftauchende Gedanken wie Wolken vorbeiziehen zu lassen, wirst du immer schneller dazu in der Lage sein, dich selbst in einen Zustand tiefsten Friedens zu versetzen. Echten Frieden im Sinne von Selbst-zu-frieden-heit finden wir immer nur dann, wenn die Gedanken ausgeschaltet sind. Das ist es, was ich meine, wenn ich sage: mehr Klarheit ohne Verstand.

Wer einmal sich selbst gefunden hat, kann nichts auf dieser Welt mehr verlieren. (Stefan Zweig)

Wie gesagt, zu meditieren braucht längere Übung. Auch hierbei handelt es sich, wie bei allen Dingen, über die ich in diesem Buch gesprochen habe, keinesfalls um Quick-Tipps. Die Reise vom Kopf zu deinem Herzen ist die längste Reise deines Lebens. Aber mit einiger Zeit und Erfahrung kann es der selbstverständlichste Weg für dich werden, sich in Achtsamkeit zu üben, um diese dann auch in den Alltag zu übertragen. Zu lernen, für eine Weile die Zeit anzuhalten und Gedanken, auch störende Gedanken, wie Wolken vorbeiziehen zu lassen, führt dazu, dass man über längere Zeit einen klaren Himmel erleben und genießen kann.

Wie man nun alles beginnt? Erinnere dich an die Tee-Story. Alles fängt damit an, leer zu werden und sich von vorgefertigten Meinungen zu verabschieden. Als meine Aufgabe habe ich es angesehen, dich dabei zu unterstützen, indem ich dir hoffentlich zu der einen oder anderen Horizonterweiterung verhelfen konnte. Vieles von dem, was ich erzählt habe, schien dir sicherlich vertraut. Es gibt nichts Neues auf diesem Planeten. Mir bleibt deshalb nur noch, dir zu danken, dass ich dich auf deiner Reise auf all das aufmerksam machen durfte, was dir bereits bekannt war. Das Höchste, was ein Lehrer erwarten kann, ist, Menschen an das zu erinnern, was sie immer schon wussten.

Ansonsten wirst du es während des Lesens bereits bemerkt haben: Deine Reise hat längst begonnen. Irgendwann wirst du sehen, dass du dort ankommst, wo du schon immer warst. Nur lebst du jetzt in einem neuen Bewusstsein. Dem Bewusstsein der Achtsamkeit. Es ist wie mit dem Glück, das bereits in uns wohnt – es ist alles schon da. Immer da gewesen, in dir.

VON LEBENSSTANDARD ZU LEBENSQUALITÄT

DIE LEBENSSCHULE

Ich hoffe, dass du durch dieses Buch neue Erkenntnisse gewinnen konntest und es dich inspiriert und motiviert hat, dein Leben neu auszurichten. Aber vielleicht fragst du dich, wie du deinen inneren Kompass genau einstellen sollst. Diese Frage ist schließlich so individuell, dass sie selbst in einem Buch wie diesem kaum allgemeingültig beantwortet werden kann. Wo sollst du beginnen?

Dafür möchte ich dir meine umfangreiche Coaching-Erfahrung von über 30 Jahren zur Verfügung stellen und dir zeigen, wie du nicht nur inneren Frieden findest, sondern auch Klarheit und Orientierung in deinem Leben erhältst.

Ein Buch bildet einen guten Einstieg in einen so komplexen Prozess wie die persönliche Entwicklung, und es kann dabei immer wieder ein wertvoller Begleiter sein. Doch nachhaltige Veränderung erfordert eine längerfristige und tiefergehende Auseinandersetzung mit den eigenen Bedürfnissen und Zielen, aber auch den individuellen Blockaden und Herausforderungen. Deswegen habe ich gemeinsam mit Greator mein Lebenswerk, die sechsmonatige Online-Ausbildung »Die Lebensschule« ins Leben gerufen. Sie ist eine Einladung für dich, einen tieferen Einblick in dein Leben zu gewinnen und eine neue Art des Seins zu erleben. Ich werde dich auf deiner weiteren Reise begleiten, die dich von einem oberflächlichen Lebensstandard zu einer tiefen und befriedigenden Lebensqualität leitet. Sie führt dich zu einem wahren Gefühl von Erfüllung und Zufriedenheit. Die Online-Ausbildung beinhaltet ein zweitägiges Präsenz-Seminar mit mir, in dem ich mir Zeit für deine Fragen nehme und wir uns persönlich kennenlernen. Durch die starke Interaktion mit den anderen Teilnehmern hast du die großartige Gelegenheit, viele weitere, inspirierende Persönlichkeiten kennenzulernen und dein persönliches Netzwerk zu erweitern.

Während dieser gemeinsamen Reise werde ich dir wertvolle Methoden zur Verfügung stellen, die dir helfen, deinen persönlichen Nordstern zu finden, dich selbst besser kennenzulernen und herauszufinden, was im Leben wirklich wichtig ist. Ich leite dich an, deinen persönlichen Nordstern-Lebensplan aufzustellen, der die wichtigsten Elemente für deine persönliche Ausrichtung auf einen Blick herausstellt. Dieser Plan beantwortet die großen Fragen deines Lebens: Wofür stehst du jeden Tag auf? Was ist der Sinn deines Daseins? Welche Erfahrungen möchtest du mit einem sinnerfüllten Leben machen? Durch deinen persönlichen Nordstern-Lebensplan wirst du dein Hamsterrad verlassen, deine wichtigsten Werte erkennen und ein erfülltes Leben führen – anstatt lediglich rastlos deinen Zielen hinterherzulaufen.

Was ist wahre Liebe und Freiheit für dich? Wie zeigt sich für dich echtes Glück? Was ist bedeutsamer Erfolg? Ich lade dich ein, gemeinsam mit mir die Antworten auf die wirklich entscheidenden Fragen deines Lebens zu finden.

Ich würde mich freuen, dich auf deiner weiteren Reise zu deinem wahren Selbst begleiten zu dürfen – auch nachdem du dieses Buch zugeklappt hast.

Herzliche Grüße
Dieter Lange